# 产融结合新论

窦尔翔 许刚 等著

商务印书馆
The Commercial Press

2015年 · 北京

**图书在版编目(CIP)数据**

产融结合新论/窦尔翔等著.—北京:商务印书馆,2015
ISBN 978 - 7 - 100 - 10489 - 0

Ⅰ.①产… Ⅱ.①窦… Ⅲ.①产业—关系—金融—研
究—中国 Ⅳ.①F12②F832

中国版本图书馆 CIP 数据核字(2013)第 286628 号

**产融结合新论**

窦尔翔 许刚 等著

商 务 印 书 馆 出 版
(北京王府井大街36号 邮政编码 100710)
商 务 印 书 馆 发 行
北 京 冠 中 印 刷 厂 印 刷
ISBN 978 - 7 - 100 - 10489 - 0

2015 年 3 月第 1 版 开本 787×960 1/16
2015 年 3 月北京第 1 次印刷 印张 24¾

定价:59.00 元

# 目　　录

# 第一章  产融结合的基本概念

在传统意义中,产融结合主要有下面几种定义:

(1)产融结合是指产业与金融业在经济运行中为了共同的发展目标和整体效益通过参股、持股、控股和人事参与等方式而进行的内在结合或融合。产融结合的特点:渗透性、互补性、组合优化性、高效性、双向选择性。

(2)产融结合是指产业资本与金融资本或工商企业与金融企业之间通过股权融合及业务合作等各种形式的结合与互动。

(3)产融结合是指产业部门和金融部门通过股权关系相互渗透,实现产业资本和金融资本的相互转化、直接融合。

(4)产融结合是指工商企业与金融企业在资金供求、股权、人事等方面保持一种稳定、密切的联系,达到相互融合、同生共长的目的。

(5)产融结合是指产业与金融业的联系和协作,以致在资金、资本以及人事上相互渗透,相互进入对方的活动领域,最终形成产融实体的经济现象和趋势。产融结合是市场经济发展到一定阶段的必然产物。

(6)产融结合是指产业部门和金融部门之间资本相互结合的关系。这种关系在不同的历史时期或不同的市场条件下有着不同的结合方式。

综合上面的几种定义,传统意义上的产融结合定义可以通过图1.1来理解。

可以看出,产融结合主体主要集中于产业资本与金融资本、工商企业与金融企业。这种认识存在着一定的局限性,没有对产融结合的主体形态进

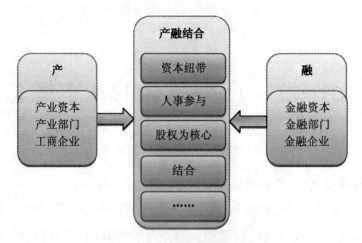

**图1.1 传统产融结合定义关系图**

行全面的概括,没有从更深层次去挖掘产融结合的本质,使得产融结合论述的整个体系还不够完整。

本章将先从一个全新的深层次的角度来重新审视产融结合的基本概念,深入地探讨"产"和"融"的最基本形态问题,从而对产融结合的本质进行论述,初步构造一个完整的产融结合理论基础体系,为进一步研究做铺垫。

# 1.1 "产"、"融"的形态

"产"和"融"是产融结合中的元素,只有对二者的形态进行了全面而深入的了解,才有助于我们对产融结合有一个全新的认识。但是在此讨论的"产"和"融"已经超越了传统意义上的"产"和"融",而是从多角度、多维度进行探讨。

## 1.1.1 "产"的三种具体形态

科斯[①]通过引入交易成本对企业合约性质进行分析,将企业视为"合约的联结"。张五常认为,任何资源都是稀缺的,由此产生了竞争,为了避免"租值消散",就出现了竞争规则——约束人们行为的产权制度,为了减少交易费用,就会相应地出现一种合约代替另外一种合约的过程。前人的这些理论,引发我们对"产"和"融"抽象意义的新理解,可以认为,"产"和"融"归根到底也是一种合约形态,在描述这种抽象的合约形态之前,先来描述一下"产"和"融"几种具体的形态。

通过对各种产融结合现象的总结,"产"和"融"的具体形态主要分为三种:资产形态、组织形态和产业形态,这三种形态并不是孤立的,而是有着内在的联系。资产是最基础的"产"和"融",是合约的集合,而组织形态是一束资产的集束形态,产业形态又是一束组织的集束形态,但简单的一束资产并不一定形成组织,简单的一束组织也不一定形成产业。"产"和"融"的这三种形态是一种依次递进的发展支持与反作用的过程,即资产的转换运作催生了组织的产生,组织的良性运转形成了产业,反过来组织的出现有助于资产的运作,同样产业的发展也有助于组织的成长。其关系如图1.2。

下面将从"产"和"融"两个方面来分别论述二者的资产形态、组织形态和产业形态。

**一、"产"的资产形态**

所谓资产[②],是指企业过去的交易或事项形成的、由企业拥有或控制的、

---

① 罗纳德·科斯:英国经济学家。科斯因为对经济的体制结构取得突破性的研究成果,荣获1991年诺贝尔经济学奖。他的杰出贡献是发现并阐明了交换成本和产权在经济组织和制度结构中的重要性及其在经济活动中的作用。科斯的代表作是两篇著名的论文,其一是1937年发表的《企业的本质》,该文独辟蹊径地讨论了企业存在的原因及其扩展规模的界限问题。

② 百度百科 http://baike.baidu.com/view/42564.htm。

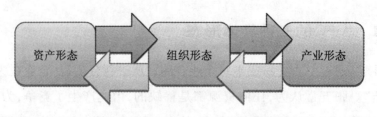

**图1.2 "产"、"融"三种形态的关系图**

预期会给企业带来经济利益的资源。任何营商单位、企业或个人拥有的各种具有商业或交换价值的东西。这是从企业层面、会计学角度理解的资产。（由此也看出，资产是企业组织的组成部分）资产最本质的定义还应该从合约去理解，资产是一束合约，是居于相应权利或义务的合约载体。

从资产字面理解，也是一种产，是通常意义上的"产"方——即企业所拥有的资质（但不仅限于企业，个人拥有的资产也可以是产）。因此，产的基本具体形态就是资产。这是一种资质，在一定条件下可以转换，而具有融的性质（下文关于融的资产形态会详细阐述）。

资产最本质的特性是其流动性，根据流动性强弱可以简单地分为流动资产和非流动资产。而这个区分的标准却没有明显的界线，因为流动性是相对的概念而不是绝对的概念。并不是所有的资产都是产方，"产"的资产形态也不能简单地区分为流动资产和非流动资产，只有与"融"共处时才有所表现。从这个角度讲，"产"和"融"是共生共存的一对概念。建筑公司的一台挖掘机是一种"产"的资产形态，某公司成百上千个员工是"产"的资产形态，某发明专利是"产"的资产形态，个人的房屋是"产"的资产形态。

二、"产"的组织形态

组织形态是"产"的第二种形态，是类似的资产为了特定目的，按照一定的结构形式、活动规律结合起来的，具有特定功能的系统。因此，组织的出现使原本处于离散型、元素状态的资产有了目的性和系统性。如果资产是社会的元素,那么组织就是社会的细胞或社会的基础。

国家其实就是一种组织,它是由具有战略意义的无数个"产"合约集合而成的,"产"的合约安排构成了一个国家的经济制度基础,而经济制度无疑是对一个国家"产"的组织性的有力描述。比如,中国是一个"产"组织,这种"产"的组织性体现在中国的基本经济制度,即代表不同经济成分的合约是如何组织在一起的,这些合约遵循什么样的活动规律来运行。目前,中国的基本经济制度是"以公有制为主体,多种所有制经济共同发展",这一经济制度决定了中国这一"产"组织内部不同性质合约的组织方式,即:国有经济合约、集体经济合约、混合所有制经济合约中的国有成分和集体成分共同组成了公有制;个体经济合约、私营经济合约和外资经济合约共同组成了非公有制。同时,经济制度还决定了这些合约的运行规律,保证了组织的有序性。公有制是中国社会主义经济制度的基础,非公有制是社会主义经济制度的重要组成部分。因此,在国家的具体运行中,大工业、大运输业、大商业及银行信贷机关与对外贸易等关系到国家经济命脉的资源与合约需要掌握在国家手中,通过宏观调控等手段,通过设立经济管理、监督、统计等部门,最终实现国家对国民经济生产和分配的组织性。同时,还需要鼓励非公有制经济的发展,无论是"国进民退"抑或是"国退民进"等论调引起的有关国民经济的大讨论,最终目的都是为了实现"国民共进",迸发多种所有制经济的活力,促进社会主义市场经济的平稳健康发展。但这里要注意的是,尽管国家是作为"产"的组织形态的一种表现形式,但其实质是一种政治组织,起到引导与监督的作用,而不是一个经济组织,否则将回到计划经济的束缚中去,而这也就决定了国家不能充当"产"的组织形态的主要表现形式。

企业也是一种组织,而且在产融结合过程中是"产"在组织形态上最为主要和关键的表现形式。企业的组织性是由企业内分工的性质决定的。从抽象意义上说,分工是一种以各个独立产权主体专业化生产和协作为特征

的生产方式,企业就是分工经济条件下的分工与协作的组织,即:通过所有权安排和治理结构等制度把不同资源、不同部门、不同人员组合起来。企业在本质上既是分工条件下特定的专业化生产协作形式,又是各要素所有者产权的组织形式和实现形式。其中,产权结构是实现分工协作的前提和基础,同时,分工协作的变革又会促进产权制度的发展和创新。由此可知,分工是企业组织的基础,也是形成企业组织的原因,因此,企业的组织性与企业内分工密不可分,企业组织的目的就是为了合理安排相应的流程和任务,针对不同个体的特性实现有效的分工并形成协作。

### 三、"产"的产业形态

通过上述对"产"的资产形态、组织形态的论述可推断:"产"的产业形态也是一束组织形态的集合。从动态角度来看,随着"产"的组织形态不断发展,逐渐形成了众多具有类似合约元素的"产"的组织形态,然后形成了广义上"产业"的概念,因此,"产"的产业形态是"产"从离散性的元素向集合化发展的一个必然过程,在此过程中,"产"的规模效应逐渐释放,而"产"的产业化也是社会分工和专业化发展的必然结果。

产业是由相当数目的企业组织、行业组织构成的,而且这些元素的职能和角色通常是由多项不同的任务或多个流程构成的,需要它们共同协作完成。当多个主体实施统一任务或多个任务时,相互之间分工与协作的组织架构如何设计就成为产业的重中之重。因此,产业是指由利益相互联系的、具有不同分工的、由各个相关行业所组成的业态总称,尽管它们的经营方式、经营形态、企业模式和流通环节有所不同,但是,它们的经营对象和经营范围是围绕着共同产品而展开的,并且可以在构成业态的各个行业内部完成各自的循环。

## 1.1.2　"融"的三种具体形态

从广义上来讲，"融"也属于"产"的一种，因为从历史的角度来认知，"融"是从"产"当中分离出来的，因此，由上述"产"的三种形态可以推断："融"也具有资产形态、组织形态和产业形态。然而，为了更好地区分产融结合领域里的"产"和"融"，使用相同维度进行阐述的同时，涉及金融资产、金融组织和金融产业。

目前普遍被接受的"融"的概念是传统意义上金融的概念，一般来说将金融理解为"货币流通和信用活动以及与之相联系的经济活动的总称，广义的金融泛指一切与信用货币的发行、保管、兑换、结算、融通有关的经济活动，甚至包括金银的买卖，狭义的金融专指信用货币的融通"。但这种一般意义上的理解只说明了"融"的表面现象，只说出了实际操作层面上的金融是什么，并没有深刻阐释金融的本质。本书中对于"融"的理解和运用，同样立足于"融"在各个层面的表现形态，但高于"融"的表现形式。

以"融"的抽象合约形态为基础，"融"同样有三种具体形态。

**一、"融"的资产形态**

前面已经分析了产的资产形态，读者可能仍然带有疑惑，因为资产往往被认为是潜意识中"钱"的等价物，因此资产应该是"融"，而不是"产"。但是前文中已经说过，"产"和"融"是同生共存的概念，没有绝对的"产"，也没有绝对的"融"。"融"的资产形态很容易让人想到现金，现金是一种资产，现金往往有很强的流动性，现金就是"融"。反过来，"融"的基本具体形态也就是资产。资产无非是"产"的资产或者"融"的资产。例如，股票就是一种资产，股票往往是带有"融"的性质，是一种"融"。"融"的资产形态还有很多，流动性强的资产往往更多地表现出"融"的性质。金融机构之所以能够扮演着中介作用，很重要的原因就是金融机构有所谓的"融"的资产。

## 二、"融"的组织形态

"融"的组织形态主要涉及金融机构,我们分别从交易方式、服务对象、标的物等方面对其进行区分。从宏观来看,"融"市场的活跃程度与"融"合约的设计和执行效果是息息相关的,因为金融机构是把多种金融合约组织起来的专业化组织。比如,银行就是典型的"融"的组织形态,它专门生产大量的金融合约,以这些金融合约为标的物,以实体经济或虚拟经济为服务对象,采用纯金融性质的交易方式进行交易。汽车租赁公司是具有混合性质的金融机构,它采用以信用为基础的金融性质的交易手段,但其标的物是实物。保险公司也属于混合性质的金融机构,它的标的物为延时金融合约、或然性的债股混合合约,其交易手段是交易性质的,保险公司的服务对象多为风险。然而,财务公司、会计师事务所等,它们的服务对象都是虚拟经济,即实体经济中具有金融性质的资产。

## 三、"融"的产业形态

从古典经济学派的亚当·斯密、大卫·李嘉图到萨伊、马克思、瓦尔拉斯、马歇尔、熊彼特、凯恩斯、萨缪尔森等几乎所有的经济学家,都把分工看成是工业化进程不断深化、劳动生产率不断提高和产业分工日趋精细的重要根据。市场不过是按照分工细化的各个产业,遵循自然逻辑进行有机协作与综合,并以自愿交易方式互相满足各不相同的多样性需求的交换关系的总和。而按照自然分工和市场要求形成的社会产业链,则被认为是经由斯密那只神秘的"看不见的手"巧妙安排的,从而符合社会整体利益最大化要求的天然产物。在亚当·斯密的理论体系中,经由康德哲学论证和休谟、爱尔维修阐释的具有理性的"经济人",成为经济学研究的基本前提和近现代实证经济学"效用主义微积分"的最初源头。斯密在此基础上分析了分工带来的三大好处:一是劳动者技巧和熟练程度的提高有助于生产效率的提高;二是可以免除更换工作造成的时间损失;三是使人的注意力倾注在单一事物上,更易在工作方法的专业化方面有所突破,更有利于发明创造。斯密有关劳动分工的智慧,成为产业分析和初期工业化时代泰罗式管理理论的基本依据,从而也成为产业论的前提。

首先,分工与专业化是针对微观生产单位的生产活动操作方式而言的,即"企业内分工",即在企业体系的分工实践中,随着社会伦理和对人的认识的不断演进,生产和再生产着越来越局部化、操作化、精细化与片面化的专业人士和职业经理人;其次,分工与专业化是针对全社会的生产活动而言的,即马克思主义的"社会内分工",即在市场体系的分工实践中,随着技术的不断进步,产生越来越细化的产业,进而形成彼此紧密联系的产业链。"社会分工"不仅决定着"企业内分工"的深度,而且决定着产业的分化和成型,"企业内分工"不仅取决于"社会分工"的发展,而且取决于市场范围的扩大以及专业技术的发展。在分工论的基础上,产业两个维度上发生着巨变:一是横向的产业分工不断增多,其主要推动力来自于市场需求推动的"社会分工"和技术的横向交叉扩张与综合进步;二是纵向的产业深化不断加剧,其主要推动力源于市场竞争拉动的经营管理进步和"企业内分工"以及技术的精细化纵深发展。

具体到金融产业,投资银行业、证券业、保险业的产生作为社会分工在金融业中的具体表现,是随着社会分工和技术进步而不断深化的必然事件,这些细分行业逐渐成为近现代金融产业的重要支柱。投资银行业、证券业、保险业作为金融产业深化和细分的产物,不仅延续了一般金融业创造信用、媒介一切产业的天赋,而且分别成为加速一般产业分工、放大"货币"的虚拟权力效用、"有效"调整资源配置的杠杆和手段。这些细分行业所释放出来的巨大能量,恰恰在于它们能够借助"货币"这一市场经济的虚拟权力对产业进化必然伴生的资源调整,然后经由市场体现出来的平和有效的控制与调配作用。因此,分工不仅是金融产业的细分产业产生的根源和前提,也是

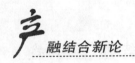

它们社会功能相对独立和不断完善的基础与条件。

目前,金融业分业经营或混业经营问题,本质上是一个金融业社会分工问题,即不同金融机构生产不同的专业化产品的分工状态,或同一机构生产多种金融产品的状态。从金融业的发展历史来看,由于客户需求和金融技术(金融创新和信息技术的支持)的发展,金融服务和金融产品的种类越来越多,这种现象的结果不是产生越来越多不同种类的金融机构,而是产生大规模多元化的金融控股集团。而大型金融控股集团正是产融结合的重要组织形式之一,也是产融结合的题中之意。

### 1.1.3 "产"、"融"本身是一种抽象的合约

科斯在《企业的性质》中解释了企业出现的根本原因:利用价格机制是有成本的,企业内部的组织交易可能比通过市场形式的交易成本要低。这是因为:其一,某一生产要素(或它的所有者)不必与企业内部同他合作的其他生产要素签订一系列的合约,"一系列的合约就被一个合约所代替了,大大节约了与签约有关的成本"。其二,企业内部合约的特征是生产要素在获得一定报酬的条件下,在一定限度内服从企业家的指挥。即使环境发生变化,企业家也可以根据事先签订的合约来指挥各种生产要素,而不用进行烦琐的协商。

合约是市场交易双方或多方之间,基于各自的利益要求所达成的一种协议。由此可知:合约实际体现的是一种权益的保证,是合约参与方相互协调的结果。合约本身也是一种权益的聚集体,合约本身并不代表财富,但合约的形成必须以一定的资产为基础,而合约价值通常是资产价值的一种体现。合约具有权利可让渡的特性,这里的权利包括所有权、收益权等,比如货币(货币是一种典型的"融"的合约形态)的本质就是各国央行发行的债性合约,其价值代表了国家的信用,而货币的使用则是这种债性合约的流

动,在此过程中伴随着合约所有权的让渡。

　　通过借鉴前人的理论基础,在本书所讨论的产融结合领域,我们将合约理论进一步演化:合约是"产"的一种形态,每次交易活动都会涉及流动性较差的一方和流动性相对较强的一方,流动性较差的一方成为"产",其外在表现形式是"产"的合约形态,是对流动性差的资产的元素型归纳(关于流动性与"产"、"融"的界定我们将在本章第二节进行详细论述,这里读者仅需有一个流动性强弱区别"产"和"融"的概念即可)。同时,每次交易活动都是两种合约相互让渡权利的过程,而"产"一方通常会损失一部分收益,这个收益就是对另一方流动性的补偿。例如抵押贷款其实是一种合约,其本质是一种债性合约,在抵押贷款资产证券化过程中,抵押贷款合约通过证券化的方式,让渡了自身的收益权,来换取现金流,在这个过程中,抵押贷款因为自身流动性差而成为了"产"。伴随合约转换的证券化的过程,其实就是一种产融结合的过程。

　　通常,"产"的合约形态表现为实业合约。从最初的口头协议到现在具有法律效力的合同,从简单的雇佣关系到委托代理制度,都是"产"的合约形态的具体表现。由于合约的设计和执行是合约不可或缺的两个方面,据此,我们把合约分为:即时合约、延时合约和纵向合约链。在即时合约中,合约的设计和执行相对简单,交易双方在交易时能及时得到结果并对结果进行权衡。而且,交易双方及外部人能够观察并证实合约的相关信息,特别是交易中的成本和收益信息,但这些信息并不影响合约的执行结果。因此,即时合约的激励承诺是可信的,也能通过合约的设计达到帕累托最优。对于延时合约来说,它属于长期合约,有一定的时间跨度和持续期,因此,影响合约达成的关键性因素是如何使交易双方提供一个可信的承诺,由于承诺体现了对信息的确定性描述,有利于交易双方以此作为激励约束,来保证达成合意性交易。而对纵向合约链来说,可以理解成一组即时合约与延时合约有

序的规范的组合,通过这种纵向的合约组合来形成合约链的方式,有利于扩展合约的适用范围,引起产业创新,如上面提到的资产证券化就是一个纵向的合约链,而这种合约链的方式,也为流动性转换提供了更多的途径(在本章第二节有详细论述)。

　　同样,"融"的抽象形态也是合约。如果说"产"侧重于实业合约的话,那么"融"就侧重于金融合约。金融合约同样也可以分为三个层次:即时合约、延时合约、纵向合约链。在一般的经济业务中,如果有涉及资产和金融的,那么必然会涉及两者之间的一种结合的关系,会引起资产流动性之间的转变,而"融"此时就作为一种合约,对于资产流动性之间的转换做出了一定的约束和规制。从投资者角度来看,"融"作为一种合约,是将自身的资本投出去,换回来的是对对方资产未来现金流的一种索取权以及获取方式的一种安排。从融资者的角度来看,"融"是一种能够将未来现金流贴现的合约,在这种合约中规定了能够贴现多少现金,即能够融到多少资金、未来现金流如何分配。例如,货币就是凭借国家信用进行担保的一种合约,是一种复杂的、具有战略意义的合约链或合约束。其实,货币本身没有任何价值,但它却可以换到实实在在的物资,而人们也愿意把自身多余的物资换成货币。在这个意义上货币就是一份合约,是国家与个人、企业法人、组织签订的一份合约。由于不同国家的信用度不一样,这就导致了货币合约链的风险不同,各国货币的风险不一样,不同货币的流动性也不尽相同。比如,人们愿意持有美元而不愿意持有津巴布韦的货币。货币的拥有者,拥有一定价值的物资索取权,国家以自身的信用为担保,向其开出一份合约,保证其对一定价值物资的拥有权,当其售出自身拥有的物资的时候,获取这份合约,当其获取别人的物资的时候,将这份合约转交给其他人,然后这份代表一定物资价值的合约就成为一种凭证在物资稀缺方和多余方之间不停地进行流通。在货币作为合约流通的时候,可以产生两种效果:一种是直接换取物资;一种是让渡这份合约。这就是购买和投资的实质。同时,让渡合约的使用权就成为了对剩余价值进行重新分配的一种要素。

# 1.2　产融结合的本质

在上面一节的讨论中,"产"和"融"的划分其实是最典型的、最没有争议的,也是最通常的意义上和最便于理解的,但是,产融结合的本质实际上是通过流动性的本质来体现的,即产融结合的过程就是两种不同流动性的合约进行交换的过程,本节将深入地从流动性的角度全面阐述产融结合的本质,并进一步讨论书产融结合过程中流动性转换的模式。

## 1.2.1　流动性的本质

"产"和"融"的划分不是一个硬币的正反面,也不是一个事物的两种表述,更不能说"产"的内部有"融"的成分,在"融"的内部有"产"的成分。对"产"和"融"的认识类似于我们对高和低的认识,我们对高和低有着广义上的认知,但却无法定义高和低的界限,因为高和低在本质上是相对的,"产"和"融"也一样,而区分"产"和"融"的标准就是流动性的强弱,即产融结合的本质首先是通过流动性的本质来体现的。

对于"融"源自于"产"的认知,我们要认识到在原始社会的时候,人们依靠原始的劳作方式进行捕捞或者种植,收获的猎物或者农作物都是自用的,而且这时候的各种物品基本上都难以满足自身的需求,所以更谈不上交换,可以说这个时候出现了"产",即农作物和猎物,但是这个"产"没有任何的流通环节,生产出来后直接被消耗掉,谈不上"融",也不需要什么"融"。随着生产方式和生产工具的改进,人们的猎物和农作物逐渐多了起来,人们对猎物种类和农作物种类的需求也多了起来,同时社会上也出现一些其他的生产和生活资料,逐渐出现了社会大分工,这时候出现了两种情况:一方面,自身生产的东西,超过自身的需求,出现了多余;另一方面,自身需要一些其他的东西,而自身却无法生产。这表明"产"出现了稀缺性,自己对别的物资的稀缺,别人对自己物资的稀缺,于是交换成了人们之间解决这种稀缺的一种方式。通过交换自身多余的物资可以换来自身所需要的物资,这种"交换"的过程就导致了"融"的产生,这种交换也是最初的"融"。

在物资交换的过程中,人们发现直接的物与物交换很不方便,但是有些东西却是能被大家普遍接受的,比如贝壳,用一头牛可以换到 100 个贝壳,然后用 100 个贝壳换取一头羊和一匹马——这说明了贝壳充当了一般等价物。也就是说贝壳可以代表实实在在的物资,每种能够用来交换的物资都拥有明确的标价,这时候就出现了"产"和"融"的分离。

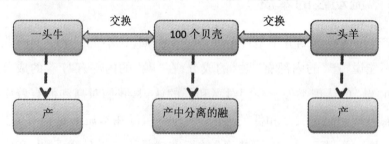

图 1.3　交换导致融的分离

当"产"和"融"分离之后,就有专门的针对一般等价物即货币的市场,然后就出现了针对货币的发行、管理、融通等活动,当商品经济比较发达之后又出现了现代意义上的借贷关系,以至于到现在的证券、保险、金融衍生品的交易等,都是围绕货币即一般等价物而产生的。因此,我们可以得出这几个结论:"融"起源于"产"的稀缺;"融"的本质是"融"物。

从"融"的起源分析中可以看出,在起源之初"融"来自于"产"的稀缺性,正是由于缺乏某种生活或者生产物资,然后导致了交换和融通,导致了"融"的产生。那么现代意义上"融"的本源是否也是"产"的稀缺呢?

现代的"产"可以是消耗物资,也可以是生产物资,企业就是现代"产"的一个典型的组织形式,在企业进行经营活动的过程中会出现两种问题:一方面,如何获取一定的物资,即如何融到资金;另一方面,如何将获得的物资进行组织,获取一定的现金流。这背后反映的其实就是两方面的问题:如何融资和如何投资。不言而喻,企业要想进行正常的经营活动或者投资活动,需要有一定的物资作为基础,企业只是有机地将这些物资组织起来,然后能够产生出比这些物资价值更大的现金流。然而企业刚开始并不拥有这些物资,说明了企业对这些物资的稀缺,正是由于对这些物资的稀缺才让企业不得不进行融资,企业可以通过股权,也可以通过债权进行融资,甚至运用一些复杂的金融手段获取资金,这就出现现代意义上"融"。从企业获取资金这个角度来看,"融"源自"产"的稀缺。同时企业将融到的资金进行投资,购买一些生产物资,然后将这些物资有机组合从而在未来能生产出物品,获取一定的现金流。企业生产出这些物品并不是自身所需要的,这对企业来说是多余的物资,但是对于其他需要这些产品的一方来说却是稀缺的,这时候产品需求方会用资金去购买这些物品,从而实现企业将产品转变为现金流的一个循环,这时候可以利用这些现金流去支付股息、利息等。所以从这个层面来说"融"也是产生于"产"的稀缺性。

从"产"消耗和生产物资这两方面的分析可以看出,"融"只要出现的时候就是"产"发生稀缺的时候,而每个人或者每个组织对于"产"的稀缺性是不一样的,种类也不一样,通过"融"的手段满足了各自的需求,使得这种稀缺性都大为降低。

稀缺性是"融"产生的催化剂,流动性就是区分"融"和"产"的根本性标志。在资产与资产发生转换的过程中,至少会涉及两种资产,这两种资产的流动性必然会不一样,有一方属于流动性强的,另一方就会属于流动性弱的。之所以要通过资产进行转换,就是要将流动性弱的资产转换为流动性强的资产,这样一来就能满足企业的融资等需求。如果我们将这种情况称为产融结合的话,那么在这个过程中,流动性差的一方是"产",流动性强的一方就属于"融"。

具体来说,流动性表现为"实物"的流动性和"信物"的流动性,并由此折射出产融结合的本质内容。

### 一、"实物"的流动性

说到实物的流动性,其实是指某种实物作为一种交换工具能够被人需要和接受的程度,具有流动性的实物大致分为"具有流动性的偶然实物"和"具有流动性的固定等价物"。

#### 1. 具有流动性的偶然实物

对于具有流动性的偶然实物来说,我们要追溯到商品交换的最初阶段。在那时,等价物并不固定在一种商品上,互相交换的商品交替地成为对方的偶然的等价物,比如羊,它作为人们乐意彼此交换的工具具有偶然性,我们可以把它看作"具有流动性的偶然等价物",所有人首先都拿自己的商品同羊交换,然后再拿羊去交换其他商品。这样拿羊作为自己商品的等价物,比直接的物物交换更易达到交换的目的。这样,羊就成了反映一切商品价值的一般等价物,偶然地具有了一定的流动性。同样地,由于充当一般等价物的偶然性,一般等价物也交替地、暂时地由这种商品或那种商品承担,在古希腊的历史记载中,牛、羊、谷物等都曾充当过一般等价物。

#### 2. 具有流动性的固定等价物

对于具有流动性的固定等价物来说,随着商品生产和商品交换的发展,等价物也在根据实物的流动性及其特质,因时因地进行筛选和更迭,最终,充当一般等价物的商品终于逐渐固定在某些特定的商品上。这种稳定的一般等价物就是货币,货币是从商品中分离出来固定充当一般等价物的特殊商品。由于贵金属如黄金和白银等具有不易变质、易于分割和熔合、体积小而价值大、便于携带等自然属性,终于成为世界各国普遍采用的货币商品。金银成为稳定的一般等价物即货币,并最终完成了价值形式的过程发展。

3. 两者的区别和联系

具有流动性的偶然实物和固定等价物,它们都是从商品中分离出来的商品,具有不同程度的流动性,且均可直接和其他一切商品相交换,具有表现其他商品的价值的功能。但是,具有流动性的偶然实物,它的外延较宽、范围较广,且在时间、地域、材料的质地上都是不固定的,交替地由不同实物承担与其他一切物品相交换的职能;对于具有流动性的固定等价物来说,它的外延是特指黄金和白银,在时间、地域和材料上固定地由其充当与其他一切物品相交换的职能。

**二、"信物"的流动性**

信物和实物在一般意义上是两个概念,其中信物是对流通中的货币、存款、证券、衍生物等传统金融产品概念的抽象,但在深层次的意义上的信物和实物是事物的同一方面,其关联的依据就是流动性的大小,在一种流动性环境下,一件物品呈现"产"的形态,但在另一种流动性环境下,它就会呈现"融"的特征,而且根据流动性的不同,其"融"的特征强弱也会随之不同。这也就是说即便是实物也可能有"融"的特性,而"信物"也会有"产"的特性。

比如,我们通常认为"银行存款"和"证券"均属于金融产品,具有"融"的特征,这是因为对两者的讨论是基于不同的流动性评判标准,是在不同的流动性环境下讨论它们的。试想一下,如果把"银行贷款"和"证券"放在同一个流动性环境下进行讨论,比如把银行贷款进行资产证券化即信贷资产证券化,那么可以断定,"银行贷款"由于其较差的流动性而呈现"产"的特征,属于"产"的范畴,证券化后的资产份额看似仍是资产,但由于其较强的流动性而成为了名副其实的"融"。因此,可以得出一个结论:资产证券化就是将流动性差的资产通过金融手段变换为流动性强的资产的过程,也是产融结合的过程,此时的"产"、"融"已经不是我们通常意义上理解的"产"和"融"了。

**三、流动性特征折射出"产"、"融"的本质**

通过上述对具有流动性的偶然实物、具有流动性的固定等价物以及"信物"的详细分析,我们可以揭示"产"、"融"的本质。从流动性的角度讨论的"产"和"融",其实是相对的概念,要在同一个流动性环境下讨论一项资产的"产"或"融"的特征。在一次产融结合的过程中,相对流动性弱的是"产",相对流动性强的是"融"。产融结合的本质就体现为"产"和"融"的流动性交换,即"产"一方让渡所有权、使用权、收益权等,来换取"融"一方的流动性的过程。

既然是选取了流动性这个相对的概念,那么也就意味产融结合本质上的流动性交换的概念,也是一个相对的概念。比如,一件"信物",我们习惯上认为它是"融",但也许它会因为面对流动性更强的"融"引起自身流动性变弱而转换为"产",又比如,一件实物,我们习惯上认为它属于"产",但也许它会因为面对流动性更弱的"产"引起自身流动性变强而转换为"融"。例如上面提到的一般等价物,比如说羊,在传统意义上其因流动性较差而成为了"产",但在特定情况下,由于其一般等价物的角色,其身份就由"产"转变成了"融"。

由此,我们所讨论的产融结合已经不是通常意义上的产融结合,而是在同一流动性环境下,不同"实物"或"信物"的流动性相互转换的过程。流动性是解释产融结合的最本质的东西,产融结合就是流动性不同的资产之间进行相互转换。从这个角度来看,产融结合更深层次的内在机理和动力就可以一目了然,即产融结合的发生是基于资产流动性转换的需要。但是仅仅用流动性转换来定义产融结合又显得有点宽泛,因为经济生活中所有的经济活动都可以是流动性的转换。因此,我们加一个限制条件,来收窄我们本书研究的具体对象。

所谓产融结合是指利用信用工具将两种资产或者两个经济组织连接起来所形成的关系总和,表现为以下几种类别:

1. 非企业资产连接

(1)延时连接。证券——证券——货币,如资产证券化。

(2)零时连接。指的是即时交易。①当两个主体由于持有的资产其流动性是不同的,他们的交易目的分别为:一个是想通过流动性的放弃获得更多的收益,另一个是想通过流动性的获得以备其他目的,就可以叫做产融结合。比如,银行出售大额定期存单;企业出售各种证券、典当。②资产证券化中的风险隔离交易环节。③买卖具有金融特征(资本利得)的资产。如,房地产买卖,大宗产品买卖。④直接使用信用关系进行交换。比如,所有的租赁行为。

2. 企业资产连接,比如企业互相持股

从这个角度来看,我们就能够更深刻更明确地定义和研究产融结合,既不会出现定义过于宽泛的情况,又不会由于视野狭窄而忽视了一些本应该界定在产融结合范围内的经济活动,有利于我们更好地把握产融结合的内涵和外延。也为我们预测未来的产融结合形式提供了方法和思路,达到了预测未来、指导实践的目的,使本研究富于实践意义,我们的研究也就有了灵魂。

其中,信用关系的建立是产融结合的标志。信用关系要素包括债性关系和股性关系。债性信用工具和股性信用工具是融资(获得流动性)的手段。一般来说,所谓融资,其本质(更一般性的目的)是通过信用工具(信用关系)将流动性不强的东西和流动性强的东西连接起来。可以推理,信用工具的流动性必然处于中间位置。或者说,人们获得流动性的过程,就是通过信用关系制造一个比现有资产的流动性更强但比目标资产流动性差一些的信用工具的过程。比如:

(1)企业融资:企业资产的流动性比较差,为了获得货币就会进行产融结合以改变资产的流动性,运用的方法是制造介于其间的债性合约或者股性合约。

(2)资产证券化:企业拥有具有一定现金流的资产,它的目标是为了获得货币,采用的方法是制造一组有序证券(CDS),该有序证券的流动性介于货币和企业拥有的能够产生现金流的资产之间,通过该有序证券来连接两种不同流动性的资产。

(3)金融租赁:企业本来要制造融资合约,获得货币,然后用货币购买重型机械。现在由银行购买机械,直接租赁给用户。相当于取消了融资和购买两个环节。随后进一步演化为直接从专营租赁的公司租赁实物。

(4)以物换物:假设主体 a 持有资产 A,他将资产进行流动性转换通过"A-信用工具-M"这一途径来进行,其中 M 是指货币,主体 b 持有资产 B,他将资产进行流动性转换的方式是"B-信用工具-M"。以物换物就是省掉了"-信用工具-M"部分,于是变成了 A-B,这也是流动性转换的一种形式。

**四、流动性转换的核心**

产融结合的本质是流动性的转换,而流动性转换的核心归根结底是合约的转换。因此产融结合的关键核心也就是在流动性转换的过程中找到关键合约,来完成流动性的转换匹配或是完成流动性转换的中间过渡,而这里的关键合约,通常意义上我们可以从债性合约和股性合约两个角度来认识。

具体来说对于关键合约的认识我们可以这样来理解,比如,在企业融资的问题上,简单地说有发行债券和发行股票两种方式,而企业选择具体的何

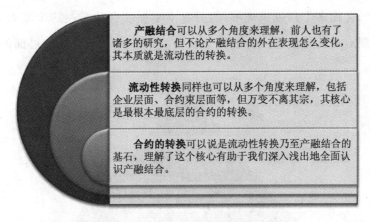

**图1.4 流动性转换的核心示意图**

种合约就是企业在完成流动性转换匹配的过程中的关键问题,即企业不同的选择将会影响企业在未来不同的发展策略。再比如说,对于近些年比较热门的风险投资(VC)和私募股权基金(PE)的发展,其核心就是一个作为资金池的作用,即笼络闲散资金,同时有选择地进行投资,起到了投资方和融资方之间的衔接作用,可以认为PE作为一种合约束,它完成了投资方与融资方流动性转换的链条中的过渡作用,也是这个纵向合约链中最关键的一环。

理解流动性转换的核心对认识产融结合是十分必要的。

"产"和"融"都可以从合约、资产、组织、产业四个角度来认识,但最宏观层面的产融结合,也就是产业层面的产融结合归根结底还是要落实到组织层面上来,也就是企业的层面上来,而具体到企业层面的产融结合,由于企业本质是一组合约束,同样还是要落实到更为微观的层面,也就是资产乃至合约的层面来理解。也就是说,我们如果把产业、企业、资产、合约的关系看作一个金字塔的关系的话,那么合约就是这个金字塔的基石,而合约的转换,便成为了整个金字塔的黏合剂。我们讨论流动性转换可以从产业、企业、资产、合约多个角度来理解,但只有牢牢抓住合约转换这个基石,才能更好更深刻地理解传统意义上的流动性转换,如合约束、企业等层面的流动性转换。

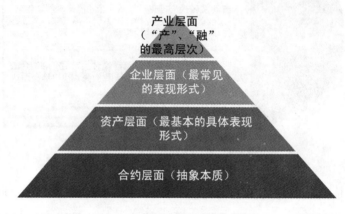

**图 1.5 "产"、"融"多层面理解**

目前人们对于产融结合的研究与实践通常都停留在了较为表面的层面,没有进一步地往更深入的层次挖掘,进而就导致了诸多问题的产生。

在 2008 年爆发的次贷危机过程中,人们对这一问题的认识与研究是多方面的,包括从经济周期的变化规律、政府和行业监管不足、风险过大等角度研究,这些研究都有着非常独到的见解与启示,但美中不足的就是研究的多样化导致很难让人用一句话抓住次贷危机问题的本质。而我们如果从产融结合流动性转换的核心来入手的话,对于次贷危机就很好理解了。次贷危机的爆发是资产证券化不当的结果,而资产证券化作为一种合约本来是中性的,关键看人们怎么使用,在思考了为什么资产证券化诞生初期作用很大,而现在起了相反作用的问题之后,我们可以认识到其问题的本质就是资产证券化作为纵向合约链中的关键合约,在转换的过程中,未能有效地实现流动性让渡与收益的平衡。我们抓住了这个问题的核心,也就是合约转换的问题之后,再去认识次贷危机的话,就会有崭新而更为全面的视角,同时我们认为这一点原因不仅是微观上次贷危机爆发的原因,也是宏观上危机蔓延的原因。

次贷危机的问题,其实就是产融结合中众多问题的一个表象,而对于表象,我们需要从问题的本质入手,由浅入深地全面理解,以此推演到产融结合中,流动性转换是产融结合的本质,合约转换是流动性转换的核心,只有抓住了流动性转换的核心,才能对以后的现象进行更完善的诠释,以及正确地预测产融结合未来的发展。

**案例:次贷危机的根源究竟是什么?**

1. 借贷消费并非危机原因

美国的个人消费近几年的年均增长率达到 4% ,2012 年美国消费占其GDP 的比例达 72%。客观上说,当今世界主要国家的工业技术、农业技术水平已相当高,物质生产能力已大大提高,不怎么费力即能满足物质消费需求。最终制约人类经济增长的不是生产能力不足,也不是投资不足,而是消费需求跟不上。因此,美国老百姓借贷消费没有错,问题在于,由于政府管理和监管不力,美国抵押贷款经纪商的进入门槛非常低,向不具备偿还能力或资信能力差的家庭大量发放住房按揭贷款,次级抵押贷款及相关衍生品业务发展严重失控,美国房地产市场泡沫迅速膨胀,为次贷危机埋下了祸根。

2. 美国金融监管体制存在重大缺陷

次贷相关衍生产品包装过度以及金融机构财务杠杆过高是本次金融危机的重要特征,但是并不能因此而否定金融创新,金融创新仍然是当代金融和经济发展的重要动力。金融创新本身没有错,问题关键在于金融监管是否能同步跟上。在法律允许的范围内,追逐利润最大化是投资者和企业家的正当追求,若是美国金融监管到位了,高风险的次级贷款及其金融衍生产

品在市场上就不可能发展到当今这么大的规模,美国金融机构的杠杆率也不会达到如此之高。因此,将次贷危机归咎于"华尔街投行家的无耻贪婪"是有失偏颇的,或者也可能是白宫在找"替罪羊"以推卸责任。

美国的金融监管体制存在重大缺陷,没有及时跟上金融形势和金融创新的发展,对造成次贷危机负有不可推卸的责任,主要理由如下:

其一,《1999年金融服务现代化法案》标志着美国金融业进入混业经营时代。但是,美国到目前实际上仍然实行分业监管,金融监管机构多达七家,如果把带有某些监管职能的机构算进去,监管机构则更多。保险公司、商业银行、投资银行等分别属于不同的政府机构监管。次贷证券化过程中有众多的不同类型的机构参与,需要各监管机构高度协调配合。监管机构过于庞杂就会出现协调和配合问题,更容易出现监管漏洞。

其二,美国金融监管体制是在分业经营时代形成的,重点仍是机构监管。自实行混业经营以来,美国金融市场发展迅速,金融创新层出不穷,产品日趋复杂,资金高度流动,功能监管无疑应当成为金融监管的主体,可偏偏美国功能监管较弱,证券市场和期货市场虽然有证券交易委员会和商品期货交易委员会负责监管,但监管都比较薄弱。从整个金融体系的监管看,投资银行以外的金融机构在证券市场上的活动,几乎没有什么监管。机构监管具有只认机构性质不认业务的特点,功能监管是按照不同金融业务监管,不管某一项业务由什么机构开展,都采取同样的监管标准。

其三,场外(OTC)市场衍生产品发展过快,监管滞后。总体上看,场内市场交易的衍生产品基本都没有出现问题,相比之下,次贷相关衍生产品都没有在交易所上市,产品标准不统一,在发展太快而监管没跟上时就很容易出问题。

其四,金融衍生产品是一把双刃剑,正确利用其发现价格和套期保值的功能可以起到规避风险的效果;但如果投机过度,则金融衍生品又会带来莫测风险。近年来,由于监管不力,次贷等相关衍生产品等明显存在投机过度现象。

## 1.2.2 产融结合与流动性转换

在上一节,我们把产融结合的过程看作一个流动性转换的过程,在这个过程中流动性差的一方通过这个过程提升了自身的流动性,而流动性强的一方则降低了自身的流动性,而与此同时流动性差的一方通过产融结合的方式获取流动性,这个交易过程中,流动性差的一方获取了流动性变强带来的更多资源和权利,而流动性强的一方则在流动性变差的过程中获取流动性补偿,这个补偿通常表现为广义货币补偿、优先清偿权、剩余索取权等。

仍然以风险投资和私募股权基金为例,一个初创期企业与风险投资或者私募股权基金进行产融结合的过程,其实质就是企业由于自身的流动性匮乏,以自身的组织形态作为一种"产"与风险投资或者私募股权基金拥有的资本进行交换的过程,在交换完成后,企业获得了大量的流动性,进而在企业的发展中拥有了更多的选择和发展空间,而投资者则获得了企业的股权,也就是一种对利益分享的权利,在这个产融结合的过程中,产融双方各取所需,完成了一次完美的流动性交换。

所以要牢牢地把握产融结合的本质,深刻地理解产融结合和流动性转换是不可分开的这一关键点,深入挖掘产融结合的本质也就是流动性转换的过程。由此,也就引出了关于产融结合中的流动性转换模式的问题。

在现实情形中,流动性的转换可以表现出许多途径。有些情况下是由流动性差的资产直接转换成流动性较强的货币;另一些情况下,是由流动性差的资产转换成另一种流动性稍强的资产,然后再经过另一步的转换变成流动性最强的货币;还有一种可能的情况就是,流动性最强的货币转换成流动性较弱的一种资产,再由这种资产转换成货币,最后再由货币转化成另外

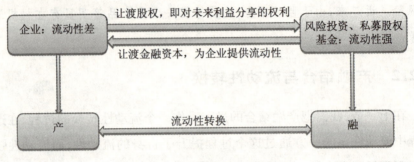

图1.6　产融结合中的流动性转换

一种资产。我们把所有的资产都可以看作一种合约,货币也是一种合约,根据前面叙述的情况中涉及的合约类型的不同,我们可以把前面的三种情况定义为不同的流动性转换模式。其中,第一种情况中流动性转换的过程中涉及两种合约,我们将这种模式定义为两合约模式;第二、三种情况中的流动性转换过程涉及多种不同的合约,我们定义其为多合约模式。下面我们具体地论述这几种不同的流动性转换模式。

一、两合约模式

两合约模式主要是指流动性的转换过程中涉及两种不同合约的情况。其中一种合约一般为货币,另一种合约是流动性比较差的资产。这种资产由于流动性比较差,它有着增强流动性的天然动力和欲望。这些流动性差的资产一般属于企业或者其他组织,由于这些组织在生产经营过程或者其他过程中需要一定的流动性作为支撑,从而保障该组织的货币支付和清偿的能力。如果这种能力没有保障,该组织很可能遭遇流动性危机,即没有足够的流动性去支付组织的应付账款和应付票据,或者没有足够的流动性去清偿到期的债务,这时即便企业的资产规模很大,并没有达到资不抵债的条件,也可能会出现信任危机或者被强制执行破产程序以保障债权人的合法权益。所以,流动性对于一个组织来说就好比是血液,它的作用是非常关键的,也正是因为如此,每个组织都必须保持一定的流动性,在流动性趋紧的时候就会想尽各种办法提高企业的流动性,避免企业遭遇流动性危机。

两合约模式主要表现为"合约—货币"模式,具体地说,就是由流动性比较差的合约通过一定的方式转换成流动性强的货币,从而导致拥有较低流动性合约的组织获得较强流动性的一种模式。转换的方式有很多,一般采取的是收购的方式,其他的方式可能包括抵押、融资性售后回租等。我们以股票的发行为例,一个企业的股票代表了企业的资产所有权,但是企业资产流动性比较差,可能不能满足企业经营过程中需要的流动性程度,因此需要寻求转换成流动性较高的价值形态。通过股票的交易,企业用流动性较差的资产的所有权作为代价得到了流动性较好的货币,在一定程度上可以满足企业的流动性需求,使得企业出现流动性危机的可能性大大降低,企业能够专心于生产经营活动而无须浪费精力去解决企业的流动性问题。这无疑减少了效率损失,提高了经济效率,因为企业浪费在生产经营活动之外的精力对于整个经济而言没有任何好处,是纯粹的效率损失。这就是产融结合的两合约模式的典型代表,即合约和货币两者相互转化。

"货币—货币"也是一种两合约模式,模式中的两种货币属于不同国家的货币,它们的流动性由于国家信用状况的不同而不同。有些国家政治比较稳定,经济比较发达,政府的清偿力有良好的保证,人们把这样的政府发行的货币视为黄金的替代品,有着非常强的流动性。另外一些国家政治稳定性较差,经济发展可能也不是特别强劲,这样的政府发行的货币相对而言信用较低,投资者对于这种货币的认可程度要差于前一种货币。我们认为这两种不同流动性的货币之间进行交易也是流动性转换的模式。通过这种流动性转换,拥有一国货币的投资者拥有了另一国的货币,汇率表现的是两种货币之间的相对价格。

## 二、多合约模式

三合约模式是指流动性的转换涉及三种不同合约的模式,目前主要包括为"合约—合约—货币"模式和"货币—合约—货币—合约"模式。

1."合约—合约—货币"模式

**图1.7 "合约—合约—货币"模式**

具体地说,就是由一种流动性比较差的合约转化成另一种流动性较强的合约,然后再由流动性较强的合约转换成流动性最高的货币。运用这种模式的流动性转换,主要是原来的合约不能或者不易直接转换成货币这种形式,只能通过一定的中间形式或中间状态才能达到最终的目的。这种不能或者不易可能有三种情形:第一,交易两端的货币价值规模不匹配。如果想要获得流动性的合约代表的资产价值非常大,一般的货币持有者并不拥有这么高的价值,那么原来流动性较低的资产只能通过一定的分割或者标准化才能达到最终双方流动性交换的目标。第二,是交换双方不清楚彼此的信用状况,即交易双方信息不对称。如果双方都不了解对方的信用状况,而且用来交易的合约代表的资产未来产生的现金流是不确定的,但是不确定的程度只有转让者了解得非常清楚。这时候流动性的需求方需要对资产未来的现金流提供保证或者通过一些特殊的第三方对合约进行信用评级和增级才能实现双方的交易。第三,交易涉及的现金流比较特殊。合约所代表的资产产生的现金流比较特殊,或者是现金流比较分散,或者是现金流的归集需要一定的专业知识,而货币的持有者没有这种精力和能力来处理这种特殊的现金流,所以需要一个第三方来处理这些与现金流相关的问题,那么这个第三方就以合约的形式出现在交易双方之间。

这种模式的典型代表就是资产证券化,资产证券化过程就是解决上述交易双方交易障碍的过程。通过资产证券化,资产进行了分割和标准化,每一份经过分割和标准化的合约价值相对比较小,可以满足一般的投资需求,交易双方达到了价值的匹配;通过资产出售者对资产进行信用增级,并且聘请信用评级机构对证券进行信用评级,增强了货币持有者对于交易涉及资产的信心;通过资产所有者自己承担现金流的归集义务,并且通过管理人的监督,特殊资产的现金流难以处理的问题也变得迎刃而解。

广义的资产证券化是指资产采取证券这一价值形态的过程和技术,具体包括现金资产、实体资产、信贷资产和证券资产的证券化四种。这种定义是说:资产证券化是将资产或负债转换成可市场化与流动化的证券形式并向投资者发行,以直接融资逐渐取代传统的间接融资的一种融资方式。

资产证券化最基本的功能就是提高资产的流动性。发起人可以通过资产证券化将贷款出售获得现金,或者以贷款为支持发行债券进行融资。不管通过哪种方式,资产证券化使得拥有贷款等流动性差的资产的主体可以将这种资产变成具有高流动性的现金,从而找到一条新的解决流动性不足的渠道。大多数流动性较差但能够在未来产生可预见的稳定现金流量的资产经过特别组合后都能证券化。

2."货币—合约—货币—合约"模式

**图1.8 "货币—合约—货币—合约"模式**

"货币—合约—货币—合约"模式,这种流动性转换模式与前面讲述的流动性转换模式的方向正好相反,前面的模式都是讲流动性由弱到强的转换,即一种流动性较差的合约经过一定的方式转换成流动性较强的货币。现在我们讲述的模式则是由流动性较强的货币怎样转换成流动性较弱的其他合约的问题。

我们先探讨一下货币直接转换为其他合约的可能性,考虑到货币非常强的流动性,大部分情况下货币是可以直接转换成其他合约的,也就是"货币—合约"的模式,这样看起来,这种模式只是前面"合约—货币"的同质异构体,我们在前面已经进行过充分的探讨,在此不再赘述。这里主要探讨另外一种转换模式,即由于某些原因,货币不能直接转换成其他合约,而是必须通过一定的中介或中间结构才能达到最终的目的。

阻碍直接转换的障碍有很多,第一,交易两端价值的不匹配。我们设想交易的一端是一个普通家庭,每月有五千元的收支盈余,另一端是一个刚刚成立不久的处于创业期的企业。由于企业处于创业期,不可能上市交易,并且由于该家庭的资金数额较小,不可能直接同该企业接洽对该企业进行投资参股。这时候双方就出现了价值不匹配问题,如果进行直接交易,双方均不能满足对方的交易。只有通过其他的方式来促成两者之间的交易。第二,交易两端风险的不匹配。假设上述两端的参与者不变,该普通家庭想通过适度的风险承担获取高于银行利率的收益,但是又不想承受过高的风险。另一端的创业期企业能够满足家庭高额收益的需求,但是他的风险却超过了该普通家庭的最高风险承受能力。这时候便出现了交易两端风险不匹配的情形,无法进行直接交易,需要其他的方式来促成交易。第三,交易两端的信息不对称。仍然设想交易的一端是上面提到的普通家庭,该家庭的家庭成员对于股票市场、上市公司财务分析等知识了解有限,交易的另一端是一个上市企业。如果双方进行直接交易,即家庭直接购买该上市公司股票,那么家庭由于理财知识的匮乏导致不能完全理解上市公司的财务状况,更无法预测其未来的收益和前景。要解决上述障碍,就需要在直接交易中间添加另外一种合约,才能解决上述交易双方不匹配的问题。

这种解决机制的典型就是投资基金。投资基金,就是众多投资者出资、专业基金管理机构和人员管理的资金运作方式。投资基金一般由发起人设立,通过发行基金份额募集资金。基金的投资人不参与基金的管理和操作,只定期取得投资收益。基金管理人根据投资人的委托进行投资运作,获得管理费收入,投资基金的投资领域可以是股票、债券,也可以是实业、期货等。

投资基金可以解决交易双方的不匹配问题。通过汇集众多中小投资者的资金,可以形成一定的资金规模,消除了交易双方交易价值不匹配的障碍;通过分散投资,把鸡蛋放在不同的篮子里,降低了投资的非系统性风险,有效地消除了高收益面临的高风险问题;通过聘请专业的管理团队对基金进行运营和管理,基金可以相对比较容易地了解交易对方的财务和经营信息,分析对方未来的前景,最大限度地减少交易双方的信息不对称问题。对于资金有限、投资经验不足的广大中小投资者来说,难以具有组合投资、分散风险的能力,证券投资基金为广大中小投资者拓展了投资渠道。投资基金作为一种金融工具可以把投资者的资金汇集起来进行组合投资,由专业管理和运作,其投资者收益可观、资产增长较稳定以及具有良好的风险规避功能,从而大大地拓展了广大中小投资者的投资渠道,使得流动性的转换变得更加容易和普遍。

# 1.3 产融结合的定义

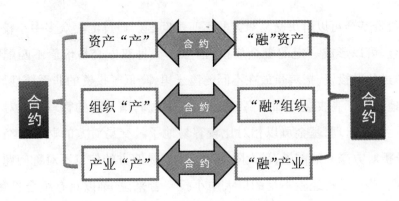

图 1.9 产融结合的本质理解

前面已经论述了"产"和"融"的本质——合约,及它们的三种具体形态——资产、组织和产业,从而引出了产融结合的本质——流动性转换。然而此处论述的"产"和"融"这一相对概念,都是从最广义的角度来看的,即可以认为任何交易行为都是产融结合,这样就无限放大了我们的研究对象与研究难度,且不具有实际研究意义,因此,为了能够深入研究产融结合的核心部分,需要对产融结合进行最精炼的浓缩。另外,必须明确的一点是,产融结合研究的目的并不是讨论"产"与"融"的区分,而是寻求链接"产"与"融"之间的合约。考虑到研究的深度和工作量,如果不加以详细说明,后面只论述狭义的产融结合,即从资产角度和组织角度去理解产融结合。

在本书的研究中,我们结合传统定义以及最新的经济发展和众多案例对产融结合进行了重新定义。产融结合的主体可以通过资产与组织分别加以阐述和明晰。产融结合是指利用信用工具将两种资产或者两个经济组织连接起来所形成的关系的总和。

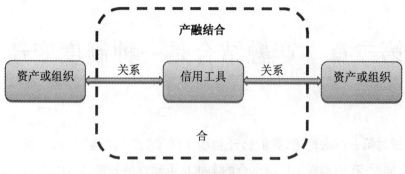

**图 1.10 产融结合的定义图**

从融资方的角度看:产融结合就是通过放弃部分收益,获得流动性或者稀缺的管理能力。从投资方角度来看:进行产融结合就是通过放弃流动性,获得收益、控制权或者定价权。

# 第二章 产融结合是一种制度变迁

通过第一章的论述,我们已经初步了解了"产"、"融"的概念及其三种形态,同时,我们也提出产融结合的本质是流动性的转换,因此,产融结合的过程也就是流动性转换的过程。为了顺利实现流动性的转换,就需要一定的制度安排,由此也拓宽了我们研究产融结合的视角:产融结合是一种安排。产融结合制度是保证产融结合顺利进行的所有安排的总和。随着时间的推移和经济环境的变化,产融结合的方式和需求也会逐渐发生变化,作为保证产融结合进程的制度也会发生变化,我们称之为"产融结合的制度变迁"。

## 2.1 "产"、"融"是制度安排

新制度经济学认为,制度变迁的动因在于对潜在利润的追求。所谓潜在利润,是指一种在现存的制度安排或制度结构中无法获取,而必须创造一种新的制度安排或制度结构才能实现的利润。现存制度安排下的某些人或组织为了获取潜在利润,就会率先来克服制度障碍,从而导致了一种新的制度安排的形成(或变更旧有制度安排)。只有当预期的净收益超过预期的成本时,一个社会才有改变现有制度或产权结构的企图,一项制度安排才会被创新(诺斯,1994)。制度变迁可以分为诱致性制度变迁和强制性制度变迁,它们发生的根本原因都在于制度变迁的主体(个人、群体或国家)可以从新的制度安排中获得更大的效用(林毅夫,1994)。作为一种复合型制度安排,产融结合存在潜在利润,目前产融结合没有达到最佳效果,即"非均衡的"产融结合,这就促使产融结合制度变迁的主体——"产"主体、"融"主体或政府主体期待从新的制度安排中获得更大的效用,因此出现了产融结合的制度变迁。我们从辨析"产"、"融"这两种制度安排开始,进而详细论述产融结合作为一种制度的变迁路径和收益分析。

**经典阅读:**

假定参与人在一个域或跨域策略性地选择行动决策的计划,并且在该域或跨域内已经演化出可持续的稳定结果。那么,给定其他均衡(或更一般地说,另一个均衡序列)存在的情况,我们定义如下:

制度是关于博弈如何进行的共有概念的一个自我维持系统。制度的本质是对均衡博弈路径显著和固定特征的一种浓缩性表征,该表征被相关域几乎所有参与人所感知,认为是与他们策略决策相关的。这样,制度就以一种自我实施的方式约束着参与人的策略互动,并反过来又被他们在连续变化的环境下的实际决策不断再生产出来。

上述定义涉及制度的五个特征:内生性(隐含在"自我维持"、"自我实施"和"不断生产"三个词组中)、信息浓缩(隐含在"浓缩性表征"一词中)、对环境连续性变化的刚性("均衡路径特征和固定特征"、"被所有的参与者感知"和"在连续变化的环境下……不断地生产出来")、与相关域几乎所有参与人相关的普遍性("共享的"、"制约着参与人策略互动的方式"和"被所有参与人感知")和多重性。

——摘自:青木昌彦(日),《比较制度分析》,周黎安译,上海:上海远东出版社,2004,28—29。

### 2.1.1 "产"是一种制度安排

制度安排是在特定制度环境下约束人们行为的一组规则,它支配经济单位之间可能采取的合作与竞争的方式,旨在提供一种使其成员的合作获得一些在结构外不可能获得的追加收入,或提供一种能影响法律或产权变迁的机制,以改变个人或团体可以合法竞争的方式。制度安排是制度的具体化,"产"、"融"、"产融结合"是三种不同的制度安排。由于制度变迁一般落后于市场变化,如果不加紧在产融结合大趋势下对产融结合制度安排的研究,将制约"产"、"融"双方的战略转型和创新,并可能在开放的环境下与国际产融行业的竞争中处于劣势地位。

**一、"产"的制度安排与变迁的多层面透视**

在第一章产融结合的基本概念中,我们已经了解了"产"在多个层面的不同形态。因此,对"产"的制度安排也分别从多层面加以阐述。

(一)合约层面的制度安排

1.合约层面制度安排的本质及表现

"产"的最基本的要素是合约。只有从合约角度上进行分析才能看清"产"的本质。首先,从合约的权利与义务的角度看,合约层面的"产"的制度安排就是规范委托代理合约,并且通过这种安排使得参与各方的利益得到最大化。将合约安排放在整个社会经济发展的大背景中来看,"产"的制度就是在委托人之间、委托人和代理人之间为实现专业化结构的交易收益,并且使其财富最大化做出的合约安排。更一般地说,任何一种"产"的制度安排,都是人与人之间或个人与组织之间的合约关系,社会就是通过这些合约关系把单个的个体联系起来并分离开,单个个体也就是在这种联系的过程中获得自己的利益,并在分离过程中保护自己。这种制度安排规范着代理关系的组成、代理双方之间的复杂程度、代理方式、代理效果等。其次,从功能上来看,"产"的合约的制度安排是为了实现资源的有效配置。"产"的合约无论是人与人之间或者人与组织之间的一种合约关系,归根结底都是为了减少人们在交易过程中的不确定性和交易成本,实现资源有效配置。这里的资源不仅仅是指我们传统意义上的资源,而是一切可利用的有形和无形的资源。人们之所以通过合约进行委托代理,是因为自身无法将所拥有的资源进行最大化的利用,从而通过合约将不同个体或组织之间的优势资源重新配置,最终达到资源最优化。当自己没有专业化的管理能力时可以通过合约将资产委托给专业化人士进行管理,专业化人士将资产投入高效的行业,从而实现了资源优化的链式配置。这种围绕合约而实现资源配置的过程就是"产"的制度安排。制度安排决定了合约之间如何组合、资源如何通过合约进行分配等。从狭义上说,合约安排就是在私人产权界定清楚并可以自由流转的情况下的利益结构,它是资源流转的媒介,人们通过不同的合约安排把资源不断地转移到价值高的地方。不同的合约安排促成了交易方式的多样化,进而减少交易费用、实现资源有效配置,促进了社会经济发展的效率。最后,从合约主体需求方面来考虑,制度安排就是通过合约这种媒介满足不同合约主体需求的过程。不同合约主体具有不同的需求,而各种各样的合约代表着不同主体诉求,制度安排就是根据主体诉求设计制定合约的形式、组合方式、流通路径、诉求分拆等。

合约安排对经济发展的影响并非是均一性的,往往呈现出多元化的趋势,甚至还会出现负面作用。"产"作为一种合约安排,具有很强的灵活性。因此,实体运行的合约往往带有即时性或一次性,因此相对于"融"的制度安排来讲,"产"的合约安排是不稳定的。另外,"产"的合约因为其流动性较差,往往伴随着标准性较差的问题。

2.合约层面制度变迁的表现

通过上文的分析可以得知,合约的代理关系、功能、设计、交易、路径设

计、主体变化等一系列的安排构成了合约的制度安排。但是合约最为本质的动机是满足不同主体的需求,从微观来看,人的需求不是一成不变的,主体需求的满足方式也会随着环境的变迁而变化,从宏观来看,合约所代表的各种关系也是随着环境的变化而变化,那么围绕合约的一系列的制度安排也会随着内部或者外部的环境变化而变化。合约代理的主体构成、主体分散程度、代理的领域、合约的设计变化、合约的复杂程度、合约路径的变化、合约交易方式的变化等,这些变化就构成了合约层面的"产"的制度变迁。例如股票的发明,满足了不同诉求主体,也使得合约所代表的权利义务发生变化,合约交易方式等也发生变化,这就是典型的合约层面的制度变迁。

**(二) 资产层面的制度安排**

1. 资产层面的制度安排的本质及表现

在不同的领域资产具有不同的定义,而我们将资产看作有形的或者是通过一些方式产生的无形资产,是实体资产,不是虚拟资产。而资产具有使用价值和价值,也蕴含了资产所具有的权利和义务,而这些使用价值和交换价值、权利和义务就是约束人们行为的一组规则,它支配资产主体之间可能采取合作与竞争的方式。因此,"产"的制度安排在资产层面上,表现为资产所代表的权利与义务、使用价值和价值。资产的形成是人类社会发展过程中不断地通过稀缺性选择的结果,这样的不断选择就是一种潜在的制度安排,通过这种潜在的制度安排,对稀缺资源的保护和利用,使得资产形成,也就有了相应的"产"。

首先,制度安排表现在对资产使用价值的确定上,资产处于不同的环境或者处于不同的状态下具有不同的使用价值,比如一张纸,如果用来点火,那么它的使用价值就是燃料,如果用来写东西,那么它的使用价值就是草稿本。而资产处于什么样的环境、如何使用、具有什么样的形态等构成了资产层面的制度安排,这种制度安排直接决定了资产的使用价值。

其次,制度安排表现在对于资产权利义务的安排。资产的权利义务集中体现在产权归属问题上。资产本身具有价值,那么这就决定谁在资产上进行了投入,又是谁在利用资产,资产产生的效益归谁,如果对资产进行投入,收益如何分配等这些就是制度安排。

2. 资产层面的制度变迁的表现

从使用价值上看,资产在不同的环境下,不同的使用方式、不同的形态具有不同的使用价值,那么当这些条件变化的时候这种制度安排也会发生变化,这时就产生了制度变迁。从资产的权利义务上来看,产权是资产权利义务的核心,资产的产权变化的时候就会引起一系列围绕资产的变化,这就构成了资产层面的制度变迁。比如资产的产权交易等。总之,制度变迁变现为资产的使用价值甚至价值的变化,也表现为资产的权利义务发生变化。

(三) 组织层面的制度安排

1. 组织层面的制度安排的本质及表现

"产"作为一种组织,有其特有的规则和机制。在宏观层面上,"产"的组织可以是国家或者联盟,国家的制度或者联盟的制度都是"产"的制度安排。国家的制度安排具有很强的稳定性,比如国家的经济制度和法律制度等。在微观层面上"产"的组织性可以是企业或项目。现代企业理论认为,企业无非是一种人力资本与非人力资本所组成的特殊契约组织。企业作为一种人力资本与非人力资本的特别合约,由于人力资本与其所有者天然不可分离的产权特性,使得这种合约的有效性即企业制度的效率关键性地取决于它所建立的对人力资本的监督、计量及其激励的约束机制所能实现的激励相融功能。企业的制度安排包括所有权安排与股权设置、控制权安排和管理体制,剩余索取权安排和收益分配,转让权安排和股权管理,等等。

企业制度包括企业的法律形态和产权关系。企业的法律形态包括个人独资企业、合伙制企业和公司。我国公司法中,前两者属于自然人企业,后者属于法人企业,自然人企业所有权与经营权统一于业主,组织机构的设置是业主自己的事情,而公司所有权与经营权分离,具有法人地位,所有者个人资产与公司资产相分离,需要法律来规范。产权是一种明确物、财产的最终归属和所有人支配财产的权利范围的制度。企业制度的产生不仅实现了企业组织形态的创新,更重要的是实现了企业产权的革命,形成了各自独立的最终产权和法人财产权。这种制度安排保证了企业产权关系的完整和明确,确保企业在进行各种经济活动的过程中能够做出更好的战略规划和决策。

组织结构是企业的框架体系,把企业的目标、职位、人员、相互关系、信息等组织要素有效组合起来:将企业的目标任务分解到职位,再把职位综合到部门,由众多的部门组成垂直的权力系统和水平的分工协作系统,以有效完成企业目标。这种组织结构的安排有助于企业不同发展阶段的组织特征配备不同的企业框架体系,从而保证企业的生产过程不断优化,生产效率不断提高,产品创新不断进行,以达到促进组织绩效、提高组织经济效益、完成利润最大化的经济目的和其他相关的社会目标。

资本结构是指公司各种长期资金筹集来源的构成和比例关系,一般说来,公司资本由债务资本和权益资本构成。债务资本分为长期债务资本和短期债务资本。公司通过长期借款、发行长期债券或者取得长期应付款等方式从银行、公众或者其他公司筹集的资金可供长期使用,称为长期债务资本;相对应,公司通过短期借款、短期应付项目等获得的可供短期使用的资金称为短期债务资本。权益资本也就是资产负债表中所有者权益部分,包括公司的注册资本、留存收益、股票融资及其他增加所有者权益的项目。资本结构就是指长期债务资本和权益资本各占多大比例。也可以笼统地认为是公司债务和权益的比例关系,也就是资产负债表右侧中负债总额与所有者权益的比例关系。资本结构的确定有助于企业根据利润最大化的原则进行自己的投融资活动,合理安排资金的流向和规模,从而保证企业在资源一定的情况下选择更适合企业自身的资本安排。研究资本结构的目的就是找到企业的最优资本结构,即在一定条件下是企业加权资本成本最低、企业价值最大的资本结构。

生产结构,就是企业通过一系列的安排,把各种资源和要素组织起来,通过一定的生产过程,转化为市场所需要的产品或服务的过程。生产的目的是为了创造财富,这是企业与其他非生产性组织的本质区别,也是企业与市场的本质区别。企业的生产过程可以用生产函数来表示,生产函数是在一定的生产技术条件下,生产要素的投入量与产品的最大产出量之间的物质数量关系的函数式,一般记为:$Q = F(x_1, x_2, x_3, \cdots x_n)$,其中 $Q$ 为产品的最大产出量,而 $x_1, x_2, x_3, \cdots x_n$ 表示 $N$ 种不同的生产要素的投入。生产结构和生产函数概括了一定时点上现有的技术的性质,阐述了企业在进行生产经营的过程中遇到的各种技术限制。用生产结构理论和生产函数理论来分析企业所做的经营安排和面临的各种选择,有助于企业认识自身和市场,从而实现企业的长远发展和盈利最大化的经营目标。"产"的组织安排因为其可变性较大,无论是资本变动还是生产函数调整,组织安排都表现出较不稳定性。

2.组织层面的制度变迁的表现

无论是宏观还是微观,当这种契约组织发生变化的时候就产生了制度变迁。在国家层面,当国家的制度、法律甚至道德水准等发生变化的时候,这种组织的契约其实就发生了变化,那么这时候就产生了制度变迁。从微观层面来看,当企业制度发生变化的时候,比如组织制度、生产结构、资本结构等发生变化的时候就使得这种组织的契约发生了变化,这时候就产生了制度变迁。所以在组织层面是否发生制度变迁,关键看构成这种组织的契约是否发生了改变,而这种契约是否发生改变可以由外部表现出来。

（四）行业层面的制度安排

1.行业层面的制度安排的本质及表现

"产"的制度安排主要表现在产业结构的布局上。就某具体产业或行业而言,制度安排具体表现在产业或行业特有的规则和行业准入上。任何产业的制度安排都应该反映该产业客观的经济和技术特点。不同行业经过长期的发展会形成本行业特有的经营模式、生产安排、行业文化等行业特色,这些就属于行业的制度安排;同时不同的行业准入的形式不同,有国家许可,有天然壁垒等这些也都是制度安排的体现。在技术条件既定的前提下,交易费用是社会竞争性制度安排选择的核心,用最少的费用提供给定量服务的制度安排,将是合乎理想的制度安排。正是不同行业的不同情况所形成的一系列特殊性构成了行业的制度安排。

2.行业层面的制度变迁的表现

行业层面的制度安排更多的是表现在行业差异上。这些差异不仅包括本行业固有的特点,也包括不同行业之间差异的变化。而随着经济的发展,无论是本行业自身情况还是行业与行业之间的差异,或者从一个高度看叫作行业布局都会发生变化。可能出现行业的兴盛或者萎缩、行业之间的演变、行业准入的变化等,这些正是行业层面制度变迁的体现。

**二、"产"与"产"的制度变迁的动因**

上文中,我们不仅从合约、资产、组织、行业层面探讨了"产"的制度安排的本质及其变现,同时也探索了"产"的制度变迁在这些层面的表现。我们先来看诺斯的理论(虽然诺斯的理论并不能涵盖本书的制度变迁的所有内容)。诺斯的理论更倾向于从组织层面来探讨制度变迁。

诺斯的制度变迁原理以产权、国家、意识形态为基石,其逻辑为,人类社会在不确定性的情况下,必须依靠合作交换这一基本活动获取经济效益和安全保障,产权安排是交易的先决条件,有效率(无效率)的产权结构促进经济增长(衰退),产权是制度变迁的核心内容,国家是确立产权的主体,并对其效率负责,作为虚拟经济人的国家,具有追求统治租金和社会产出最优的双重目标。因此,国家是经济增长的关键,也可能是经济衰退的根源。同时,国家需要靠意识形态来提高正式制度的合法性,以减少维护秩序的成本。意识形态是人们认识世界的一套价值信念,引导合作预期,解决制度的自我实施,亦是克服搭便车、道德风险和偷懒行为的有效工具。诺斯在这一框架中强调了有效率的产权制度安排是有效率的组织产生的前提,然后把有效率的制度安排产生的功劳归于国家。显然,诺斯的制度变迁理论在方法上具有国家主体的宏观视野。

如果尝试运用这一完整的理论框架研究企业史,则要对诺斯的制度变迁理论框架进行扩展,即把诺斯的国家为主体的制度变迁框架转换为企业为主体的制度变迁框架,从而弥补新制度经济史学对微观主体行为特征解释的不足,这种由"国家"到"企业"制度变迁主体的转换,亦是诺斯制度变迁理论中组织人在逻辑上的发展。20世纪80年代,诺斯提出"组织和制度的共生关系"的命题,他对组织与制度之间关系的理解是组织及其企业家是制度变迁的主角,决定了制度变迁的方向。国内研究诺斯的学者视"组织和制度的共生关系"为诺斯制度变迁理论的核心,特别是在诺斯明确区分了组织和制度后,组织作为制度变迁主体的脉络就更加清晰。诺斯的制度变迁主体由个人、企业和国家三个层次构成,与国家一样,个人和企业在诺斯的理论框架中都归结为组织人,如果国家是正式制度变迁的主体,那么企业是意识形态为核心的非正式制度变迁的主体,意识形态理论以有限理性为基础,虚拟的理性经济人的假设贯穿于诺斯的制度变迁理论,因此,意识形态在企业制度变迁中的关键作用就能得到很好的解释。

制度变迁可以分为两种形式进行,一种是由内而外,即诱致性制度变迁,另一种是由外而内的,即强制性制度变迁。

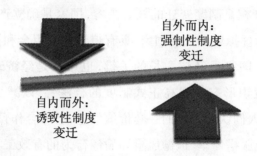

**图 2.1　制度变迁的两种形式**

**1."产"的诱致性制度变迁**

"产"的诱致性制度变迁是自下而上的需求主导型制度变迁,是由内而外的主动变迁。也可以从合约、资产、组织、行业层面来讨论。首先,从合约角度看,这种变迁是由内而外,这就是说合约所连接的需求发生变化,这种变化可能是环境或者主体变化,从而导致支撑合约成立的需求发生变化,进而导致合约设计、代理关系、方式、交易路径等发生变化,从而导致制度变迁。其次,从资产层面来看,更为合理的制度安排是能够充分发挥资产的使用价值的制度安排,合理优化资产配置。如果能够通过变换环境、资产存在方式、资产使用方式等使得资产的使用价值发生变化,那么就构成了由内而外的制度变迁,这种制度变迁是一个优化的过程;同时也可能由于资产所有者的诉求发生变化,从而集中于资产的权利和义务发生变化,改变资产的产权,这时候发生的制度变迁也是由内而外的。

再次,我们将组织和行业层面的诱致性变迁放在一起讨论。改革来自产业基层的企业,具有边际革命和增量调整性质,按照渐进的路径,采用的是先易后难、先试点后推广、先经济体制改革后政治体制改革相结合和从外围向核心突破相结合的改革顺序。比如,产业结构的变化,"产"的诱致性制度变迁会使原来某些较低的交易费用增大,或使原来某些较高的交易费用降低。因此,隐藏在交易费用变化背后的"产"必然对制度有新的要求,即产生了要素所有者和经济部门之间对新的利益格局进行重新分割的要求,这种要求会导致新制度的产生。

根据经济发展的历史和逻辑序列,产业结构从低级水平向高级水平发展的过程就是产业结构升级,产业结构升级是产业发展永恒的主题和不变的诉求。产业结构升级必然打破原有的发展模式,进入一种非平衡状态,尤其是在制度方面,由于制度是推动产业结构升级的各种力量的支点,产业结构升级导致旧制度已不能适应发展的需要,这就促进了制度的变迁与革新。在某种程度上,"产"的制度变迁属于诱致性制度变迁,是产业自身发展的客观要求,是产业结构升级的必然结果。

制度变迁对产业结构升级有促进作用。制度变迁往往会产生约束人们行为的准则,这一准则把工作努力程度与报酬大小更为紧密地联系起来,这也增加了人们获得更高回报的可能,自然就会产生有效激励以充分调动人们的积极性和主动性,使交易充满活力,从而促进产业结构升级。制度作为约束人们行为的准则,也可以界定经济活动或交易活动的边界。一种特殊的制度安排会以一种特定的利益关系规范人们的行为,为专业化生产和贸易提供了特定的活动空间。尽管在这一特定活动空间里,要素投入增长率和全要素生产率的增长率及产业结构也会发生一定的变化,但受其经济活动空间的限制,其变化的弹性是不大的。也就是说,在特定经济活动空间,产业结构改善的潜力是有限的。然而,当制度变革带来利益关系调整,从而使经济活动空间发生变化时,产业结构升级的潜力将大大增强。

2."产"的强制性制度变迁

"产"的强制性制度变迁是由外而内,更多的是通过一种外部力量,在组织和行业层面表现得更为明显。政府重视具有基础性、公益性和对国民经济具有重大影响的项目投资,"产"导型强制性制度变迁体现为政府规划与

推进实施的产业集群(Industry Cluster),产业聚集区成为产业升级的重要突破口。产业集群在基础设施高度集约的发展平台基础上,创造了人才集中、资本集中、信息集中的优势,是增强产业竞争力的关键。在政府优惠政策的支持下,产业集群中的企业在最初几年可以以成本价格使用政府投资建设的各种基础设施,为孵化产融结合的"产"主体提供了"孵化器",之后,利用产业集群的集聚效应、协同效应和网络效应等,结合政府的财政、税收、金融政策等手段,鼓励产业集群中的企业做大做强,实现与产业聚集区里的"融"主体融合,形成高效的产融结合主体。

### 2.1.2 "融"是一种制度安排

**一、"融"的制度安排的多角度透视及表现**

金融本身也是一个产业,从某种程度上来说也属于"产"的一种,但是从金融本身不同于其他产业的特征来说它又独立于其他行业或产业。与其他行业不同的是,其他实体行业具有实实在在的资产,而金融资产却是虚拟的,更为准确地说金融资产就是一份份合约,金融资产正是这些合约所代表的一些权利,所以从这个意义上来说金融的合约和资产具有一致性。而从组织层面来看,有各种金融企业以及国家层面的金融制度,从行业来看,金融业关系到经济发展和社会稳定,具有优化资金配置和调节、反映、监督经济的作用。所以我们在此将从合约、组织、行业三个层面进行讨论。

（一）金融制度安排的核心

金融本身就是一个虚无的东西,看不见摸不着,不会生产出实实在在的东西,但是金融的功能和作用却让它不可或缺,前文中我们已经讨论过金融是一种合约,是不同权利义务的集合体,主导着资金的流向,并对资本增值进行重新分配,可以说金融是一种新的安排,而且,根据被安排对象的不同,"融"的不同安排会发挥多重功效,显示出"融"制度安排的不同功能。

金融是对资本的一种安排,资本又代表了对于资源的占有程度,所以,金融的核心功能是资源配置功能。资源配置功能主要通过金融体系的运作进行储蓄动员和项目选择,从而达到资源配置的目的。这里的流程与中介功能并无形式上的差别,即实现资金赤字者与资金盈余者之间的调剂,差别主要是内在的主动性与被动性。储蓄动员体现的是一种被动的负债创造业务,而项目选择体现的是主动的资产创造业务。储蓄动员和项目选择既可以通过传统的银行等金融机构进行,也可以通过非银行金融机构或在非银行金融机构辅助下直接通过资本市场来进行。金融体系通过其资源配置功能,建立起整个经济中资金需求者与资金供给者之间的联系,调剂整个社会中资金的余缺,以达到对资金、对实际经济资源更有效利用,提高整个社会的福利水平。此外,通过金融体系动员储蓄或选择好的项目,把社会上的闲散资金聚集起来,使资金流向使用效率比较高的行业,大大提高资金的使用效率并产生资本增值。因此,整个社会便形成了一套完整的资本循环体系,资本循环加速了,而且能够提供一个畅通的渠道,社会财富大大增加。同时,资本代表的是产业变化和资源流向,资本流向高效行业,表明资源流向了高效行业,而高效行业一般是经济发展中比较提倡的行业,因此,通过金融系统实现了对这些行业的扶持作用,而缺乏资源的、产能落后的行业自然会消亡,实现了产业的优胜劣汰。

(二) 合约层面和组织层面金融制度安排的表现及制度变迁

1. 合约层面和组织层面金融制度安排的表现

上文中体现了金融的核心功能、金融功能实现的方式、金融功能实现的媒介、金融功能最终实现的结果。从这个流程来看,这里面包含了对于合约的设计、安排、流通,这样才能从最本质的方面保证对资源的优化配置,合约可以代表资源的拥有,也可以代表对于资源的重新分配,更决定着资源的流向,一系列围绕资源所产生的权利都在合约中具体体现。这种合约层面的设计正是一种制度安排,这是实现金融功能的本质性因素。

即便在合约层面进行了完善的制度安排,但是合约的设计、交易、规范甚至合约的发行等都不是凭空出现的,也不是盲目的,如果在市场中由资源拥有人自发地寻求能够满足自身需求的另一主体,那么成本将会非常大,而整个合约安排的成本会非常巨大,这时候就会由于不同类型的合约需求从而出现了与其功能相适应的金融机构。从银行的出现到银行业的逐渐细分,再到各种金融机构的出现,这些无一不是为了实现金融资源配置所服务的。从最初的通过储蓄募集资金,再到通过保险公司、私募等方式汇聚资金,从而通过更为丰富的手段将资金投入到最为高效的地方。而这些机构如何设计、如何运作、如何生产出合约、如何实现资源的配置等正是组织层面的制度安排。

2. 合约层面和微观组织层面制度变迁的表现

资源无时无刻不在变化,资源的配置也在变化,经济环境更在变化,那么作为实现资源配置作用的金融契约自然而然也在发生变化。合约所涉及的权利义务、合约所能代表的资源、合约的性质等一系列的变化都属于制度变迁。合约一旦发生变化那么对应的金融机构就有可能发生变化,比如银行的出现、保险公司的出现等,合约越复杂、交易的环节越多就越需要更为细化和专业的金融机构来运作,这样能够保证资源配置的有效性、资源流通的顺畅、交易成本的降低。

总之,合约层面和组织层面的制度变迁是相互影响的。合约方面的制度变迁导致组织层面的制度变迁,组织层面的制度变迁可以产生新的合约,从而导致合约层面的制度变迁。这是一个相互促进的过程,其最终目的都是保证资源配置更为有效、交易成本更低。

(三)宏观组织层面和行业层面的金融制度安排及变迁

从宏观组织层面角度来看,金融具有经济调节功能。在金融的资源配置功能显现出来以后,随着经济金融化的出现,通过金融手段对经济进行调节便显得有效和直接。具体来说,金融的经济调节功能主要是指货币政策、财政政策、汇率政策、产业倾斜政策等通过金融体系的传导实现调节经济的目的。另外,政府也可以通过设立专门的政府金融机构(主要是相关政策性金融机构)引导经济发展,实现特定的战略目标与目的,这就是政策性金融过去一百多年来在全球各国普遍持续发展的深刻原因。金融机构经过多年完善,金融的经济调节功能越来越重要,甚至成为经济运行的一个有力杠杆,如果能够顺应经济发展,那么会对经济发展有着强大的推动作用,但是如果金融手段不合时宜,那么不仅不会推动经济的发展,反而会对经济带来更大的风险,2008年金融危机的时候,中国政府实行了四万亿元的经济刺激政策,可以说是利用金融杠杆推动经济发展,但是之后没有适时地调整政策,在随后的几年中出现了通货膨胀甚至出现经济再次探底的情况。这一系列的金融政策、金融法律等保障着经济调节功能的实现,这些正是宏观层面的金融制度安排。

从行业角度来看,金融业本身具有其独特的特点,是资源汇聚和流通的关键点,是撬动实体产业的杠杆,没有实体资产,但却是合约高度集中的地方。具有一定的垄断性和灵活性,也是风险高度集中的地方,同时又是利润再分配的一个集中地,这些都构成了金融业的特色,也形成了区别于其他行业的规则。当内外环境发生变化后,这些规则、特点等也会随着变化,就形成了制度变迁。

综合来看,金融对社会的整体资源配置、社会结构变化、社会发展进程等具有重大的作用。金融就是一种制度,是一种安排、配置资源的制度,这种制度可以在一定程度上解决资源的稀缺性问题,是社会资源转化过程中所需要遵守的体系。然而,金融制度又反作用于经济社会的发展。当一种金融制度适合经济社会发展的时候,它会推动经济社会的发展,当金融制度

不适合经济社会发展的时候,它会阻碍经济社会的发展。比如中国股市刚出现的时候,在很大程度上满足了企业融资的需求,但在社会主义市场经济经过了 20 年的发展之后,中国股市已经远远落后于经济社会的发展,到目前来看已经成为上市公司跑马圈地的场所,而股市最基本的功能已经被淡化了。

### 二、"融"与"融"的制度变迁

既然金融是一种制度,那么这种制度就会常变常新,金融由此也得到了发展和完善。在某种程度上,金融发展的本身就是金融制度的发展。金融发展就是建立合理的金融制度,实现金融资源合理配置的过程。一国金融的发达,从形式上看是金融规模的扩张、金融机构种类的增多,但从实质上看,金融是否发展体现为是否有良好的金融组织制度、金融市场制度、金融监管制度、金融宏观调控制度;取决于投资者、债权人的利益是否得到充分保护,国家干预金融是否法定化而不随意化,契约的合法性确认、执行是否成本低。

金融制度变迁的动因是什么呢？首先,应该是效率问题。金融制度变迁可以理解为是一种更高效率的资源配置制度对低效率制度的替代。金融制度与经济社会发展需求不匹配,则说明资源没有得到最优的配置,由于资本是逐利性的,资本会主动寻找各种能够优化的方式,这时候就会产生金融制度变迁的需求。这个需求是最为原始也最为强大的需求。其次,是社会形态、金融主体等的变化。由于金融制度是随着经济社会发展的变化而变化的,所以这些变化一旦发生,金融制度也会随之变迁,比如,当中国进行国有化之后,原有的金融系统就不能满足中国实际情况的需要,只能随之进行改变。

### (一)金融制度变迁的目标

金融制度变迁永远是在寻找一个最优的均衡。金融制度均衡可以理解为在既定制度安排下的一种"帕累托最优",在这种制度安排下,各种生产要素组合最佳,利益实现能最大化。制度均衡的两个主要标准是制度收益大于制度成本,而且这种制度安排是各种制度的集合中净收益的最大者。制度非均衡则是人们对现有制度的一种不满意,或意欲改变而又尚未改变的状态。之所以出现制度不均衡,主要原因是现有制度安排和制度结构的净收益小于另一可供选择的制度安排和制度结构,存在"潜在利润"并刺激潜在制度需求的产生,并同时要求制度供给给予响应,制度变迁和创新就是对制度非均衡的一种响应。正是因为经济社会在不断的发展,所以现有的金融制度无法永远是最为合理的制度,所以说金融制度变迁就是永远在寻找帕累托最优的过程,永远在均衡和不均衡之间不断地转变。均衡只是暂时的,而不均衡才是长久的,才是金融制度变迁的动力。

金融制度的变迁,表现为一种效率更高的金融制度替代另一种低效率金融制度的过程,一种交易成本低的金融制度替代一种交易成本高的金融制度,一种交易便利、权利保护周延的金融制度替代一种交易烦琐、权利模糊的制度,一种多元化金融选择的制度替代一种单一选择的制度。

(二) 金融制度变迁的动因

金融制度变迁是一个动态的过程,也分为诱致性制度变迁和强制性制度变迁两种形式。

金融制度的诱致性变迁,常常表现为需求的诱致性变迁,由于金融制度内部的组织和群体,在追求自身利益最大化制度安排而发生的自下而上的制度变迁,是一种基于市场经济的变迁,是因为原有制度安排无法得到获利机会而引发的。比如当银行发现投资银行业务有巨大的获利能力时,就会不断游说政府允许商业银行的混业经营。只有当制度变迁后的收益大于预期成本的时候,内部组织才会有动力去推动,是资本逐利性的表现。这种变迁的动因可以概括为:利益驱动、自发性和渐进性。其中,利益驱动是最为

根本的,自发性和渐进性是其特征。

金融制度的强制性变迁,是一种外部主导的制度变迁,通常是国家借助行政命令和法律手段进行的自上而下的制度变迁,这种需要外部的强制性。国家实施这种强制性的变迁主要有以下几种动因:一是,规模经济优势和成本优势。国家在制度供给上有明显的规模经济效应是不言而喻的。国家还由于其暴力潜能而使得制度变迁的组织成本和实施成本大为降低。二是,制度供给是国家的一种基本功能。国家的基本功能就是提供法律、秩序和保护产权,并以此交换税收。三是,制度安排的公共产品属性。政府在生产公共品上比私人生产公共品更有效,成本也更低。国家作为垄断者可以比竞争性组织以低得多的费用提供制度性的服务,也就是说,国家在制度供给方面有很大的规模经济,在制度实施和组织成本方面有很大的比较优势。四是,制度均衡是极少的,制度不均衡却是经常的,国家实行强制性制度变迁就是为了弥补制度不均衡状态中的制度供给不足。但应注意,在制度变迁问题上,国家同竞争性组织(如企业、个人)在对待制度适应性效率方面的利益标准不一定一致。也即是说,竞争性组织的成本收益计算和权衡与国家的成本收益的权衡是有差别的。国家预期效用函数与竞争性组织的预期效用函数也不一样。强制性制度变迁遵从成本收益比较的基本经济原则。在供给主导型变迁中,国家掌握的暴力潜能使它享有极大的主动性,一旦它发现制度创新方案的净收益大于零,就可以借助行政力量强制性地进行试点,并通过设置人为的改革进入壁垒来弱化外部性和不确定性,降低交易成本。

一般情况下,金融制度变迁不是非此即彼的状态,不一定只通过诱致性或者强制性一种手段就能达到。而是在两者的不断交叠中发生变化的。比如当一种制度无法适应经济社会发展的时候,内部会产生诱致性变迁,但可能政府会通过研究看得更远,直接从外部进行强制性变迁,确定一种更为长远的制度,这样一来这种制度能够更为长久地匹配经济社会的发展。

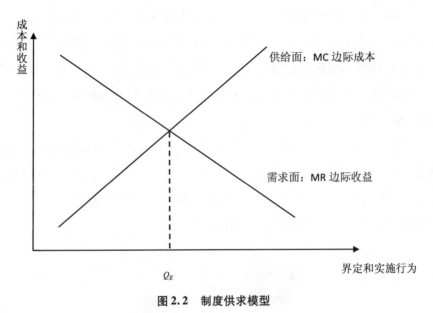

图 2.2　制度供求模型

# 2.2　产融结合型制度变迁

　　目前,世界范围内最新一轮的产业结构升级过程中,高新技术产业迅速崛起并在经济发展中处于绝对主导地位。近些年来的新兴技术革命毫无疑问是促使高新技术产业迅猛发展的必要基础,然而,技术创新本身并不足以刺激经济增长,新技术实行的另一个重要前提条件就是具有流动性的资本市场存在。高新技术商品化的过程需要一定规模的资本投入,而作为传统融资主体的银行的收益和风险间的不对称使得银行不愿对风险企业发放贷款。由此,以风险投资和私募股权基金为代表的这样一种以超额的金融利

润为目标的新的金融契约顺应而生。新的金融契约的诞生是新时代下"产"、"融"双方结合发展的必然要求,也是制度变迁的一种体现,而类似于这样的产融结合型制度变迁是解决高新技术创新对资本的需求和资本供给之间的矛盾的一种创新的制度安排,同时也是未来解决新的产融双方需求的必然趋势。产融结合的发展和繁荣填补了金融市场上由结构和运作规则所决定的市场制度安排下的空缺。

产融结合是一种创新的制度安排。从制度经济学的角度来看,产融结合制度创新的动力主要来源于产融结合型制度变迁会产生收益,而收益具体表现为三个方面:一是潜在的利润会增加;二是潜在的成本会降低;三是制度环境的改变使可选择的制度安排增多。

按照新制度经济学家诺思的总结,制度变迁的过程一般包括六个阶段:第一阶段,人事变迁条件,发现变迁获利机会。第二阶段,形成制度变迁的初始行动集团。这些初始行动集团是认识到变迁获利机会并能从制度变迁中获得潜在收益的组织,它们是制度变迁的创新者、策划者和推动者。第三阶段,确定制度变迁的目标模式。第四阶段,制定制度变迁的具体行动方案。第五阶段,形成次级行动团体,并与初级行动团体一起实施制度变迁。这些制度变迁由浅入深的六个阶段,也正对应着产融结合程度由浅入深的过程,即我们在后面章节会论述的"产融结合战略联盟→债性产融结合→股性产融结合"的这一过程。

实质上,产融结合由浅入深的过程就是产融结合主体依据潜在收益的变动进行博弈的过程。比如,产业结构的变化,"产"的制度变迁会使原来某些较低的交易费用增大,或使原来某些较高的交易费用降低。因此,隐藏在交易费用变化背后的"产"、"融"双方的利益关系必然对制度有新的要求,由产融结合带来的生产方式和经营规模的变化会产生新的利益格局,从而产生了要素所有者和经济部门之间对新的利益格局进行重新分割的要求,这种要求会导致新制度的产生。

在产融结合这个角度中,存在"产"、"融"两个显性主体,因此,产融结合这一制度变迁的主导就相应地对应于这两个主体。产融结合型制度变迁所带来收益是"产"、"融"双方发动产融结合的根本原因,而"产"和"融"的收益形态则在更基本的层面上决定了双方在产融结合中的表现。本节正是从制度变迁带来的收益以及"产"、"融"收益形态三个角度来进行论述的。

## 2.2.1 产融结合型制度变迁的收益

具体来说,在产融结合型制度变迁的过程中,根据产融双方预期收益形态的变化,产融结合的预期收益形态可能有以下几种情况:

**一、合作共赢**

在这种情况下,产融双方的预期收益均超过预期成本,同时双方互相友善地参与到对方的生产过程或管理经营中去,使得双方的总收益进一步最大化。对于能够出现合作共赢的情况,包括:

(1)处于种子期或者创业期的中小企业与天使投资人、私募股权基金等机构的产融结合过程中,在这个过程中体现的很重要的一点就是投资人对被投资的企业的股权持有特征,在这种特性的作用下,产融双方都积极投身到企业的发展当中,并促进双方自身的迅速发展,最终达到利益最大化的

目的。

（2）大型企业投身金融行业，持有或者控股金融机构，或者自设财务公司，其实质还是一种股性安排参与制度变迁的过程，在这个过程中，企业集团或分享了金融业的收益，或增加了自身的融资渠道，使得自己做大做强，而金融机构获得了大量的资金来源，使得自身可以开展更多的业务，其结果也是一直互相促进，形成共赢的局面。

### 二、各得其所

在这种情况下，产融双方的预期收益同样均超过预期成本，但与合作共赢的情况不一样的是，这时产融双方的结合程度仅仅停留在了资金或者其他基本所需层面，没有进一步的深入结合。

现实中各得其所的情况，其本质还是源于在这个制度变迁中债性工具参与的成分较多，即产融双方更多的是一种借贷的关系，没有更深层面的结合，当然，这种方式的好处是，产融双方可以有更多的时间、精力来关注自身业务的拓展，而不必更多关心对方的状态，同时使用债性工具，风险也较小，比较有保障。

### 三、一方占优

在这种情况下，产融双方只有一方的预期收益均超过预期成本，而另一方处于收益与成本的均衡或总收益较小的状态，这时具有正收益的一方将会主动积极地参与到产融结合的制度变迁过程中，而收益较小的一方则处于被动的状态。

一般情况下，一方占优的结合方式，很难推动制度的变迁，如果有外界的辅助因素的推动，则可能推动这种情况下的制度变迁。最常见的外部推动者是政府，政府可以通过一些鼓励性措施或者财政政策增加被动方的收益，或是推动政策性机构参与到产融结合的过程中去，以达到产融结合的宏观收益为正的目的。

### 四、损人利己

在这种情况下,产融双方只有一方的预期收益均超过预期成本,而另一方处于收益与成本的失衡状态。在这种情况下,占优的一方会积极主动地推动产融结合的发展,而处于劣势的一方会积极抵制这种情况的发生。在三种情况下会出现这种情况:一是占优方或者外界因素的强制介入,二是劣势方受到欺骗性或误导性信息的干扰,三是劣势方力量不足以对抗占优方的恶意收购等行为。这是一种比较有争议的制度变迁方式,其在一定程度上损害了劣势者的利益,但我们同时不能否认,这种方式下,其总体的制度收益依然为正。

### 五、益于社会

这种收益只会出现在强制性制度变迁之中,强制性制度变迁并非产融双方推动的,而是政府通过法令强制推进的,这种制度变迁可能对于产融双方都没有好处,但是可能对整个社会有很大的外部效应。这时候产融双方没有动力去进行能够给整个社会带来正收益但不能给自己带来收益的结合,只能是通过政府来进行推动,从而实现这种正的外部效应。

## 2.2.2　"产"的收益形态

产融结合的进行一般能对产融结合参与双方产生一定的收益,对于"产"可能得到的收益有融资的满足和其他收益,比如能够控制市场,能够产生协同效应等。下面我们进行具体的阐述。

### 一、融资

产融结合作为一种创新的制度安排,从制度经济学的角度来看,产融结合制度创新的动力来源有三种:一是潜在的制度收益会增加;二是潜在的成本会降低;三是制度环境的改变使可选择的制度安排增多。按照诺思的解释,没有潜在的利润,就不会有制度变迁。制度变迁的实质是权力和利益的

转移和再分配,一项新制度的安排只有在制度创新的预期收益超过成本时,才有可能实现。一种制度的变迁很快会带来另一种制度的不均衡,即制度变迁大体上遵循"制度均衡—制度非均衡—制度均衡……"的路径进行。

首先,从国家层面来看,产融结合的制度变迁是为经济服务的。舒尔茨认为,制度的功能在于经济服务,每一种制度都有其特定的功能和经济价值。最典型的例子莫过于"二战"之后各国基本上都一片凋零,各项基础设施都需要重新建设,市场需求倒是很大,但是基础设施的建设需要大量的资金,电力、铁路、高速公路、厂矿企业等固定资产投入建设周期相对较长,资金需求量较大、回报期较长,或者是风险较大、专业要求高。仅依靠财政投入与银行贷款不符合经济市场化和分散投资风险的要求,但是仅靠财政投入这个单一的渠道是远远不够的,这时候让金融资本进入这个领域是一个较为成熟的选择。以德国为例,实行的全能银行制度,银行可以投资实体产业并且控股实体产业,这样一来在战后经济重建过程中,银行支持了经济的迅速恢复和发展。首先表现在银行为经济的发展和企业的扩大提供了巨额资金保证。其次,银行对产业的渗入不仅能够扶植产业,实现政府的产业发展政策,带动整个经济的发展,而且能够形成现代化、集团型和国际性的大公司,增强国际竞争能力。再次,有利于政府有效地控制和调节经济运行,因为产融结合形成的每个企业集团都是一个控制点。所以不仅是德国,其他饱受战乱影响的各国在重振经济时都运用了产融结合的这个工具放大金融资本的效应,从而使得社会资本能够迅速流入需要的行业,也为基础设施的建设提供了强大的保障。

其次,从产业层面来讲,"产"的制度变迁表现为产业结构升级。产业结构升级是产业发展永恒的主题和不变的诉求,它是产业结构根据经济发展的历史和逻辑序列从低级向高级发展的过程。产业结构升级必然打破原有的发展模式,进入一种非平衡状态,尤其是在制度方面,由于制度是推动产业结构升级的各种力量的支点,产业结构升级导致旧制度已不能适应发展的需要,这就促进了制度的变迁与革新。同时,制度变迁对产业结构升级有促进作用。制度变迁往往会产生约束人们行为的准则,这一准则把工作努力程度与报酬大小更为紧密地联系起来,这也增加了人们获得更高回报的可能,自然就会产生有效激励以充分调动人们的积极性和主动性,使交易充满活力,从而促进产业结构升级。

同时,国家推行"产"进行强制性制度变迁,是在有限理性的条件下追求自身的效用最大化。制度变迁的关键在于国家在效率提高和金融控制力丧失二者之间的权衡上,如果国家控制金融的成本超过控制收益,进行控制的经济成本过于昂贵,缺乏效率,那么制度变迁就成为发展的内在需求。如前文所提,政府重视具有基础性、公益性和对国民经济具有重大影响的项目投资,"产"导型强制性制度变迁体现为政府规划与推进实施的"产业集群"(Industry Cluster),形成高效的产融结合主体。

再次,在企业层面上,"产"的制度变迁是企业资本盈利本性的要求。产融结合作为企业的一种资本组织形式,其根本在于追逐利润最大化。我国工商企业参股金融企业的利润动机最为明显。目前,大多数商品的生产能力相对过剩,市场竞争日趋激烈,多数行业的投资收益率偏低,而银行、证券、保险等金融业利润丰厚(尤其是新兴商业银行和非银行金融机构近年来的业绩证实了我国金融业潜在利润的存在)。因此,企业纷纷参股银行、证券公司、保险公司等金融机构,参与追逐金融行业利润,从而提高自身的盈利水平。一般情况下,各种方式的产融结合都会拥有这种目的,无论是战略方面的考虑还是其他方面的考虑,归根结底还是为了盈利,即便短期来看不能盈利太多,那么从长期或者整体来看一定都是具有盈利性的,否则就偏离了资本的本性,这是任何股东都不会容忍的。

最后,在项目层面上,项目融资是一种紧密的产融结合,它以项目未来

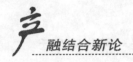

的现金流为担保,资金未来是否能收回与项目实施程度有着很大关系,投资者及其他参与方自然就要对项目进行多方面干预;根据项目融资的两种方式,即无追索权的项目融资和有限追索权的项目融资,可以看出这两种其实就是债性合约和股性合约,也就是说,项目融资不是债性合约就是股性合约,或是两种的组合。较为常见的项目融资模式包括主要用于建设收费公路、发电厂、铁路、废水处理设施和城市地铁等基础设施项目的 BOT 融资模式、适用于交通基础设施建设的 TOT(Transfer-Operate-Transfer)"移交—经营—移交"融资模式和用于公共基础设施的 PPP(Public Private Partnership)"公共部门与私人企业合作"融资模式。

**二、其他收益**

"产"制度变迁的其他收益主要是指非融资收益,多为战略层面的无形收益,因为战略本身是不会创造价值的,战略只是获取价值的途径或手段。

首先,"产"的收益可以表现为一个国家的核心竞争力或国家软实力。国际竞争力是一个国家企业设计生产、销售、创新等优势,提高一国企业的国际竞争力不仅能为该国经济增长带来巨大的推动作用,而且能够掌握更多的国际话语权,参与更多国际规则的制定,能够更多地左右全球经济。当今世界经济的一个显著特征是大企业集团尤其是跨国企业集团的迅速发展,这些集团通常以金融或产业为主导,通过相互参股、控股、借贷、担保和代理等形式将利益关系统一协调起来,集产品开发、市场开拓、融资投资、流通服务与信息收集和传递等功能于一体,具有强大的竞争能力,成为国际竞争的主角。随着世界经济一体化的发展,银企一体化组织或金融资本集团促进和推动着当今世界生产、贸易和资本的全球化趋势。企业集团进入的情况下,在生存和发展上面临严峻的挑战。要改变这一现状,单凭生产、贸易手段或金融手段,难以应对跨国企业集团进入带来的压力,而必须实施产融一体化经营,通过产融结合建立银行和企业之间或者企业和其他金融之间更加广泛而深刻的联系,通过稳定的信贷关系、资本结合、人事参与及信息传递等,通过市场逐步组建集生产、科研、贸易、金融、信息加工等于一体的大型企业集团,并通过发挥集团内的合力效应以获得较高的规模效应、结构效应、凝聚效应和协同效应,大大提高各国企业集团的国际竞争力。

其次,"产"的制度变迁是实现产业战略发展的需要。对于产业中的核心企业来说,它们面临做强、做优、产业升级和结构调整、国际化经营等重大发展课题,任何一样都离不开金融服务,而现有的金融服务根本难以满足需要。以主业做强、做优为例,势必要开展产业链整合,进行产业纵横向并购,这不光需要证券公司的投行服务,更为关键的是并购资金从何而来。很多国家银行还无法大规模提供专门的并购贷款,即使可以提供贷款,很多大型企业负债率都已偏高,客观上也难以消化大规模的贷款。因此,像我国的航天产业基金利用金融杠杆效应,大规模吸纳社会资本,投入主业助推集团发展,这样的个性化金融创新和产融结合正是当前央企发展的迫切需要。一些大型企业可以通过与金融机构的结合形成资本的强大后盾,拥有持续、稳定、高效的资本提供,不仅能做出一些长远的战略规划,而且一体化的金融机构更能为这些企业"量身定制"一些金融服务,比如利用自身的资源拓展企业销售渠道等。所以产融结合就是企业做强、做大的一个坚强的后盾。无论是通过哪种形式的产融结合一般都具有这种目的。比如通过债性结合是为了获取长久稳定的融资渠道,同时也能利用金融机构的其他资源为自己服务,而股性产融结合更具有这种战略性的目的。而具体表现出来的形式可能为金融控股、收购兼并、战略联盟甚至供应链融资等。

最后,"产"的制度变迁可使人们的金融意识发生彻底转变,个人财富管理逐渐成为一种时尚,私人银行也成为金融机构新的业务增长点。随着理财观念的成熟,个人投资理财可以使个人以及家庭的财务状况处于最佳状态,从而提高生活品质。投资理财不只是为了发财,而是为了丰富生活内

涵。成功的投资理财可以增加收入,减少不必要的支出,改善个人或家庭的生活水平,享有宽裕的经济能力,储备未来的养老所需。同时,个人投资行为是保证社会资金循环、实现社会再生产的关键环节。亚当·斯密说过:"社会上各种人虽然都在纷纷为着自己的私利而奔走,但是最终都创造了全社会的总利益。"追求个人利益的投资理财活动,不仅使自己得到物质与精神上的满足,而且使社会财富结构不断优化,效率不断提高,从而推动社会不断进步。因此,个人投资理财活动也是对社会的一种贡献。

### 2.2.3 "融"的收益形态

产融结合制度不仅仅能够给"产"带来相当的利润和好处,另一方面,产融结合也能给"融"带来很多收益,下面我们就五个方面来具体阐述产融结合为"融"带来的收益形态。

#### 一、降低交易成本

在市场经济条件下,金融业和工商业都是商品生产者和经营者,是具有独立产权的市场主体,是自主经营、自担风险、自负盈亏的企业法人。所不同的是,前者是经营货币商品的特殊企业,而后者是经营普通商品的企业。但它们均以市场为导向,以利润为目标,公平交易,其关系受市场机制的调节和法律规范的约束。同时,金融业和企业之间存在着相互依存的关系。一方面,企业是金融业存在的前提和运行的基础。由于社会分工,金融业从其他企业中分离出来,成为具有法人资格、经营货币商品的特殊企业。金融业的各项业务和企业密切相关,企业的发展规模和速度决定着金融业的业务范围、发展规模及创新速度。另外一个方面,企业的发展也离不开金融业。在市场经济下,金融业对企业具有日益重要的影响,企业的日常生产经营活动,需要金融业提供资金支持。但是,由于市场经济中信息的不完全、不充分、不对称,使得各个经济主体获取信息的机会不相同,同时经济主体在追求自身利益最大化时的有限理性和机会主义倾向,使经济运行中蕴涵风险。因此,金融机构与企业从各自的利益出发,相互需要建立相对稳定的交易关系,这对消除二者之间的信息不对称,降低交易费用,对于提高经济效益有重要的意义。

我们以金融机构参股控股工商业企业为例。减少贷款资产的风险是金融机构经营的一个非常重要的方面,贷款资金是提供给企业去使用,只有企业安全有效地运用金融机构提供的贷款资金,并且创造出新的利润,才能归还贷款本金和利息,也只有这样,金融机构才能真正实现自己的经营目标,实现盈利。在金融机构资金大量进入企业、参与企业资金周转的情况下,一个企业的生产经营决策失误就足以使该金融机构蒙受重大损失甚至破产。因此,金融机构从自身贷款资金安全的角度出发,有必要加强对工商企业的生产和经营决策的制定的了解并且在适当情况下施加影响。但是,如果仅仅是以债权人的身份来监督企业的经营,不仅监督成本非常高,而且效果并不理想,企业有动机逃避金融机构的监管。但是如果金融机构参股控股工商业,就成为了工商业企业的股东,在法理上,股东对于自己投资的企业有着完全的信息知情权。所以,只要成为了工商企业的股东,银行就能够更容易、成本更低地获得工商企业的各种财务和经营信息,从而预测企业未来的盈利能力和市场前景,也可以直接参与企业的经营和管理过程来优化企业的生产和运营模式,在最小化风险的情况下既保障了自己的投资利益,又能为金融机构自己发展一个信誉良好的合作伙伴,形成良好的互动和共赢。

二、降低风险

金融机构之所以把资本通过各种形式投入到工商业,是因为金融机构产融结合不仅满足了其对资本盈利的追求,而且能够产生分散和控制金融机构风险的功效,从而适应了金融机构加强风险管理的需要。产融结合在风险控制方面的功效主要通过两条途径来实现。通过拓宽金融机构的资金

运用渠道,促进其资产的多元化和分散化。资本运营风险管理的基本原则之一是资产的分散化,而金融机构通过各种方式向工商业进行的资金投入为其资产分散化提供了十分便利的条件,使得金融机构能够在传统的信贷之外获得更加多元化的资金运用渠道,以此达到最大限度地规避风险的目的。

我们以商业银行参股工商企业为例,首先假设没有进行产融结合,商业银行仅仅是对工商企业提供贷款,商业银行利润的唯一来源就是工商业贷款的利息。如果利率发生变化,比如说,贷款利率下降,由于商业银行大部分收入都是依靠发放贷款收取利息,那么利率下降对于商业银行的收入影响将是巨大的。这时候,商业银行对利率的敏感性非常强,商业银行的收入会由于利率的变化变得非常不稳定,并且难以预料,商业银行的经营风险很大。如果商业银行参股一家上市工商业企业,情况就会变得不一样,虽然利率的下降仍然会导致银行贷款的利息收入减少,但是根据资本市场的规律我们知道,利率下降上市公司的股票价格是上涨的,因为利率下降意味着企业的融资成本降低,成本降低也就预示着工商业企业的未来现金流会增加,所以企业的股票价格会上涨。这时候我们可以看到,商业银行由于利率下降遭受的损失部分或者全部都可以通过工商业企业股票分发的较高的股息与红利收入来弥补,也可由银行所持有的工商业股票价格的上升来弥补。通过参与产融结合,金融机构可以分散自己的投资,尽可能地降低自己的经营风险。

### 三、获得协同效应收益

协同效应是指两个企业通过共享资源、渠道等方式联合在一起获得的收益大于两者分别经营得到的收益的现象,主要包括经营协同效应和财务协同效应。经营协同效应理论主要指结合双方企业经济上的互补性、规模经济等。产融结合通过将双方公司一体化,给企业生产经营活动在效率方面带来了变化,以及因生产效率的提高产生了效益。财务协同效应指产融结合给企业在财务方面带来的种种效益,可以表现为结合后资金在结合企业间有效配置,使产融结合后的企业资金使用效益得到提高。经营协同效应主要是双方通过共用渠道、销售终端和客户群来降低两种产品的成本,结合之后两种产品的成本之和小于结合之前两者成本之和,这些减少的成本就是产融结合双方获得的收益。

**案例:交通银行沃尔玛信用卡**

沃尔玛和交通银行的战略联盟就很好地体现了这种协同效应。沃尔玛(中国)投资有限公司携手交通银行,在全国范围内推出升级版"交通银行沃尔玛信用卡"。在过去五年良好合作的基础上,为了进一步提升与完善交通银行沃尔玛信用卡的功能与服务,双方将合作区域从中国北区扩大至全国范围,同时在原有功能上增加了沃尔玛店内消费双倍积分的产品特色,不仅为持卡人提供更实惠的积分奖励计划,还为持卡人提供便捷的顾客服务和购物体验。使用"交通银行沃尔玛信用卡"非常便捷:顾客在沃尔玛门店收银台结账时使用这张信用卡,即可积累双倍信用卡积分,在沃尔玛店外消费享受单倍积分。该卡累积的所有积分均可用于抵扣此卡在沃尔玛店内消费时的签账金额,积分抵扣比例高达1%。除了积分抵消费,顾客还可享受众多优惠,包括"最红星期五"在内的大型用卡回馈活动。该卡兼备交通银行太平洋信用卡全球通用、免息还款等基本功能,持卡人还可尊享"优惠商户计划"和"分期付款计划"等增值服务。沃尔玛有着数量巨大的销售终端和广大的客户群,更重要的是,广大的客户群所代表的强大的消费能力,如果能够成功地抓住这部分客户,银行就能在自己的业务上获得巨额的收益。交通银行通过利用沃尔玛的销售终端,运用很少的成本就为自己吸引了众多的客户,将自己的信用卡推广开来。通过提供消费积分的活动,还能够激励消费者经常使用自己的信用卡,这样就能够形成巨大的资金流动规模,对

于商业银行而言,资金大规模流动创造的利润是非常可观的。

**四、分享产业利润**

资本天生就有追逐利润的动力,金融业的资本也不例外。只要有机会和途径能够获得更高的利润,金融资本就不会错过这种分享利润的机会。在现在经济中,总有一些实体产业能够获得超额经济利润。它们可能在市场上拥有垄断地位,通过技术垄断阻止其他的竞争者进入自己所在的行业,或者通过规模效益降低自己的生产成本压缩竞争者的利润等都可以使一家企业在市场上获得垄断利润,比如微软,就是通过技术优势垄断了全世界的操作系统市场,其他的竞争者都难以与之抗衡;或者由于填补了市场空白而获得超额利润,向市场提供一种以前市场上不存在的商品可能会导致供不应求,即使产品的价格非常高依然有着强劲的需求,这时候企业也能够获得高额的利润。由于高额利润的诱惑和资本追逐利润的本性,金融机构不再仅仅满足于向资金需求方提供债权类的融资,而是开始寻求向这些能够创造高额利润的行业参股或者控股,分享这些企业的高额的生产经营利润。

我们以商业银行为例,商业银行传统的运营方式简单说就是以存款形式聚集资本,然后以贷款形式运用资本,存贷之间的利差就构成商业银行经营的利润。然而,随着金融市场的不断成熟和金融结构的不断调整完善,资本之间的竞争愈来愈激烈,存贷利差已经变得越来越小,单纯的存贷利差开始难以满足商业银行对利润最大化的本能追求,商业银行开始探索分享产业利润的新的方式。而另一方面,经济的发展,社会的进步以及人们收入层次的提高和消费结构的升级,又为工商和其他服务业的发展创造了广阔的空间,尤其是在飞速发展的科学技术的推动下,现代工商业领域更展现出极其诱人的盈利前景。正是受工商业巨大利润的诱惑,早已不满足于存贷利差收益的商业银行便超出传统资本运营范围的限制,大刀阔斧地向工商业领域进行资本渗透,以便分享工商业的巨额收益。

还有一种情况,就是高新技术企业和初创期的企业中的产融结合。这时候资本追求的不是超额利润,而是对于高风险的必然要求。高新技术企业和初创期的企业有一个共同的特点,就是企业的经营风险非常高,高新技术企业对于技术的要求非常高,对技术研发的投入资金也非常大。高科技产业化一般需要三个阶段:技术研究和开发阶段、成果转化阶段和工业化生产阶段,这三个阶段依次连接,环环相扣,形成一条转化链。成果转化阶段的产品由最初的概念转为雏形状态,技术上还存在着许多不确定因素,市场前景不明朗,企业随时都有失败和倒闭的风险,初创企业风险状况类似。由于高风险并不是所有的金融企业都能够接受,所以分享这种产业利润的企业一般是风险接受能力较高的投资基金等。

**五、获得流动性补偿**

金融业与产业进行产融结合,向实体产业投入资金,自己拥有的流动性变低,金融业通过向实体产业提供流动性需要获得流动性补偿。第一章中关于流动性的论述表明了流动性对于一个企业而言有着非常重要的意义,流动性是企业的生命,一旦丧失了流动性企业就有着破产的风险,所以企业在生产经营的过程中必须保证足够的流动性。金融企业向实体产业提供流动性是一种常见的方式,具体的方式可以是同企业签订战略合作协议或者贷款协议,约定企业在流动性困难的时候有优先获得金融机构融资的权利。但是这种流动性的提供和保障并不是无偿的,实体产业必须为这种流动性保障提供一定的补偿,即流动性补偿。

流动性补偿成本其实是一种机会成本,即金融企业不是将资金提供给产融结合对方,而是提供给其他的资金需求者,也能够从对方那儿获得一定的利息或者其他形式的利润。金融市场本身就是一个买卖资金使用权的市场,为企业提供流动性就等于让渡了资金在一定时期内的使用权,这种让渡应该是有偿的,至于价格到底是多少,一般由金融市场上的各个主体通过竞

争和供求来决定。

　　综上，"产"和"融"都分别是一种制度，产融结合也是一种制度，"产"是将不同的资源组织在一起进行生产，实现财富增值的一种制度；"融"是将社会的财富资本组织在一起，向"产"提供足够的资金，来保证整个社会资本的循环。"产"和"融"的制度安排则是随着经济的发展而逐步变化的，这在体现"产"和"融"制度变迁的同时，也体现了经济决定制度的规律，无论是政治制度还是经济制度。在"产"和"融"制度变迁的过程中，"产"、"融"流动性的转化需要规范的交易环境和公平的交易规则，这在无形中产生了对制度的需求，有需求就有供给，因此，"产融结合"应运而生，以"制度供给者"的角色来满足"产"、"融"制度变迁所产生的制度需求。"产融结合"制度安排是联结"产"和"融"流动性转换的一座桥梁，加速了资本循环，提高了社会资源配置效率，也能大力推动经济的发展。同时这种制度安排也能让"产"和"融"分别受益，都能取得比自己以前状态更好的收益，能够在一定程度上解决自身的局限性。总的来说，产融结合是一种适应经济形势发展的制度安排，它的制度效用是随着其制度变迁的灵活性逐步显现和发挥出来的。

# 第三章　产融结合合约选择的规律

　　资本的融合是产融结合重要的特点,也是驱动力之一。产融结合一般是指在利益的驱动下促使金融资本去追逐产业资本,或者产业资本追逐金融资本的过程,最终两种资本在达成利益最大化的前提下高度融合,随之带来的是建立在资本之上的多方位一体化。因此,产融结合最原始的媒介是资本。我们知道资本的本质是一种合约,随着社会的发展,作为这种媒介的可选择合约的种类越来越多,这也就引发我们来思考如何选择最合适的合约作为产融结合的媒介。

　　前文研究表明,金融的定义与产融结合的定义非常接近,其本质在于投融资的过程正是产融结合的过程。而从产融结合的定义可以知道,产融结合是否有效率,取决于产融结合的媒介合约是否贴切反映了产融结合面临的客观环境以及产融主体双方的主观特征。从目前来看,产融结合的模式可以分为基本模式与衍生模式两大类。所谓基本模式是以基本货币为目标的金融模式,该模式中含有债性和股性两种典型性质的合约,在这两种典型合约之间则存在一连串首尾相接的过渡性合约。在此基础上的衍生金融模式包含两小类,一小类是省略了通货的"融物"模式,一类是在基本金融模式中嵌入加工环节的链式金融模式。

# 3.1 基于基本货币的基本合约

通货即是流通中的基本货币,所谓基本货币指的是流通中的一般等价物。[①] 为了得到通货,一般使用流动性居于通货与融资支持物之间的合约作为媒介,其基本性质包括债性合约和股性合约。除此之外,还存在介于债性和股性之间的过渡性合约,而通常情况下这种过渡性的合约本质是源于债性合约或是股性合约的变性。

## 3.1.1 债性合约及其变性

### 一、典型的债性合约

一般意义上典型债性合约代表的是债权人对一定财产和利息的请求权,是具有法律意义的合约。

| 常见的一些债性合约 | | | | |
|---|---|---|---|---|
| 企业债 | 公司债 | 短期融资券 | 中期票据 | 其他 |

图3.1 常见的债性合约

它具有以下特点:

(1)还本付息。债务人必须在规定的时间内付息,作为资本的使用补偿,而且在到期日归还本金,从这个层面上看,债权只是使用权的转让,而不

---

① http://baike.baidu.com/view/442371.htm。

是所有权的转让,债权人转让使用权的目的是为了获取利息,而他的目标就是尽最大可能地保证本金与利息的收回。

(2)具有一定的期限。合约中一般都规定有一定的时间,在这个时间内拥有权利与义务,到了这个期限债务人必须要归还本金和利息,具有一定的强制性,这也是保障债权人能够收回投资的权利。

(3)具有优先清偿权。当企业进行清算时债权人是优于股东进行清算的,所以债权人承担的风险小于股东,对应地获取的收益也小于股东获取的收益。

(4)债权人不参与债务人企业管理、经营与财务决策,也不进行人事参与。债权人的唯一目的就是获取利息并收回本金,而不是参与企业的经营行为,无法获取企业的超额利润,也不想承担企业的超额风险,所以对于债权人来说,希望企业的风险越低越好,资本能够投资一些低风险的项目,获取稳定的收益,因此债权人唯一能做的就是给贷出去的资本设置一定的限制,保障资金安全,并且对资金的使用情况进行监管。

在发达国家和地区的金融市场中,债性资本市场是十分重要的组成部分。就组织形态角度上来看,典型的债性融资具有成本低、期限长的优点,对拓宽企业融资渠道、降低融资成本、完善公司治理结构和提高企业知名度具有很积极的作用,是企业融资的理想途径。

在金融脱媒现象日益显现、债性融资重要性持续提升的背景下,大力推动产融结合企业债性融资已势在必行。在此过程中,交易商协会的积极推动、地方政府的大力支持以及商业银行等承销机构的密切配合将成为建立产融结合企业债性融资长效机制不可或缺的要素。

二、债性合约的变性

在以债性为媒介的融合中,仅仅靠表面上的债性结合是远远不够的,还需要在债性之外衍生出更深层次的关系才能有效地将产融双方的目标和行为统一,这种源于债性合约变性的过渡性合约是建立在一般借贷关系上更加密切的合约,在一定条件下能够更为有效地促进产融结合的发展。

产融结合中的债性合约原本是以债务关系为基础,进而实现产融双方资本的融合,即债权的相互融合。但在实际应用中,虽然在债性合约的框架下,产融双方仅仅有债务关系,但是产融双方的结合却不仅仅限于债务关系,而是产生了更加紧密的作用,主要表现在以下几个方面:

(1)银行与企业建立长期的合作关系,双方之间建立稳定对称的信息交换机制,这样就可以避免由于信息不对称产生的各种风险,也能降低交易成本。

(2)银行可以深入企业进行监管,比如可以在监事会等派驻人员,可以及时了解企业的经营状况和风险,以及资金的去向。

(3)银行甚至可以参与到企业的经营与财务决策,甚至人事变动,表现为互派董事或者其他人员,强化信息收集和外部监管、参与对方内部治理甚至行使管理权等强化互相之间的合作。

具体来说,这些变性的债性合约主要包括可转债等。通过这些方式不仅可以减少一系列的风险,更为关键的是产融双方由外部变为内部,使双方拥有共同的目标和利益,甚至双方进一步实现债转股、可转债等方式进行的股权结合。银行能够作为企业的坚强后盾支持企业的长远战略,同时也能获得企业的超额利润,企业也能利用银行的资金和金融服务的资源进行经营。

一般认为能够满足以上的条件才能产生产融结合的更深一层次的效应,双方成为利益共同体,成为产融结合体。我们分析以上的方式之后发现,这已经超出了传统的债性的范围,参与经营与财务决策、人事互派、强化长期合作等这些已经具有股性的特点,是在参股的条件下才可能发生的,但现在却在债性的条件下发生了,这种债性已经不是传统意义上的债性,而是具有股性特征的债性,可以用一个更为专业的名词来概括"债性合约的变性"。

所以说不是所有的债性关系都是产融结合,而是具有异化了的债性关系可能构成产融结合,而债性异化的本质就是在债务基础上债权双方紧紧融合在了一起,甚至拥有只有在参股情况下才可能获得的影响。

**三、典型债性合约的交易架构**

这里的债性合约,特指的是为了找到目标通货的债性合约,一般的交易架构是:融资支持物(信用、资产)—债性合约—通货。

**图3.2 典型债性合约的交易架构**

在典型债性合约的交易架构当中,合约签订双方的几乎所有关系都是基于债性合约的,产融双方在合约签订之后并不用过度地关心对方的状况。这种架构下产融双方的权利、义务明确清晰,风险较低。

要注意的是,一些情况下股性合约的变性(后面会提到)也拥有类似的交易架构。

## 3.1.2 股性合约及其变性

**一、典型的股性合约**

一般意义上的典型股性合约就是股东按照自己所占有的份额而拥有的对企业的财产以及盈利的索取权。

股东大会是企业的权力机构。股权拥有以下几个特征:

(1)股性合约没有期限,股东一旦投入企业后就不能撤资,除非企业进行清算剩余才能分给股东;

（2）股东具有任免董事会等决定公司命运的决策权。股东可以任命董事会来执行自己的意志,使自己的想法能够完全贯彻下去,所以对公司的命运具有重大的作用;

（3）股东拥有最后索取权,在公司进行清算时股东是最后一个对公司财产拥有索取权的主体,所以承受着比其他所有相关方都大的风险,也正是如此,股东拥有对公司盈利的剩余索取权,可以获得超额利润。

根据持有公司股份的不同可以将股东分为控股方、合营或者联营方、对公司有重大影响方、对公司没有重大影响方。从投资者的角度可以将对公司的持股分为长期股权投资、可供出售金融资产、交易性金融资产等。

股性结合是产融结合中最为常见也是最为传统的方式。它使得一方的资本通过入股参股进入另一方,并且直接参与另一方的经营与财务决策,甚至参与到对方的人事任免的决策过程中来,一般来说能达到这种效果的股东参股都在5%以上,能够对公司产生重大影响。这种产融结合的方式是最为紧密和全面的,能够全方面地参与到被持股企业的生产经营中去,甚至能够改变被持股企业的经营战略等,使得双方的利益保持一致,能够做到产融双方相互受益。比如我们所说的金融控股公司、实体企业对金融公司的控股、收购兼并等都属于这种模式。

## 二、股性合约的变性

虽然股性结合是产融结合最为常见的模式,但是并非所有金融企业与实体企业的入股参股都是典型股性合约下的产融结合,甚至在持股5%以上时有时候都不能算作产融结合。

我们将此分为两部分来考虑:第一部分,是入股参股在5%以上时,原则上对企业构成重大影响,但是实际上持股者并不对被持股企业的经营、财务决策进行影响和指导,甚至放弃自身在董事会中任免董事的权利,而是单纯的以获利为目的,这样一来持股者就变成了纯粹的投资者,虽然本质是股性,但是却像债性一样,仅仅是为了获取收益(比如优先股就属于这种情况),没有达到股性合约下产融结合应有的效果,不属于典型股性合约下的产融结合,这种方式就属于债性化的股性,或者可以叫作"股性的异化";另一种方式是持股在5%以下,原则上对公司没有重大影响,而实际上一般也对公司不构成影响,这种也不能认为是典型股性合约下的产融结合,除非是虽然控股在5%以下,但是却拥有5%以上资本的表决权,这样才能在一定程度上认为是股性的产融结合,但这仅仅属于股性的扩张或者延伸,要与"股性的异化"区分开。

不过上述两种情况我们都可以统称为"股性合约的变性",这是一种本质上源于股性的过渡性合约,这种合约扩展了股性合约的内涵,是对股性合约的进一步全面的阐述,也在一定程度上弥补了股性合约的不足,在特定情况下能更好地推动产融结合的发展。

通过以上对基于债性合约和股性合约的过渡性合约的分析,我们大致可以这样认为,无论是基于债性还是股性,参与主体表现出的不是单纯的债性或者股性的关系,即本该为债性关系却表现出了股性的关系,本该是股性关系却表现出了债性的关系,本应是债性松散的结合却表现为类似股性非常紧密的融合关系,本该是股性紧密的融合关系却表现出了债性松散的结合关系,我们区分是否变性的立足点是以其是否具有特定的产融结合效应为标准的。而且这一概念仅用于产融结合研究中。

### 三、典型股性合约的交易架构

这里的股性合约,特指的是为了找到目标通货的股性合约,相对于典型的债性合约,股性合约的交易架构相对复杂(图3.3)。

在典型股性合约的交易架构当中,尽管合约签订双方的所有关系都是基于股性合约的,但产融双方在合约签订之后主导方需要介入到对方的生产经营过程中来,这种架构下产融双方的权利义务相对债性合约变得模糊,成为

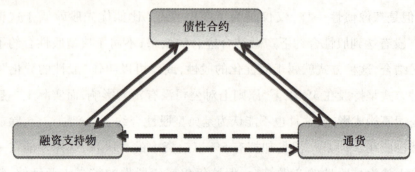

**图 3.3　典型股性合约的交易架构**

一种一荣俱荣、一损俱损的利益共同体,风险较高,但收益也变得更为可观。

要注意的是,一些情况下债性合约的变性也拥有类似的交易架构。

# 3.2　省略了基本通货的融物合约

## 3.2.1　基本特点和性质

如果前文所讲的"基于基本通货的基本合约"属于"融资合约"的话,那么我们本节所讲的"省略了基本通货的债性合约"就是"融物合约"。众所周知,融资的目的是通过让渡通货的使用权来获得特定资产的所有权,通俗地讲,融资的目的是为了购物。此时,如果一个交易主体既要融资又要购物,那么,在制度经济学理性人的假设之下,这位交易主体会基于交易成本的考虑,而直接进行"融物",因为"融物"比"融资"减少了一个交易主体——通货,由于通货的本质是媒介,当直接融物的交易模式优于通过货币中介的交易模式时,"省略了基本通货的融物模式"就会替代"基于基本通货的融资模式"。

对于"省略了基本通货的融物合约"来说,它们多为债性合约。由于融物合约省略了基本通货这种交易媒介,为了提高交易效率,融物合约自然会重新选择媒介和载体,因此,"物"就成了合约的载体和媒介,没有"物",就无法获得融资,这也正是融物合约的本质:以"融物"为手段达到"融资"的目的。对于融物合约存续期内,合约的融物方只拥有"物"的使用权,合约的供物方同时拥有该"物"的所有权(即物权)和债权,由于物权是债权的基础,供物方只有通过牢牢控制物权才能保证债权的安全,失去了物权的债权,它的风险和其他金融合约的风险就毫无差别,也就不能体现融物合约的优势作用。供物方通过抓住融物合约债性的特点,不放弃债权,才能降低对融物方信用的过度依赖。因此,在某种程度上,融物合约是一种体现为债性的实物信用。

## 3.2.2　融资租赁合约

在现实生活中,融资租赁就是典型的"省略了基本通货的融物模式",也是产融结合领域里以"融物"代替"融资",连接实体经济与金融虚拟经济的桥梁。融资租赁是指出租人根据承租人的请求,按双方事先合同约定,向承租人指定的出卖人,购买承租人指定的固定资产,在出租人拥有该固定资产所有权的前提下,以承租人支付所有租金为条件,将一个时期的该固定资产的占有、使用和收益权让渡给承租人。由此可见,融资租赁减少了交易成本:第一,它把"融资"和"融物"两个程序合二为一,减少了许多中间环节,尤其是规避了许多用直接购买方式必须层层报批或立项等烦琐的程序,提高了融资效率,减少了交易的时间成本。第二,融资租赁以"融物"形式实现"融资"目的,用少量资金撬动固定资产投资,通过发挥杠杆作用来取得"以小博大"的效果,减少了交易的资金成本,有效解决承租人初期的"融资难"问题,同时吸引大量资金进入实体经济,通过金融手段更好地为实体经济服务,这也正是产融结合的题中之意。

图 3.4　融资租赁合约模式

融资租赁合约作为融物合约的一种,它也会呈现债性合约的特点。对于承租人来讲,他进行融资租赁的目的并不在于取得租赁物件的所有权,而在于获得租赁物件的使用权,即拥有一份债性合约。这样,承租人通过支付租金就能在当期和近期以远少于租赁物件价款的租金取得租赁物的使用权,通过"融物"手段达到快速"融资"的目的。而这种"融资"并不是获得新的现金流,而是节省了已有的现金流,也就实现了变相的"融资"。融资租赁在不改变企业融资能力的情况下,改善企业的现金流状况,既扩大了资产规模,又无须一次性投入大量资金,减少了资金的沉淀和固化,提高了企业资金的使用效率,使承租人获得轻量化发展;同时,融资租赁又降低了承租人的资产负债率,改善了资产负债结构,实现表外融资,比如,融资租赁中的经营租赁,可以不进入资产负债表的"负债"项目中,从而节省流动资金并维持现有的信用额度,保持良好的信用等级。

在产融结合领域,由于融资租赁合约属于"融物"合约,以"物"为载体,能够控制资金流向,保证每一笔业务都对应具体实物资产的购置,保证资金直接进入实业而不被挪作他用,因此,融资租赁能够直达实体经济,最敏锐地反映实体经济的需求,尤其是设备投资的需求,这一点是"基于基本通货的融资合约"(比如,银行贷款)所不能比拟的。同时,融资租赁作为一种金融工具,在推进产融结合的过程中,始终遵循"产为主,融为用"、"金融服务于实业"的原则,对自身业务范围做出了明确界定,以"融物"代替"融资",为解决金融对实体经济"疏远化"问题提供了有效途径,也实现了金融机构通过设立金融租赁公司来为实体经济服务的产融结合过程。

## 3.2.3 融物合约中的"物"

由于融资租赁合约所涉及的标的物(租赁物件)是根据承租人的需求而单方面选定的,而出租人进行融资租赁的目的不是为了取得租赁物件,而是要取得租赁物件的租金以收回投资成本并获取相应的利润,因此,融资租赁的标的物的流动性很差。鉴于标的物是融资租赁的载体和租金计算的基础,也是融资租赁的收益来源、租金安全回收的保障,因此,并非所有的"物"都能作为融资租赁的标的物被用来"融","标的物"的适用性问题就变得尤为重要。

从市场角度来看,融资租赁通常由承租人进行资本化处理,即:租赁物件可计入承租人"融资租入固定资产"会计科目,并按固定资产提取折旧。若租赁标的物不能纳入可折旧的固定资产范围,也不可以进行摊销,那么,此"物"就不适合做融资租赁标的物。因为如果支付租金不能摊入成本,承租人的融资成本就会很高。租赁公司也因该"物"不是融资租赁资产而不能享受差额纳税待遇。比如,无形资产、消耗性生物资产、软件、收费权、农产品、人才等都不适合采用融资租赁方式。

从信用的角度来看,融资租赁公司作为非银行金融机构,它的运营和监

管都是按信贷标准设置的,只要承租人的信用足够高,通常对物件的适用性不太考虑。但要注意的是:如果企业用贷款方式融资,贷款不管用在什么"物"上,利息和折旧都可摊入用款企业的营运成本。若企业用融资租赁方式融资,如果标的物是不能折旧和摊销的物件,或超出"有形动产融资租赁"纳税范畴,承租人为此要支付高额成本,这比利息要高得多,而且这个成本支出都放在不能享受合理纳税政策的支出中,出租人并没有享受到这些多支付的成本。

此外,"物"的低流动性也造成了融资租赁合约双方的权利义务的不对称性,体现在合约内容上就是承租人的义务条款往往多于出租人。在融资租赁交易中,出租人大多是提供资金的租赁公司或提供设备的制造商企业,它们与承租人的关系是提供融资与被提供融资的关系,经济实力往往存在巨大差异,而且作为租赁公司又拥有法律赋予的一定的特许权,这势必造成双方地位的不平等。正像其他金融服务一样,出租人作为融资方的地位往往要高于承租人,银行借款合同等金融合约形式上的不平等性在融资租赁合约中亦有所体现。

**案例:浦银金融租赁股份有限公司**

2007年,中国银行业监督管理委员会发布修订版《金融租赁公司管理办法》,银行获准涉足租赁市场,开启了银行系金融租赁公司发展的新时代。此后五年间,大型商业银行中的工行、农行、建行和交行,股份制商业银行中的民生、招行、光大、兴业都相继成立了金融租赁公司。

今年5月,随着浦发银行与中国商用飞机有限责任公司及上海国际集团有限公司共同发起设立的浦银金融租赁股份有限公司的开业,浦发银行在浦银租赁中的持股比例为66.67%,中国商飞持股22.22%,上海国际集团持股11.11%。金融租赁作为新兴的金融品种,其业务规模正在不断扩大。设立金融租赁公司、开展融资租赁业务,可作为银行传统业务的有效补充,

有利于满足客户日益多元化形势下金融服务的需要,优化公司业务结构和
收入结构,形成以银行主业为依托的综合经营格局和更加多元化的收入格
局。另外,融资租赁业务本身具有产权明晰、租金分期偿付、设备厂商可以
提供余值回购承诺或担保等有利条件,风险水平相对较低,符合该行对风险
控制的要求。浦发银行在公告中指出,设立浦银租赁,符合该行的战略发展目
标。浦发银行2011—2015年战略发展确定将有选择地进入非银行金融服务
领域,构建综合化经营的机制架构,提升跨市场、跨领域综合金融服务能力。

# 3.3　链式合约交易

## 3.3.1　链式合约交易的基本特征

### 一、在基本融资合约中间嵌入基本合约加工环节

基本融资合约一般认为是股性合约和债性合约,虽然这两种合约的形
式和性质不同,但是分别对应着各自的权利和义务,同时也对资本的流向和
资本利得分配进行了规定。单单从这些基本的合约角度来看许多情况不属
于产融结合,或者说不属于严格意义上的产融结合。但是事实上,这些合约
之间又可以发生关系,从而形成了合约链,这时候就有可能形成产融结合。
如果是金融合约通过一系列的变化之后与产业合约结合起来,那么这种链
式合约就是产融结合,比如,将金融合约通过资产证券化之后,就可以将产业
与金融紧密地联合在一起,共担风险,共享利润,这样一来就构成了产融结合。

链式合约从整体上看可以分为单环节合约和多环节合约,从合约本身
看如果牵扯到一个合约环节,那么就是单环节合约。如果牵扯多个合约环
节,那么就是多环节合约。多环节合约是由单环节合约组成的,但并不仅仅

是合约简单的叠加,同时是具有功能性的叠加。多环节产融结合是产融结合"联动"本质的极致体现。多环节产融结合是指在单个"产"主体、单个"融"主体进行产融结合的过程中,涉及其他"产"、"融"主体的参与且对它们产生影响。多环节产融结合的过程伴随着延时合约的产生和生效。

众多相关的合约通过一系列的组合聚在一起就构成了合约池,而合约池的组成形式有公司制、合伙制和信托制,在金融市场中,常见的私募、基金和信托公司等都涵盖了这三种形式。

## 二、合约池形成性质分类

### (一)公司制

公司制是指由两个以上出资人组建,每个出资人以其出资份额的多少对该合约池拥有规定的权利并承担相应的义务的组织制度。这里出资人对于该合约池的义务以其出资额为限,承担有限责任。

公司制的优点主要有如下几点:

(1)投资人承担有限责任,投资风险较小。

(2)由于公司制的合约池所有权是标准化的,比较容易转让,即流动性比较好,这使得公司制合约池的筹资非常方便,容易为投资者接受。

(3)由于公司制合约池存在的开始是基于公司组建时的章程,一个或几个股东的退出并不影响企业的发展战略和存续,企业的发展比较稳定。

公司制缺点如下:

(1)公司制合约池组建程序复杂,需要满足复杂的法律法规的要求,组建费用也较高。

(2)由于公司投资者比较多,政府出于对投资人的保护对公司的限制也比较多,有时候可能会阻碍公司快速地利用市场上的盈利机会。

(3)由于公司制合约池股东具有知情权,而股东人数一般又比较多,所以公司许多信息难以保密,保密性比较差,这一点容易被竞争对手利用。

（二）合伙制

合伙制是指由出资人按照协议投资，共同经营、共负盈亏而组建的合约池。合伙制合约池财产由全体合伙人共有，共同经营，合伙人对合约池债务承担连带无限清偿责任。

合伙制的优点如下：

（1）合约池的组建较为简单和容易，只要几个合伙人达成一致并且有书面的合伙协议，就可以申请组建一个合伙制的合约池。

（2）由于合伙制的投资人对于企业承担无限连带责任，这提高了合约池的信用能力，并且拓宽了合约池资金的来源。

（3）由于合伙人一般就是经营者，不会产生代理问题和道德风险，这样大大提高了经营水平与决策能力。

合伙制的缺点如下：

（1）合伙人承担无限连带责任，投资风险很大。一旦出现投资或者经营失误产生亏损，合伙人由于对于合约池债务承担无限责任，很可能导致所有合伙人的破产或者遭受重大损失。

（2）由于合伙制的合约池是基于所有合伙人签订的合伙协议存在的，一旦有某一个合伙人退出或者破产等情况，该合约池的结构就会发生变化，如果不能达成新的共识，该合约池可能会就此结束，稳定性比较差。

（3）由于重大的投资决策一般需要所有合伙人的同意或者达成共识，所以这种决策方式可能缺乏效率并且不易达成共识，容易造成决策上的延误而错失机会。

（三）信托制①

信托制是由信托实体集合多个信托投资客户的资金而形成的**基金**（信

---

① 信托财产是指通过信托行为从委托人手中转移到受托者手里的财产。信托财产既包括有形财产，如股票、债券、物品、土地、房屋和银行存款等，又包括无形财产，如保险单、专利权商标、信誉等，甚至包括一些自然权益（如人死前立下的遗嘱为受益人创造了一种自然权益）。由此可见信托只是一种组织形态，是所有链式交易模式都存在的共性物。

托计划),直接或者委托其他机构进行投资而形成的合约池。

该模式的优点是:

(1)通过信托渠道筹集资金可以有效地放大业务资金额度,有利于迅速集中业务投资所需要的大量资金。信托制合约池,其存在的根本价值,在于能够将广泛的社会资金,通过特定的规则(信托制度)和载体(具体信托业务形态)转化为社会发展和经济建设所需的投资资本。

(2)在目前的制度架构之下,信托产品是一种标准的金融产品,不但信托财产的保管职能由银行专司,而且信托财产的受托管理活动也必须严格依照法律和法规的规定,并且在银监会的监督管理之下。

该模式的缺点是:

信托资金往往是一次性募集,但是信托投资业务运作时需要根据每个具体项目的投资进行资金的分阶段投入,信托募集资金可能出现暂时闲置现象。

### 3.3.2　由融到产的链式合约模式

#### 一、银行

传统观点认为:商业银行是唯一能够借助其活期存款和支票账户进行货币创造的金融中介机构。德沃特里庞(Dewatripont)和梯若尔(Tirole)指出:银行是参与支付系统活动并运用资金盈余主体的资金向资金短缺主体融资的金融中介(2002)。从银行最基本的功能出发——正如威廉姆森揭示的企业本质在于纵向一体化——银行的本质恰恰在于金融功能一体化,即:集支付功能和融资功能于一体。在负债方面,活期存款是银行主要的资金来源,同时也是社会的主要支付工具;在资产方面,银行贷款是企业和消费者的重要资金渠道,也是融资体系的重要组成部分。

总体来看,银行在将吸收存款和发放贷款一体化后,就成为主动创造流动性的激励系统,为消费者和企业同时提供流动性支持。"存贷相连"是银行成为创造流动性的激励装置,也是银行进行产融结合的纽带。银行本身是能够创造流动性的"融"主体,而存贷双方恰恰是具有巨大流动性需求的"产"主体,因此,"产"主体通过银行"存贷相连"的本质与银行这一"融"主体结合起来,成为多环节产融结合的典型代表。

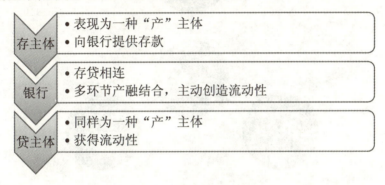

**图 3.5　银行的"存贷相连"**

### 二、基金

科斯在《企业的性质》中讨论了两个问题:"企业为什么产生? 企业的边界在哪里?"科斯认为企业产生的原因是市场运行存在成本。当企业存在时,某一生产要素(或它的所有者)与企业内部同他合作的其他一些生产要素签订的一系列契约的数目大大减少了,一系列的契约被一个契约替代了,这时企业的成本就可以低于市场的成本。因此,企业出现的原因是企业的效率高于市场效率。如果我们将科斯的理论推广到基金,可以得出一个结论:基金产生的原因是基金的投资组织效率高于市场分散投资的效率,同时基金投资组织效率的提高是基金行业向前发展的驱动力。在基金这种投资组织模式中,原本由一个个投资者个体出面签署的一系列契约被"基金合同"和"托管合同"等这些契约替代,使得基金的效率要高于市场效率。因此

基金这种风险共担、利益共享、专业理财的模式显然能够大大降低交易
成本。

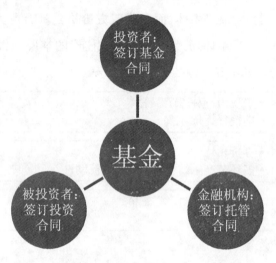

图3.6 基金的运营模式

在基金投资组织模式中，"基金合同"和"托管合同"这两个合约分别连
接了投资者和金融机构，通过合约的约束力产生了"产"主体和"融"主体之
间的，即合约双方之间的联动效应，达到了产融结合的最高境界。因此，基
金可以看作是多环节产融结合延时合约的一种。投资人，即"产"主体基于
信任，通过签订"基金合约"的方式将资金交由"融"主体的基金管理人管
理，并期望基金管理人通过管理和运用资金，从事股票、债券等金融工具为
其创造收益。基金管理人基于自身的受托义务与市场订立契约，通过与具
有资格的另一个"融"主体——银行签订"托管合同"使其成为基金托管人，
并且托管基金，共担投资风险、分享收益。因此，基于受托义务的约束与合
约的约束，基金的运作模式提高了资金的管理效率，也提高了投资者这一
"产"主体和基金、银行等"融"主体之间的产融结合效率。

基金也分为信托制的基金和公司制的基金，其区别与我们前文所讲的

合约池的信托制和公司制之间的区别以及优缺点相类似,此处不再赘述。

三、信托公司

《2012 年中国信托业发展报告》中指出"信托是天然的产融结合工具,服务实体经济具有突出优势"。信托资金的运用方式涵盖股权、债权,介于两者之间的"夹层"及各种收益权投资,这就使得信托公司在服务实体经济时,能够整合运用多种金融工具,通过灵活的交易结构设计,为企业量身定做融资方案。

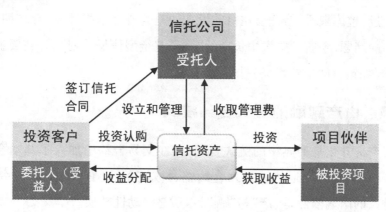

图 3.7　信托公司运营模式图

信托资金风险控制手段的多元化,特别是可通过股权方式介入融资方的公司治理和日常运营,使得信托资金可进入一些银行信贷资金不愿介入、不适宜介入但实质风险可控的领域。信托资金通过股权投资方式进入企业后,既可通过介入公司治理、监控公司日常运营来控制风险,又可使企业承接债务融资的能力得到成倍提高。之后,企业既可选择寻求银行信贷资金支持,也可由信托提供债务融资(如信托贷款)和夹层融资(可转债)。

信托公司对产业方的扶持,既包括提供资金,也包括改善企业股权结构、优化公司治理,通过整合中介机构提供智力支持等,体现了天然的产融结合工具的特性。例如,通过助力"龙头"企业展开并购,实现产能集中;通过对企业提供技术改造资金支持,促进产业优化升级等。

在山西"煤改"过程中,信托资金就显示出了独有的优势。在煤炭企业并购过程中,由于采矿权抵押问题,银行难以提供贷款支持,而私募股权基金也因为煤炭企业上市前景不明朗,进入非常谨慎。信托资金的介入,既解决了煤炭企业整合过程中并购价款的支付问题,加速了并购过程,又提供了煤炭企业技术改造所需的资金。

不过,整体来看,信托公司目前设立的集合资金信托计划,存在期限短、规模小的问题,今后可探索中长期的"私募基金型信托计划",并在资金富集的市场(如银行间债券市场)挂牌交易。

### 3.3.3 由产到融的链式合约模式

资产证券化是最典型的链式合约,其在交易合约中加入了基本合约的加工环节,从而有效地将一系列合约整合成链条,更有效地为产融结合服务。链条的两端依然是"产"与"融",本质是流动性转换。

下面以知识产权的证券化为例:

根据资产证券化的标准操作流程,知识产权证券化是指发起人将能够产生可预见的稳定现金流的知识产权(即基础资产),通过一定的结构安排,对基础资产中的风险和收益要素进行分离和重组,转化为在金融市场上可出售的流通证券的过程。通过美国、英国、日本等进行知识产权实践的国家案例可知,知识产权证券化的基础资产种类繁多,包括与文化产业有关的知识产权、品牌、专利甚至是专利诉讼的胜诉金等。

知识产权证券化,对于"产"来说,有利于满足知识产权权利人的融资需求,权利人通过知识产权证券化到社会上募集资金,缓解资金紧张问题,还可以提供给融资者较高的融资杠杆,取得相对便宜的资金,此外,还保留对

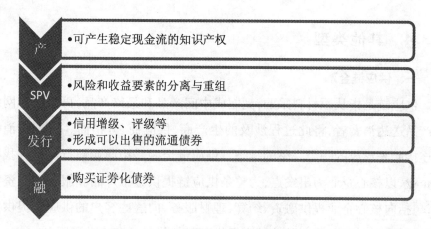

可产生稳定现金流的知识产权

SPV
风险和收益要素的分离与重组

发行
信用增级、评级等
形成可以出售的流通债券

融
购买证券化债券

**图3.8　知识产权资产证券化流程图**

知识产权的自主性。在证券化过程中,被转移到特设载体进行证券化的资产,通常是知识产权的权利人授权他人实施知识产权所取得的现有回报或将来的提成(应收账款),而非知识产权本身。在证券化交易后,发起人仍可保有并且管理知识产权。这对于拥有大量优质知识产权的高新技术企业,特别是中小型企业具有十分重要的意义,因为可以实现产权的经济价值,为创作者提供了以产权为依托的全新融资途径。对于"融"来说,知识产权证券化的产品具有较佳的流动性,而且风险与收益在股票和债券之间,有利于满足投资人的投资需求,知识产权证券化使知识资本增值增信,满足了金融资本寻求合适的投资对象的要求。同时,知识产权证券化的本质是破产隔离,可使投资人直接投资看好的技术或著作,而不必过于担心发起人的经营状况。对于宏观经济的发展而言,知识产权证券化产品的存在,可使不同风险偏好者通过市场进行交易,从而提升整体经济的效用水平。从经济学分工理论的视角来看,创新型企业可以将风险资产透过证券化转移出去,更专注于知识创新与管理的工作;而专业投资人则通过资产组合来分散所承接到的风险。

### 3.3.4　其他类型

**一、供应链金融**

供应链是指从原材料采购,到制成中间产品和最终产品,再由销售网络把产品送达消费者,将此过程涉及的生产商、供应商、分销商、零售商、消费者连接起来形成的一个完整的链条。供应链金融是指商业银行从中寻找核心企业,以核心企业为出发点,为整条供应链提供金融产品和服务的融资模式,包括向核心企业提供融资、结算、理财服务,向这些客户的供应商提供贷款及时收达的便利,或向其分销商提供预付款代付及存货融资服务。

供应链金融可以分为"金融主导型供应链金融"和"物流企业主导型供应链金融",无论何种类别,均有利于实现企业与银行的互利共赢,都是企业创新与金融创新的有机结合。

供应链金融是银行的一项独特的商业模式。供应链金融的"融"主体,通过提供金融产品和服务,为整条供应链所涉及的"产"主体服务。一方面,银行将资金有效注入处于相对弱势的上下游配套中小企业,解决中小企业融资难问题,使下游中小企业有更多的资金来购买核心企业的产品,使上游中小企业有更多的资金用来购买原材料并及时高效保质地交付核心企业采购的产品,增加核心企业的生产销售规模,增加核心企业的盈利点,降低核心企业的融资成本。另一方面,将银行信用融入上下游企业的购销行为,增强其商业信用,促进中小企业与核心企业建立长期战略协同关系,提升供应链的竞争能力。在供应链金融的融资模式下,处于供应链上的企业一旦获得银行的支持,将信贷资金及时注入配套企业,也就等于进入了供应链,从而激活整个链条运转,借助银行信用支持,为中小企业赢得了更多商机。

1."融"主体角度——银行

从银行角度来看,供应链金融模式改变了过去银行等"融"主体针对单

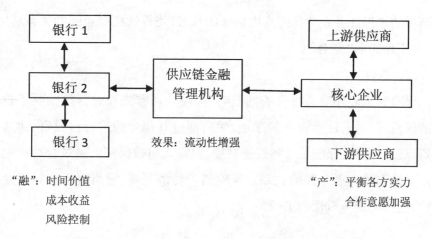

图3.9 供应链金融的主体结构

一"产"主体的授信模式,而是从核心企业为切入点研究整个供应链。银行在开展授信业务时,不是只针对某个企业本身来进行的,而是要在其所在的供应链中寻找出一个核心企业,并以其为出发点,为整个供应链提供金融服务和金融支持。银行一方面将资金有效注入处于相对弱势地位的上下游配套小微企业,解决了小微企业的融资难和供应链资金失衡问题。另一方面,将银行信用融入上下游企业的购销行为,保证了原料供应、产品生产和销售全部环节的顺利完成,避免了风险的发生,促进小微企业与核心企业建立长期的战略协同关系,提升了供应链的竞争能力。

2. "产"主体角度——核心企业、上下游企业

根据供应链的基本规律,"产"、"融"各个利益主体间的力量是非对称的,"融"的议价能力更强,议价能力强的一方会将风险转嫁给供应链上的企业。为了平衡"产"、"融"双方的势力,供应链金融的管理机构承担了"产"(上下游企业、核心企业)与"融"(银行)进行博弈的中介职责,这样就会增强供应链上全体企业进行博弈的整体感。因此,供应链管理机构会为整串供应链条及链条上各节点的企业带来更多的收益,同时还会通过一系列的

协调活动来保证各企业保持高度信任的状态,使得这些企业间的关系从"竞争"真正地走向"竞合"。

二、保险

保险属于多环节延时合约的范畴,保险公司首先通过合约吸收了投保人的保费,促进了社会资金的融通,然后通过其他合约进行再投资,比如再投资保险。同时,保险是一种经济制度,保险人与被保险人通过合约产生了商品交换和收入再分配的关系。保险属于经济范畴,它所揭示的是保险的属性,是保险最本质性的东西。

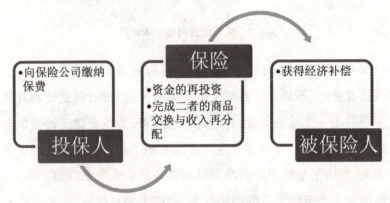

图 3.10　保险的运营模式

经济补偿功能是保险最基本的功能,也是保险区别于其他行业的最鲜明特征。资金融通功能是在经济补偿功能的基础上发展起来的。资金融通功能是指将形成的保险资金中闲置的部分重新投入到社会再生产过程中。保险人为了使保险经营稳定,必须保证保险资金的增值与保值,这就要求保险人对保险资金进行运用。由于保险保费收入与赔付支出之间存在着时间差和数量差,这就为保险资金的融通提供了可能性。目前,保险资金运用渠道已经基本全面放开,趋于国际水平,保险资产管理业务已成为金融行业中投资领域最为广阔的业务。

保险公司具有风险管理的专业知识、大量的风险损失资料,为风险管理提供了有力的数据支持。同时,保险公司大力宣传培养投保人的风险防范意识,帮助投保人识别和控制风险,指导其加强风险管理,进行安全检查,督促投保人及时采取措施消除隐患。同时,保险以最大诚信原则为其经营的基本原则之一,而保险产品实质上是一种以信用为基础的合约,对保险双方当事人而言,信用至关重要。保险合约的流动性为社会信用体系的建立和管理提供了大量重要的信息来源,有利于实现社会信息资源的共享,总之,保险已经从社会"稳定器"转变为经济的"助推器"。

# 3.4　合约选择的依据

合约选择需要考虑到多方面的因素,所谓天时地利人和都具备才能成功结合。(1)项目状况,包括项目风险、收益、回收期等都影响着合约选择;(2)目标主体,目标主体就是项目的依托方,也是合约交易的对方,对方的信用状况、资质、能力等都会影响合约的选择;(3)环境,包括宏观环境和微观环境,都会影响合约的稳定性,从而影响合约的选择;(4)主体偏好和预期,也会影响合约的选择,主体都是结合自身的偏好和预期统一进行合约选择;(5)合约本身的特点也会影响合约的选择。下面我们从这五大方面讨论合约的选择。

## 3.4.1　项目状况

产融结合合约的选择需要根据项目的风险进行选择,即双方的风险状况和风险偏好需要相互匹配才能实现最终的产融结合目的。一方的风险必须满足另一方的风险偏好需求,风险较高的融资方对应着风险偏好的投资

**图 3. 11　影响合约选择的因素**

方,风险较低的融资方对应着风险回避的投资方,否则,双方不可能进行结合。

　　首先,从合约的角度去寻找合适的、与之相匹配的"产"。我们以产业投资基金为例,产业投资基金是指向具有高增长潜力的创业期企业或者未上市企业进行**股权或准股权投资**,并参与被投资企业的经营管理,以期所投资企业发育成熟后通过**股权转让**实现资本增值的基金。从产业投资基金的目的和运营模式我们可以看出,产业投资基金是投资于具有高增长潜力的创业期企业或者未上市的企业,最终企业运营良好之后通过转让股权获利。创业期的企业经营风险是非常高的,由于企业的经营模式并不完善,产品也不成熟,市场需求不稳定并且无法预计,创业成功还是失败都是一个未知数,因此,创业期的企业风险是非常大的,一个经营决策的失误或者市场条件的微小变化都可能导致创业的失败,导致投资者的投资血本无归。但是另一方面如果企业创业成功,企业股权的溢价也非常高,对一个创业企业的投资成功甚至可以收回对于十个相同规模的创业企业的投资。所以,总结一下创业企业的特点就是,经营的高风险和预期可能的高收益。从前面我们说明的产融结合双方匹配的标准来看,只有风险偏好型的企业或者组织才会进行对这种高风险的创业期企业进行投资,事实上也正是如此,产业投资基金吸收资金的投资者都是那些期望通过承受高风险并且在未来获取高收益的投资者,产业投资基金入门门槛较高,这就决定了一般的投资者无缘参与产业投资基金的运作,这些满足投资门槛的投资者,一般也有着良好的风险承担能力,能够承担投资失败的损失并且已经做好了接受这种结果的准备。

其次,"产"的特征决定了它寻找与之相匹配的合约,我们可以从"产"的中观层面切入论述。众所周知,经济的组成在微观层面就是单个的企业,而提供同类产品或服务(以下直接以产品指代产品或服务)的企业就组成一个行业。也就是说"行业=企业群",这就到了经济的中观层面。我们根据产业的特征将行业分为资本密集型行业和技术密集型行业,这两类行业的风险偏好是截然不同的,这也决定了它们在产融结合起步阶段所选择的合约是不同的。

对于资金密集型行业来说,它需要的主要要素是资金,而生产力、技术等要素居于次要位置。这种类型的产业通常经营风险非常小,只要有充足的资金流,企业就可以继续生产并且产生可观的利润。如果行业的经营风险较低,它就不能吸引这些偏好承担高风险取得高收益的投资机构,比如风险投资基金、产业投资基金、私募股权投资基金等。它进行产融结合所借助的合约一般是风险承受能力较低的合约,如一般性的股权合约或债性合约,或通过与金融机构签订战略协议或自己设立金融性服务机构为自己服务。

对于技术密集型行业来说,它的主要要素是技术,企业在生产经营过程中对技术的研发和利用非常依赖。企业的技术需要实时更新,所以,技术密集型企业经常会对技术的研发进行大量的投资,这些投资有着相当大的风险,如果投资的技术研发顺利并且最终能够在生产过程中使用,那么这种投资会产生非常大的经济回报。相反,如果行业投资的技术研发失败或者最终不能运用于生产过程,那么这些投资就会蒙受重大的损失。所以,技术密集型行业的经营风险相对于其他企业来讲非常高,有些合约难以承受高额风险就不能为该产业服务,只有特定的合约才能实现其产融结合的目标。债权性的资金对于风险的承受能力就比较低,不能承担技术密集型行业的产融结合需求。因此,能够承担高额风险的产融结合合约主要有私募股权投资、产业投资基金、天使资本、风险投资等。

### 3.4.2 目标主体状况

交易对手的信用特征是合约选择的第二个应该考虑的因素。信用特征也称为信任要素,是指用以评判交易参与方信用程度的指标。它决定了贷款者对借款者的信赖程度,只有当贷款者认为借款者可以信赖,才能转移货币购买力或使用权。信用分析主要包括六个方面的内容,通常被称为"6C",即品格、能力、资本、担保、经济状况和连续性(图3.12)。

图3.12　信用的6C模型

(1)品格。品格是指借款者对贷款者的品质与人格。如果借款者是个人,其品格通常是从个人习惯、生活方式、家庭背景及社会关系等方面加以考察；如果借款者是企业，其品格则是企业的信誉状况；如果借款者是国家，其品格一般是指国家的政治和社会稳定状况、政府和人民的奋发程度、经济与科学技术的成就等各方面的综合情况。但借款者的品格很难评估，其最佳的衡量指标之一是借款者过去归还债务的记录。例如商业银行往往根据借款人过去偿还债务的记录和专门的资信调查机构的调查报告来评估借款人的地位和声望是否良好。

（2）能力。能力是指偿债能力。如果借款者是个人，它反映的是个人取得收入的能力；如果借款者是企业，它反映的是该企业赚取利润的能力；如果借款者是国家，它反映的是国家的财政收入能力。

（3）资本。资本是资产减去负债后的净值，是借款者的自有资金数量。借款者信用基础的好坏，经常随着资本价值的稳定程度、流动程度而定。这是因为资本越雄厚，抗风险的能力就越大。当然，资本的多少并非是获得信用的唯一条件，事实上，仅有资本而品格和能力欠佳就不容易获得信用；相反，具有好的品格、能力的借款人，即使缺乏资本也较容易获得信用，这是从发展的角度来考虑的。

（4）担保。在上述条件不完全令人满意时，如果借款者能提供相当的担保品，也可以获得信用，这是因为当借款者的主要现金流不足以偿还其债务时，担保品就成为偿还贷款的第二资金来源，可相应地减少贷款者所承担的借贷风险。另外，如果借款者能找到有足够保证能力的担保人，也可以获得信用。

（5）经济状况。即借款者的经营环境和发展前景。它既包括借款者自身的经营情况也包括外部的经营环境。在分析的过程中不但要根据借款者的经营特点、经营方法以及技术水平等因素来判断借款者微观经营的状况，而且要根据社会环境、经济周期、国民收入水平和同业竞争等因素来分析借款者的宏观运营环境。

(6)连续性。连续性主要是审查借款者的持续经营前景。在社会发生越来越多变化的前提下,借款者如何适应变化的形势做出迅速的调整是其生存并发展的前提条件,否则,借款者的实业就不具有连续发展的后劲,贷款者的借贷风险也就随之增加。

### 3.4.3 合约选择环境

信用是在商品货币关系的基础上产生的,它是一种以还本付息为条件的借贷行为。信用是价值运动的特殊形式,在不同的社会中体现不同的生产关系。信用关系的建立包括信任要素和时间要素两大因素,同时也影响着产融结合合约的选择。

从微观上讲,信用环境是指影响和约束信用主体行为决策的一定社会的信用制度、信用体系等制度环境。在宏观上,信用环境是在一定社会中社会行为主体之间赖以建立、培养和发展信用的背景、基础与客观条件,是国民信用体系的基本组成部分。道德与文化传统等无形因素和经济发展阶段、政策法规、政府以及产权制度等有形因素相互融合在一起共同构成宏观的信用成长环境,其中道德和法律规范构成信用环境的核心要素。

无论是宏观的外部环境,还是微观的制度环境,从表面和短期看,它们不断影响和决定着信用主体的行为;而从实质和长期看,这些外部环境又不断作用于信用主体,并与其相互作用、相互影响,对信用主体的信用意识和声誉的形成起着重大的推动作用。守信用表现为行为主体的一种道德品质,但守不守信用的根本问题不是由人性善恶决定的。经济领域的信用是受信用环境影响并决定的。

从国家层面来看,一个国家的政治环境和经济状况属于广义的信用环境的范畴,它在很大程度上影响着该国货币的流通范围和可接受程度。如果一个国家政治动荡,政府难以对整个国家实行有效控制,那么该国的货币可接受程度就会比较差,投资者预期该国的货币可能会不为其他投资者所接受,该国货币很可能会贬值,投资者会拒绝接受该国的货币,该国还可能会出现资本外逃,资本争相变现为美元资产或者其他安全性的资产。这个时候,我们说产融有分离的趋势。反之,如果一个国家政治稳定,市场各项制度良好齐备,各企业都有一个安全的投资环境和经营环境,即该国的信用环境良好,那么该国的经济预期将会继续呈现良好的发展态势,外国投资者会投资该国的企业借以分享该国获得的利润,而且,该国货币预期币值稳定甚至升值,投资者乐于持有该国货币,外汇加速流入区域内部,此时,产融有结合得更加紧密的趋势。随着国家由小变大,政治环境由动荡变稳定,经济发展由慢变快,都会使人们持有该国货币的意愿增强,外部投资增加,外汇储备增加,这就是在该国或区域范围产融加速结合的表现。

信用环境不同决定了产融结合双方合约的选择也是有所不同的。如果产融结合双方均处在良好的信用环境之中,那么结合双方就可以更多地从其他方面来考虑是否进行及如何进行产融结合,而无须过分因为对方的信用风险而影响双方的结合决策和结合进程。反之,如果企业处在较差的信用环境之中,那么企业就需要花费更多的时间和精力研究对方的信用状况,防范对方可能出现的信用风险,并且采取一系列的措施防范信用风险的发生或者规定在信用风险发生后的处置条款,比如,选择需要较少信用的产融结合方式而不是对信用依赖较高的方式,要求对方提供担保或者干脆拒绝与对方发生交易。在几种产融结合合约中,债性合约对于信用的要求是最高的,股性合约对于信用的要求是最低的。在信用环境较好的情况下,产融双方可能更多地选择债性合约进行产融结合;而在信用环境相对较差的情况下,产融双方可能更多选择股性合约进行产融结合。

**案例:产融一体化,看上去很美**

国资委对产融结合的重新认识客观上促成了中石油在金融领域的

拓展。

早在 2005 年,国资委在央企层面展开了主辅分离的改革。2006 年 7 月国资委主导出台了《中央企业投资监督管理办法》,要求央企在境内的产权收购及投资均上报国资委;对央企重组划定了三条红线——不符合主业投资方向的坚决不准搞,超出自身投资能力的坚决不许搞,投资回报率太低的坚决不准搞,并严禁企业违规使用银行信贷资产投资金融、证券、房地产和保险等项目。

然而,2009 年以来国资委的态度发生了根本变化。4 月,国资委副主任李伟指出,必须充分认识产融结合的重要性和必要性。5 月,李伟在中石油调研期间进一步指出,产融结合是央企培育国际竞争力、实现可持续发展的重要途径。

产融一体化本身是把双刃剑,运作得好确实可以如虎添翼,反之则会雪上加霜。从国际案例看,产融一体化成功者寥寥无几,失败者数不胜数。不论是日韩企业发展历史上外部性产融紧凑协作所带来的不可承受之重,还是新近汽车业金融化给美国汽车业带来的惨痛教训,抑或德隆的产融帝国坍塌,都应该成为推广或试点产融结合的警示。

首先,产融一体化本身是运营技术和管理能力都较高的结合体,它直接挑战运营者的认知极限。

其次,产融结合,更确切地说产融企业内部化本身并不太符合经济和企业发展的需要,与产业分工的社会化、精细化和专业化不太协调。产融结合是一个古老的话题,金融从产业资本中分离出来本身就是产融结合发展到高级阶段的产物,而非是产融分道扬镳的结局。内化为企业内部的产融结合本身提高而非降低了企业的运营成本。

再次,产融结合给监管带来了挑战。如何监管一个控股股东为实业企业的金融机构?一旦该金融机构出现风险,按照有限责任的原则,实体企业的损失是其出资额,而这个出资额很可能远远无法弥补金融部门所带来的风险。特别是在控股股东对金融子公司的风险具有明显的过错责任时,是强调其无限连带责任还是有限责任,本身就是一个难以抉择的问题,很容易诱发道德风险。

我们不反对产融结合这个模式,也认为产融结合是"一个方向"。但产融结合这条路究竟怎么走才能避免只是看上去很美?还是应该提倡产业与金融资本的外部合作,尽量避免在一个集团内搞?内化为企业内部的产融合作,严格地讲并不是产融结合,而是一个企业运行产业和金融两块业务,是产业和金融通吃。其风险实际上要远大于收益,而且不符合分工社会化、国际化、精细化和专业化的发展潮流。环顾全球,我们尚未看到哪个成功的企业是产融结合的模式。

## 3.4.4 合约状况

合约本身的状况也会影响合约之间的选择,合约的性质、合约的复杂程度、合约的交易路径、合约所依托的组织等都会使得合约选择表现出不同的规律。

合约的性质决定了合约结合的难易程度、结合的紧密程度,一般情况下债性合约比股性合约容易结合,所能结合的合约的类型也比较多,但是没有股性合约结合紧密,除非是发生了异化。合约的复杂程度也影响着合约的选择,越复杂的合约可能选择的余地越小,因为合约复杂的情况下只有专业机构或者个人才会有能力去选择,或许这种复杂的合约交易成本更低或者是效率更高,但是选择的余地比较小,只能在一个有限的范围内选择,而且合约的认可度也比较低,变现能力差,所以从这个角度来看合约风险会增加。合约交易也会影响合约选择,越容易交易的合约流动性越强,这就使得合约的风险降低,但也可能使得合约的收益被众多主体分享导致合约收益

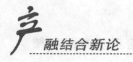

低,所以这会影响主体根据各种情况进行选择。合约依托组织的情况也会对合约选择产生一定的影响,比如商业银行不能直接投资实体产业,这就使得商业银行的合约选择范围缩小,只能在允许的范围内进行选择。总之,合约的各种特点都会影响合约的选择,如何选择、选择谁都要在结合其他因素的情况下进行。

### 3.4.5 主体状况

#### 一、交易者的风险偏好

（一）风险偏好

风险偏好,是指为了实现目标,企业或个体投资者在承担风险的种类、大小等方面的基本态度。风险就是一种不确定性,**投资实体**面对这种不确定性所表现出的态度、倾向便是其风险偏好的具体体现。风险偏好的概念是建立在风险容忍度概念基础上的。风险容忍度是指在企业目标实现过程中对差异的可接受程度,是企业在风险偏好的基础上设定的对相关目标实现过程中所出现差异的可容忍限度。

不同的行为者对风险的态度是存在差异的,根据投资体对风险的偏好可以将他们分为风险回避者、风险追求者和风险中立者。风险回避者选择资产的态度是:当预期收益率相同时,偏好于风险较低的资产;而对于具有同样风险的资产,则钟情于具有高预期收益率的资产。与风险回避者恰恰相反,风险追求者通常主动追求风险,对于不确定性收益的喜爱超过了对于确定性收益的喜爱。他们选择资产的原则是:当预期收益相同时,选择风险大的,因为这会给他们带来更大的效用,可能是他们喜欢承担风险的刺激,也可能是因为增加资产为他们带来的效用的增加远远大于相同资产的减少给他们带来的效用的减少量。风险中立者通常既不回避风险,也不主动追求风险,他们对于风险的态度是无所谓的,即他们不介意承担风险,只要未来得到的预期收益高,他们就会选择去承担这种风险,他们选择资产的唯一标准是预期收益的大小,而不管风险状况如何。

（二）风险偏好的决定因素

风险偏好的决定因素有两个,包括人的本性和财富的多少。人的本性是风险偏好的第一个决定因素,不论是对于个人还是一家企业。

对于个人而言,该个人自身的性格决定了他的风险偏好。如果一个人性格比较乐观,对未来的事情有着比较良好的预期,那么他可能更倾向于承受较高的风险,并且预期该项投资在未来有着良好的收益;如果一个人性格比较激进,他可能更加不安于现在的生存状况,通过承担较高的风险,以期未来拥有高额的收益;一个人的收入现金流也会影响个人的风险偏好,一个年轻人比一个老年人更倾向于是一个风险偏好者,因为年轻人预期他在未来的现金流会增加,所以即使现在因为承担高风险而承担了较大的损失,也能通过未来的比现在高的现金流得到补偿,未来的生活条件不会差到哪儿去,但是一个老年人显然不会这么想,老年人面临着退休或者已经退休,未来的现金流会比现在更少,不可能比现在更多,而且老年人由于身体更容易出现健康状况,所以可能需要较多的现金流,老年人要做的就是尽量减少自己现在和以后面临的风险,用自己拥有的资源能够最大限度地帮助自己走完余生,所以老年人一般是风险厌恶者。

对于一家企业而言,企业的管理者的性格决定了该企业的风险偏好。企业管理者对于企业的影响是深刻的而且更加复杂,一个企业的管理者的性格往往会内化为该企业的企业文化和经营理念。一个企业的管理者包括企业的股东和管理层,股东通过股东大会来体现自己的意志和理念,并且通过选择和指定自己的代理人充当管理层而将自己的意志和理念得以贯彻,相对于企业的股东,管理层更容易主导一个企业的文化和经营理念,但是从更深入的层次看,管理层的理念是股东理念的延续和承袭。为了确保企业的经营活动能够充分反映股东的风险承担能力和盈利要求,股东(由董事会代表)必须将自己的"偏好"清晰地传达给管理层。股东的风险偏好将成为管理层制定业务发展战略的起点,开展经营活动和风险管理的依据,也将作为股东考核评价管理层业绩的重要标尺。

当然,企业的经营目的也是决定企业风险偏好的一个重要因素。如果企业运营目的就是为了通过承担较高的风险从而获取较高的利润,那么我们预期企业将会是风险偏好型;相反,如果一个企业仅仅是依靠劳动力或者资金优势来对产品进行加工以获得微薄的利润,那么我们预期该企业是风险回避型的企业,一旦因为风险招致损失,那么企业仅有的微薄利润就会被吞噬,企业会陷入亏损的境地,如果不能迅速改变企业亏损的状况,那么等待企业的就只有破产清算了,而这绝对是任何一家企业不想看到的结局,所以,这种企业会尽力规避企业未来可能遇到的风险,锁定微小的利润,从而维持企业的运营。

财富的多少是决定风险偏好的另一个因素。对于个人而言,同样大小的风险,拥有的财富越多,个人对于风险的偏好越强。如果个人只有很少的财富,对于某一特定的风险,个人可能选择避免,因为一旦由于该风险造成财富损失,该损失相对于本来就较少的财富来说比例较大,那么损失的发生会大大影响个人的生活水平,也就是说,个人面临着生活水平大幅下降的风险,所以在这种情况下,个人一般会选择规避风险。相反,如果一个人拥有巨额的财富,面对前面描述的相同的风险,个人可能更倾向于接受这种风险。个人已经拥有了巨额财富,承受的风险可能导致的损失相对于他的财富来说是微不足道的,即使发生损失,也不会对他的生活水平造成什么影响。所以,财富越多,个人接受相同风险的倾向就越强烈。

### 二、交易者的预期

#### (一) 预期

简单地说,预期就是对未来情况的一种估计。在金融里面,预期就是对于经济变量做出的估计,通过从各个方面的分析评价来决定自己的行为。因此,预期是对对方所处的环境和对方自身能力的一种估计,然后再看自己如何对对方进行投资。在产融结合领域里,预期是指对双方产融结合的环境和条件进行评价后,决定从合约池中选择运用什么样的产融结合合约。在这里面,不能简单地说是对对方的评价还是对自身的评价,因为产融结合是双方的事,而且双方在结合的时候地位不相等,有买方市场还有卖方市场,而且在不同种类的市场中评价的对象也不太相同。

从上面对预期的阐释中可以看出,预期是对未来的一种评价,既然是未来,就无法对未来的情况做出准确判断,具有一种不确定性。正是因为这种不确定性的存在,预期才有了价值,这种不确定性就是风险,所以说风险是预期的第一要素。其次,预期不光是对风险的一种评价,更重要的是根据所判断出来的风险来估计自身的收益和成本,风险评价只是预期中的第一步,更重要的是根据它来估计成本和收益,否则预期也没有了任何价值。最后,根据预期的收益和成本来决定自身的经济行为,如果是融资,那就是判断哪种方式融资比较好,如果是寻找风险投资,那就是寻找什么样的风险投资比较合适。

#### (二) 预期的第一要素——风险评价

风险评价是预期中最为基础也是最为重要的一个环节,风险评价是否全面、是否准确等直接影响到后面成本收益的判断及合约选择的适配性。风险评价可以是对实体产业本身的风险评价,也可以是对金融部门和金融工具的风险评价,一般来说,实体企业主导的产融结合会去评价自身的风险以及金融部门和金融工具的风险,这样才能保证所获取的金融资源在控制

风险的基础上能够更好地为本企业服务,而金融部门主导的产融结合中更多的是去评价实体企业的风险,然后去匹配自己的工具种类。而对于风险本身又可以从行业风险和经营风险两方面去分析。

行业风险是指在特定的行业中与经营相关的风险。企业所处的行业对于风险的影响特别大,无论是金融企业选择实体企业还是实体企业评价自身的风险,都必须首先评估自身的行业风险,要明确了解到实体企业处于什么生命周期阶段,其行业的波动性,以及其行业的集中度。比如本企业是高科技企业,那么整个高科技企业的风险就比传统行业大,如果本企业处于成熟期,那么风险就比成长期的风险小。而如果行业的波动性比较大,那么行业中的任何一个企业都不可能避免太多的风险,比如房地产行业,受到市场的影响特别大,这时候不仅仅是一个企业的风险,而是整个行业的风险。还有企业的集中度,如果本企业处于行业中垄断的地位,那么风险自然就小。所以行业风险的判断是风险评价的前提,只有先明确行业中的特征,才能对经营活动进行评价。

经营风险是企业经营所面临的风险,这不仅和企业的内部有关,也和企业的外部环境有关,也就是说可以分为主观风险和客观风险。客观风险包括市场风险、政治风险、法律风险、环境风险等,主观风险可以分为操作风险、项目风险、信用风险、产品风险、流动性风险、财务风险等。外部风险主要是从企业所处的外部环境来评价的,比如从政治、法律环境可以判断这个企业在未来一定时期内会不会因为政治法律原因而出现风险,比如各个环境的不同对于企业的经营风险是不同的,如果处于一个极度专制的国家,而且法律不完善,政治不民主,那么这个国家的企业随时可能面临不公正的待遇,投资在这种企业很可能到最后血本无归,辽宁一个企业在朝鲜投资的案例就是政治法律风险的一个典型案例。再如市场风险,它是利率、汇率、价格、需求的一个总的概括。如果市场的汇率不稳定,那么投资很可能面临很大的汇兑风险,要是需求大幅下降,也可能使企业未来现金流无法及时收回。所以客观风险的评价可以影响到投资或者融资时的选择,可以投资到政治风险较小的国家,或者可以收取很高的报酬率。而对于主观风险,这个主要是从企业自身的经营、决策、操作、信用等层面来评判的,可以说这是企业的非系统性风险,和外部的关系不是太大,而是与本身的管理决策相关。如果企业的员工一直以来都中规中矩,可以说这种情况的操作性风险比较小,但是如果经常发生员工舞弊等,那么这种风险在决策时不能不考虑,而产品的畅销程度和需求程度也直接关系到未来现金是否能顺利收回,流动性大小看其能否具有足够的偿债能力。

从以上多种因素中可以看出对于风险的评价是一种有体系的而不是单独的评价,要综合来分析,不能就某一因素来分析。那么对于金融企业主导和实体企业主导又有什么区别呢?无论是哪方主导都要对实体企业自身的状况进行评估,实体企业通过对自身的风险评估才能知道自己适合什么样的产融结合方式,而金融企业对实体企业评估后才能估算出成本和收益,才能决策投资于哪家企业,而且选择什么样的金融合约去结合。甚至在一些企业主导的产融结合下如果要对金融企业进行投资时,也要对金融企业的风险进行评判,这样才能决定是否投资,投资哪个金融企业,如何投资,等等。

(三)收益成本的预期

对企业和金融工具进行风险评判的目的就是进行收益和成本的估计,企业对外投资和接受投资,无论是出于融资还是战略控制的目的,归根结底都是为了利益,而这种利益都能在未来的现金流中有所体现,成本就是企业所付出的,或者说投资是资本的使用权。那么风险是如何对收益成本进行影响的呢?首先,风险影响到预期报酬率。作为金融企业的一方是提供资金的一方,如果要与实体企业进行产融结合,无论是何种方式下的产融结合它都要保证自己的资金是安全的有收益的,如果它预测到该企业风险较大,那么就会拥有较高的风险报酬率,否则它的风险和收益不匹配,是不会进行投资的。如果使用债性投资,表现出来的就是高额利息,而如果进行股权投资,可能会选择优先股等方式进行投资,并且对于优先股股利有着特殊的规定。其次,会影响资金的安全性。风险除了决定预期报酬率之外还会影响未来是否能够收回本金和收益,对于外部风险较大的企业来说,很可能会出现政治、法律等风险,那么金融企业很可能不会选择进行投资,而对于内部风险较大的企业,金融企业很可能选择一些较为保守的方式进行投资。

总的来说风险评价直接关系到投资收益和投资成本,并且对于投资种类有着一定的影响,可以说风险所决定的收益和成本正是资本对企业的一个预期,预期是一种评价和分析权衡,预期是比较具体的,而非抽象的,预期可以具体到风险水平,可以具体到收益和成本,这样的预期才有意义,而抽象出来的预期是没有任何意义的。

（四）基于预期因素的合约选择

前面所说的预期包括风险评价和成本收益分析,而做这些工作的最终目的是选择一个合适的产融合约来匹配相应的实体企业和金融企业,不同的合约所需要的条件及对应的风险、收益是不同的,而且投资和收回的方式也是不同的,要使这些匹配工作做好,就只有对于预期进行量化分析,然后根据其结果进行合适的匹配。

对于股性合约来说,股性合约包括股权投资、资产证券化等。股权参与主要针对的是经营风险较小的企业,这样投资进去的资本安全性就有保障,而且能够取得良好的收益。企业所处的行业必须是正处于发展的行业,而不能是夕阳行业,夕阳行业对于资本是没有任何吸引力的,资本都是流向一些高效率的行业,而这些高效率的行业很多是新兴行业或者高新技术行业,正是因为发展不成熟,所以相对应的行业风险可能比较大,而资本之所以投入这些行业,正是追求这些行业中的高于平均风险所带来的那部分利润。

资产证券化针对的主要是一些特殊的资产,它们所占用的资金量比较大,而且未来收回的期限长,其风险就比较大,而这些资产所处的外部环境必须良好,否则没有收回的保障,投资者也不会进行投资,总的来说这些资产所处的客观环境良好,但是主观环境比较差,它们会吸引有着相应的风险偏好的投资者进行投资。同时这些资产所处于的行业必须是成熟的行业,因为成熟的行业风险比较小,才会有稳定的现金流。

对于债性合约而言,债性合约主要是抵押贷款等各种性质的贷款。债性合约不同于股性合约,它首先考虑的是资金安全,其次才是收益,所以债性合约选择的时候要本着整体风险较小的企业,不光客观风险小,而且主观风险也必须小,同时行业风险也要小,即更多的是处于成熟行业成熟期的一些规模较大的企业,这也正是银行不愿意把钱贷给一些高科技的中小企业的原因。

至于混合性质的合约,主要包括融资租赁、售后回租等,既产生了融资的效果,又具有股性的效果。这部分对于行业没有明显的要求,因为这种合约相当于把具体资产或者项目的风险同企业的风险进行隔离,它不是特别关注企业的风险,而是更多地关注这个项目或者这个资产的风险,所以我们要将风险评估应用于这些资产和项目之上,这些资产或者项目的行业风险没有特别的要求,主要是对外部风险的控制,内部风险可以相应地降低,因为这些合约类似于资产的所有权处于投资方的控制下,虽然收回资产不是投资者的目的,但是到时候万一出现不得已的情况,投资者可以通过收回资产而收回投资,所以对于内部风险的要求不是很高,所以这种合约的适用范围比较广,但是对于外部风险要求比较高,如果外部环境不稳定,对于企业收回资产具有很大的阻碍,那么是不值得投资的。所以总的来说混合性质的合约的选择面比较广。

（五）影响企业融资的预期因素及对应的合约选择

融资的偏好顺序包括内源融资和外源融资。内源融资是企业内部融通的资金,主要来源是留存盈利和折旧;外源融资包括直接融资渠道和间接融资渠道获得的资金。无论是内源融资还是外源融资,都对应着不同的合约。因此,任何企业都有一个确定内源融资与外源融资合理比例的问题。

表3.1　关于融资渠道的详细内容

| 内源融资 | 外源融资 | | |
| --- | --- | --- | --- |
| | 间接融资 | 直接融资 | 政策性融资 |
| 企业主个人资产、企业成员集资 | 国有商业银行民营企业融资部 | 债券市场 | |
| | | 股票市场 | 财政支持 |
| 资本公积金、盈余公积金、公益金、未分配利润和折旧资金积累等 | 中小企业信贷部 | 风险投资基金、融资公司 | 政策性银行 |
| 股东借款、合伙人借款、亲友借款等 | | 租赁融资 | 企业专项发展基金 |
| | | 商业信用融资 | 企业贷款担保基金 |

总体来讲,企业应根据自身的经营及财务状况,并考虑宏观经济政策的变化等情况,选择较为合适的融资方式。由于预期对合约的选择影响较大,因此应根据预期及具体情况来灵活选择资金成本低、企业价值最大的融资合约。

（1）对经济环境的预期。经济环境是指企业进行财务活动的宏观经济状况,在经济增速较快时期,企业为了跟上经济增长的速度,需要筹集资金用于增加固定资产、存货、人员等,企业一般可通过增发股票、发行债券或向银行借款等融资合约获得所需资金;在经济增速开始出现放缓时,企业对资金的需求降低,一般应逐渐收缩债务融资规模,尽量少用债务融资合约。

（2）对融资方式的预期。资金成本是指企业为筹集和使用资金的代价，融资成本越低，融资收益越好。由于不同融资方式具有不同的资金成本，为了以较低的融资成本取得所需资金，企业自然应分析和比较各种筹资方式的资金成本的高低，尽量选择资金成本低的融资合约及这些合约的组合。

（3）对融资合约风险的预期。不同融资合约的风险各不相同，一般而言，债务融资合约必须定期还本付息，因此，可能产生不能偿付的风险，融资风险较大。而股权融资合约由于不存在还本付息的风险，因而融资风险小。企业若选择了债务筹资合约，由于财务杠杆的作用，一旦企业的税前利润下降，税后利润及每股收益下降得更快，从而给企业带来财务风险，甚至可能导致企业破产的风险。美国几大投资银行的相继破产，就是与滥用财务杠杆、无视融资合约的风险控制有关。因此，企业务必根据自身的具体情况并考虑融资方式的风险程度选择适合的融资合约。

（4）对企业的盈利能力及发展前景的预期。总的来说，企业的盈利能力越强，财务状况越好，变现能力越强，发展前景良好，就越有能力承担财务风险。在企业的投资利润率大于债务资金利息率的情况下，负债越多，企业的净资产收益率就越高，对企业发展及权益资本所有者就越有利。因此，如果企业正处于盈利能力不断上升、发展前景良好的时期，债务筹资合约是一种不错的选择。而当企业盈利能力不断下降、财务状况每况愈下、发展前景欠佳时，企业应尽量少用债务融资合约，以规避财务风险。当然，盈利能力较强且具有股本扩张能力的企业，若有条件通过新发或增发股票方式筹集资金，则可用股权融资合约或股权融资合约与债务融资合约两者兼而有之的混合型融资合约来筹集资金。

（5）对企业所处行业的竞争程度的预期。企业所处行业竞争激烈，进出行业也比较容易，且整个行业的获利能力呈下降趋势时，则应考虑用股权融资合约，慎用债务融资合约；企业所处行业的竞争程度较低，进出行业也较

困难,且企业的销售利润在未来几年能快速增长时,则可考虑增加负债比例,获得财务杠杆利益。

(6)对企业的资产结构和资本结构的预期。一般情况下,如果企业固定资产在总资产中所占比重较高,总资产周转速度慢,那么就会要求有较多的权益资金等长期资金做后盾;而对于流动资产占总资产比重较大的企业,由于其资金周转速度快,就可以较多地依赖流动负债筹集资金。为保持较佳的资本结构,资产负债率高的企业应降低负债比例,改用股权筹资合约;负债率较低、财务较保守的企业,在遇合适投资机会时,可适度加大负债合约的使用率,分享财务杠杆利益,完善资本结构。

(7)对利率、税率变动的预期。如果目前利率较低,但预测以后可能上升,那么企业可通过债性合约筹资,比如发行长期债,从而在若干年内将利率固定在较低的水平上。反之,若目前利率较高,企业可通过流动负债或股权融资合约筹集资金,以规避财务风险。就税率来说,由于企业利用债务资金可以获得减税利益,因此,所得税税率越高,债务筹资的减税利益就越多。此时,企业可优先考虑选择债务合约融资;反之,债务筹资的减税利益就越少。此时,企业可考虑选择股权合约来融资。

# 第四章　产融结合的主动性探讨

产融结合的过程归根到底是"产"的融资过程和"融"的投资过程的"二重性过程"。然而,在此过程之前和之中,存在着谁是主动方的问题。这个问题之所以重要,主要在于:(1)体现了产融双方哪一方对产融结合需求程度更深的问题,对于需求程度更深的一方,往往有着相对更强的主动性,从而这一方会寻找各种资源来促成产融结合的进行;(2)符合哲学层面的"主动权"问题,即拥有相对较强主动性的一方,往往对对方有着更为迫切的需求,而这一种需求代表了产融结合发展的潜在动力,但同时也意味着拥有主动性的一方往往会主动或被动地让出主动权,而谁拿主动权,谁就会在定价和信息等诸多方面占有优势。

## 4.1　何谓产融的主动性

### 4.1.1　主动性的表现

具体来说,对产融双方的主动性探讨,根据产和融的不同表现,主要分为产主动、融主动及产融互动三个方面。当"产"一方对结合的期望较大,且"融"一方对结合的期望较小时,将表现为产主动的产融结合。同理,当"融"一方对结合的期望较大,且"产"一方对结合的期望较小时,这时将表现为融主动的产融结合。而当"产"一方和"融"一方同时对结合的期望较大时,这时双方将由于有着共同做大做强的期望,而很可能通过双方共同主动乃至达到互动的状态,或者当"产"一方和"融"一方对结合的期望均较小时,双方都没有主动性,也就没有进一步结合的必要。

## 4.1.2 主动性产生的原因

对于上述的每一类型的主动性问题,背后都有着更深层次的原因。即:

(1)对于每一类型的主动性问题,背后都代表着主动方的需求,代表着主动方自身在流动性、管理能力或要素、资源、商业关系网,或在资本的现期与预期收益率上存在着稀缺。而这种稀缺性,将会引导产融双方进行主动地寻求对方的过程。

(2)对于每一次的主动性问题的背后,也代表着产融双方的博弈与竞争关系,即在自由的市场条件下,产融双方的主动性与供资方主体数量的多少、融资方主体数量多少、双方总量的多少以及产融双方管理、资产结构、合约工具是否匹配等问题密切相关。在一次产融结合的过程中,一方拥有主动性,同时也代表着,这一方对对方有着依赖性,且这种依赖性越强,相应的主动性也就越强,但拥有主动性也意味着在某种程度上处于产融结合过程中的劣势一方,会被对方利用而受到对方的牵制,从而在产融结合过程中处于不利地位。

(3)除了上面两点关于产融双方自身问题,关于主动性还有很重要的一个决定因素就是机遇。有机遇就会有主动,此处的机遇包含着两个层面的含义:①拥有产生机遇的外部条件,即拥有一个足够开放并对风险严格控制的市场,使得在这个市场环境下产融双方能够自由地发展和沟通。②拥有遇到机遇的恰当时机。在一定条件下机遇对产融双方都是可遇而不可求的,在合适的时间遇到合适的合作者,也是主动性能充分发挥的必要条件。

对于上面提到的几点,我们要认识到主动性的问题主要研究的不仅是自身需求或者说稀缺性的问题,还是一个相对主动性的问题,是一个关于自身以及对方需求程度的问题,这个需求程度不仅仅是一个关于自身的相对概念,还包括通过与产融的另一方对比出来的相对性,即竞争博弈的问题。

## 4.1.3　主动性问题的实际应用

我们可以通过一个例子来理解主动性在产融结合中的作用。比如:在中小企业发展的过程中出现的融资难问题,我们可以从以下几个观点来认识:

(1)从稀缺性角度可以认为以下两方面原因综合造成了中小企业作为主动方的现状:①由于中小企业的现金流存在着巨大的缺口使得自身的发展受到了限制,中小企业对资金有着巨大的需求。②同时,尽管金融机构也有着投资的需求,但我国的现状是金融机构的资金投资范围广,可以对多家包括国企、大型民企在内的政府担保企业进行投资,所以弱化了对中小企业的投资需求。所以在这种中小企业资金需求大、金融机构投资需求小的综合条件下,造成了中小企业在产融结合过程中作为主动方积极寻求资金的现实,并最终找到了民间借贷这种没有规范化管理的资金投资方,从而在一定程度上成为了引起民间借贷危机的动因之一。

(2)从竞争博弈的角度来说,则是因为在目前的市场条件下,中小企业作为融资方主体数量庞大,而作为投资方的银行等金融机构则主体数量有限,这就造成了银行方的融方市场的局面,同时相对于银行的资产规模,中小企业的融资规模较小,也会造成银行对中小企业的相对不重视,从而决定了中小企业作为产融结合主动方的局面。

(3)从机遇与主动性的角度来说:①我们现阶段市场还不够开放,中小企业可利用的融资方式不多,同时我国对银行的部分规定也导致了银行对中小企业的投资态度一直模糊不清,进而导致了目前中小企业传统融资方式受到限制的局面。②在中小企业面临传统融资方式困难的情况下,民间资本恰好提供了机遇,促使了中小企业与民间资本的产融结合,但正如前面所说,尽管机遇比较合适,但风险没有适当的控制,从而导致了借贷危机的产生。

**案例:红杉资本 2,500 万美元注资 P2P 企业拍拍贷**

继阿里巴巴马云将阿里金融信贷扩容,中国平安马明哲推出陆金所,人人网陈一舟4,900 万美元注资"Social Finance"之后,红杉资本沈南鹏已向拍拍贷注入创投资本 2,500 万美元。

拍拍贷诞生于 2007 年,是国内第一家个人互联网借贷平台。区别于多数 P2P 贷款公司,拍拍贷目前只支持线上模式。"之前的网络借贷中介也有获得风投的,但资金规模都没有这么大。"融道网 CEO 周汉如是说。

贷帮创始人尹飞表示,整个小额信贷服务中介行业(无论是基于线上还是线下)获得这个规模投资的还很少,对行业是个利好。这类机构的投资者回报(ROE)并不低于银行,只是针对这类机构的国家政策尚未明确,风险投资时的顾忌较多。未来小额贷款的信贷中介应该诞生十家左右的民营千亿级企业。

看空者亦不乏。浦发银行一位高管称,网络借贷(人人贷)具有两大痼疾,借贷金额的不对称和风险的不对称,将抑制其做大规模。

拍拍贷成立于 2007 年 6 月,包括 CEO 在内的几位创始人均来自于上海交通大学。2007—2009 年间,P2P 企业开始分化,不少公司同时开辟了线下模式,但区别于多数 P2P 贷款公司,拍拍贷目前只支持线上模式。

一份拍拍贷的内部材料显示,2009 年上半年以前,该公司的半年计成交额较为清淡,只有不足 1,000 万元。2009 年下半年以后至今,拍拍贷有了一个快于此前的增长。2012 年上半年,已累计成交 1.8 亿元左右。

作为一家典型的 P2P 贷款企业,拍拍贷给借款方和贷款方提供借贷平台,从中收取手续费用。根据其规定,对资金借出者不收取费用,对于借入者,借款期限 6 个月(含)以下的,借款成功后收取本金的 2%;借款期限 6 个月以上的,收取本金的 4% 作为手续费。

根据上述材料显示,截至 2012 年 7 月,拍拍贷注册用户在 120 万左右,51% 为男性,49% 为女性;注册用户的学历从多到少依次为中学、大专、本科、硕士及以上、小学。

对于拍拍贷平台上的投资人(资金借出方),其 2011 年平均收益为 15.82%,成交最多的省份为上海、广东、浙江。其中,拍拍贷借款人(成功借入)82% 为男性;成功借入者 73% 为 30 岁及以下。截至目前,拍拍贷平台上的贷款不良率在 1.2% 左右,其中坏账较集中在宁夏、海南地区。

目前红杉资本的投资已经完全敲定,处于后期收尾阶段,因投资合约约定,目前还未到公开披露时间。对于 2,500 万美元融资的用途,拍拍贷官方没有表态,但尹飞认为,应该会主要用于风险控制体系的建设上,仅此方面的投入就可能需要几千万元,其余部分可能会花在推广上。虽然,拍拍贷只提供一个借贷平台,借款的风险很大程度上需要资金借出方自己掌控,但坏账的上升也必然会侵蚀网站的口碑和客户。

2012 年 7 月始,拍拍贷推出本金保障计划,借助安全性吸引放贷者。参与本金保障计划的需要符合两个条件:成功投资 50 个以上借款列表(同一列表的多次投标视为一次);每笔借款的成功借出金额小于 5,000 元且小于列表借入金额的 1/3。

正是由于出借金额较小,上述网络借贷机构人士透露,目前,拍拍贷网络平台上,借钱人较为稀缺,因为借款人如果是第一次借钱,需要几个贷款人凑足钱后才能成交,一般需要 3—5 天。而如果借款人有了交易记录,一般只要一天就可以凑足钱数成交。

"因此,拍拍贷的融资将会主要用来推广,这不是说像一般的网站在全国设分站,而是通过和其他掌握中小企业、个人借款人信息的机构进行合作。"相关人士称。

目前拍拍贷已经在和 B2B 电子商务平台慧聪网合作,挖掘借款人(网商企业主等)资源。

尹飞称,他对拍拍贷的未来谨慎乐观,个人相对推崇"线上+线下"的模式。据他透露,红杉资本还投资了最大的非银行农村小额信贷机构中和农信,"未来有整合线上、线下小贷的想象空间"。

### 4.1.4 主动性的进一步理解

自身稀缺性和竞争博弈对产融结合的影响是产融双方自身特性的两个重要特征,在这里可以进一步这样来理解二者的关系,来思考这样一个问题:"产"主动是因为自身的需求而做出的主动还是因为与融比较而言做出的主动? 这两方面的主动性原因的区分在哪里? 对于这个问题可以这样来理解,将主动性分为主观和客观,当产融完全分离的时候,"产"只会考量自身的需求,这就是我们所说的稀缺性与主动性的关系,但结合过程中就会考量融的需求,这里就是我们所说的竞争博弈与主动性的关系,产生一种短期博弈,或是持续的长期博弈,这就是考量结合对象的需求,做出进一步主动的决定。类似的"融"主动也是这样。

而对于机遇与主动性我们则可以认为是一种产融双方外部特征的主动性,即产融结合的主动方很难通过自身的能力机制来改变机遇对主动性的影响,而这并不代表企业只能单纯地等待机遇,而是可以提前为机遇的到来做好准备,从而在机遇正式到来之际充分地发挥自己的能动性。

在主动性的具体探讨中,我们认为组织层面的主动性是我们需要重点研究的,资产一般不具有主动性,其主动性的体现是通过所依附的组织来表现的,所以下面我们主要从组织层面的角度来分析产融结合的主动性,在组织层面上对于主动性进行深入细致的探讨才能更加易于理解和把握,也才能更好地分析产融结合中主动性的决定因素和条件。

# 4.2　自身需求与主动性

经过上面的论述,已经明晰"产"与"融"的主动性首先表现为内部需求带来的主动性,即源于产融自身的影响因素而表现出的主动性。下面我们论述产和融的内部需求主动性。

## 4.2.1　"产"的自身需求

"产"在运作和发展的过程中,会有很多方面的需求,我们这里重点论述对"融"的需求有影响的因素。之前,关于"产"的界定我们已经明晰,抽象意义上的"产"、不同层面的"产",从合约、组织和产业三个角度论述的"产"。在这里,我们主要以组织层面的"产"来论述每一次具体的产融结合的过程中,"产"的主动性的来源——宏观层面的主动性将表现为主导性,这将会在后面的章节有所论述。组织层面的"产"包括企业、项目、资产等,企业对"融"有需求,项目对"融"有需求,资产对"融"有需求,人对"融"也有需求,而这种由内部因素导致的需求性正好是由内而外推动产融结合的一个动力。

各产业环节的生产经营活动存在巨大的金融服务需求,包括融资需求、财险和寿险需求、企业年金等专项基金的资金管理需求、产业兼并收购中的顾问式需求、发现和控制财务风险的需求、以资金价值和货币指标为对象的价值管理模式替代传统实物管理模式的需求,还有多元化收入及分享金融利润的需求。

影响企业金融需求的因素非常复杂,包括"产"这一方的资源禀赋、风险偏好、未来预期、治理状况、财务政策、现金管理、规模特性、成长特性、发展机遇与战略等。

## 一、流动性稀缺性与主动性

"产"的本质就是产融结合过程中流动性差的一方,所以可以认为产融结合最本质的推动因素就是"产"由于自身流动性的稀缺性,需要通过与"融"进行结合来换取较强的流动性,一般来说,"产"这一方的流动性越差,其主动性也就越强,而产融结合中"融"一方的收益则可以认为就是对"融"一方流动性由强变弱的补偿。

## 二、禀赋稀缺性与主动性

企业、项目等的禀赋即原始积累是来自所有者的初始投资,以后还会有债性资本的加入,以及进一步的股性资本的加入(当然股与债要保持一个适当的比例)。原始资金的需求决定了产在这方面的主动性,产的本身都是资金的渴求者,即使有强大的资金后盾,有时候也会需要外界资金以达到更好的资源配置和成本安排。因此,总体上,从禀赋稀缺性角度来看,"产"是有主动性的。

## 三、风险偏好与主动性

风险偏好,是指企业或个体投资者为了实现目标,在承担风险的种类、大小等方面的基本态度。风险就是一种不确定性,投资实体面对这种不确定性所表现出的态度、倾向便是其风险偏好的具体体现。不同融资方的风险偏好是不同的,根据投资体对风险的偏好将其分为风险规避者、风险追求者和风险中立者。

风险规避者追求稳定的收益和稳定的现金流,因此对一些"融"的主动性表现较弱,主要是考虑到有的融会带来风险,超过融资者的风险承受能力,而这个时候对一些能够带来稳定服务的"融",就表现出主动性。风险追求者正好相反,追求高风险高收益,对于同样带来高收益的"融"有很强烈的主动性,反而对低收益低风险的"融"没有主动性。风险中立者可能综合考量风险与收益的因素,表现的主动性就很复杂,随着"产"的状态的变化而产生主动性的转移。

**四、未来预期与主动性**

一般来说"产"这一方都有着自身的发展目标和规划,对未来的预期是否符合现实与主动性密切相关。首先,"产"针对自己的预期,会有相应的措施和手段,这里会针对当时的状况来决定是否主动,如果需要采取主动措施才有可能达到预期,这时候就有了主动性,而如果不需要采取与"融"有关的措施就可以达到预期,这时候就没有了主动性。这样运行一段时间之后,如果预期是乐观的,发展按照预期来进行,主动性就会变小,甚至没有主动性。相反,如果预期并没有达到的希望,是不乐观的,"产"就要采取行动,这时候就有了主动性。"产"就主动去寻找资源,寻求利于达到预期,改变现状的方法和途径。因此,主动性与预期的实现与否有很大的关联度。

**五、资本结构与主动性**

资本结构是指"产"这一方的各种资本的价值构成及其比例。企业、项目、个人的融资结构,或称资本结构,反映的是这些融资方的债务与股权的比例关系,它在很大程度上决定着融资方的偿债和再融资能力,决定着融资方未来的盈利能力,是融资方财务状况的一项重要指标。合理的融资结构可以降低融资成本,发挥财务杠杆的调节作用,使融资方获得更高的自有资金收益率。

"产"的主动性取决于对资本结构的合理安排上。"产"根据自身特点去选择高杠杆或者低杠杆,因此对债性的"融"或者股性的"融"就产生了不同的偏好,也就产生了不同的主动性。

资本结构受很多方面的因素影响,表现也就不相同,而相应的主动性也就不同。例如,如果需要股权资本的行业和企业难以获得股权资本,企业将被迫放弃保持竞争优势所必要的投资,从而产生投资不足现象。而如果为保持竞争优势而采用激进的债务融资,则将增加企业的财务危机风险,这时,企业就表现出对股性"融"的主动性,而对债性的"融"就没有主动性。如果应当采用债务融资的企业采取股权融资方式时,则容易产生投资过度现象,这时就对债性"融"有主动性,而对股性"融"没有主动性。

### 六、治理结构与主动性

公司治理结构的含义是有不同层次和范围的。从狭义上而言,公司治理结构关键是研究公司内部组织结构的激励机制以及权力的相互制衡,其主要着眼点在于解决委托——代理问题。这一层次上的"公司治理结构"以米勒、梅耶、石雷佛和魏施尼以及吴敬琏对其概念的阐述为代表。而就广义的"公司治理结构"而言,正如威廉姆森、科克伦、沃特克和布莱尔所提出的那样,它不限于对公司内部组织结构的研究,而是关于公司控制权和剩余索取权分配的一整套法律、文化和制度性安排。

无论从狭义上理解还是从广义上理解,治理结构都与"产"的主动性紧密相关。因为企业、项目、资产的所有者和管理者有不同的动机和行为,"产"的主动性表现也就不同,所有者和管理者的共同利益可能会使"产"这一方表现出主动性,因为这样可以同时满足所有者和管理者的利益动机。而当所有者和管理者出现矛盾的时候,就左右了"产"的主动性,可能"产"就不再具有主动性。

### 七、规模、特性与主动性

"产"的规模指对企业和项目等生产、经营等范围的划分类型。企业和项目的规模特性也就是指企业和项目在不同类型下表现出的特性。对于不同的规模特性表现出不同的主动性。规模小的企业和项目,对于资金和金融服务都有很大需求,就表现出强烈的主动性,而对于拥有一定规模的大企业等,可能对"融"的主动性就不强,而是"融"表现出主动性。同样,对于经营类型不同的企业和项目,资金密集型企业和项目的主动性比非资金密集型企业和项目的主动性强。

**八、战略与主动性**

"产"的发展有自己的战略,根据自身的战略也会有很多的策略。可能是"产"主动地寻找机会,也可能是"产"被动地寻找机会。这时候根据战略的不同,就表现出不同的主动性。如果"产"这一方的战略是保守型的,主动性就差,而如果"产"的战略是积极的,主动性就强。如果"产"是主动寻求机会的,主动性自然就强,而"产"如果面对机遇处于被动地位,主动性也就不足。

**案例:支付宝和中国银行合作**

2010 年 12 月 23 日,阿里巴巴集团旗下第三方支付平台支付宝与中国银行合作,推出针对网上消费市场的金融产品"支付宝信用卡快捷支付",这是支付宝向金融领域渗透的又一重要举措,巨大的交易量使得支付宝已经不满足于做"交易担保"的角色。

支付宝信用卡快捷支付指的是用户无须开通网银,直接输入信用卡卡号、手机号、手机校验码等信息就可以简单快捷地实现网上支付。持卡人每成功使用一次支付宝信用卡进行网上银行支付,支付宝将采取与中国银行进行利润分成的方式进行合作。

据中国银行业协会数据显示,截至 2009 年年底,国内信用卡市场的发卡总量达到 1.86 亿张,在卡类消费中的占比超过 60%,占社会消费品零售总额比例已经突破了 27%,但在消费增长最为迅猛的网购市场,信用卡的交易占比却一直远低于这一水平。

此举是支付宝频频向金融行业靠拢的进一步表现,从 2005 年 3 月支付宝与工商银行达成战略合作以来,支付宝陆续与 60 多家境内外银行达成了合作。来自支付宝方面的数据显示,2010 年 11 月 11 日支付宝交易创下新的历史纪录,实现全天成功支付交易 1,261 万笔,部分指标已经远超标杆企业 paypal。之前全球最大的第三方支付公司 ebay 旗下的 paypal 2010 年第三季度的日均交易笔数为 388 万笔,按照 2009 年 paypal 的增长幅度估计,paypal 2010 年第四季度的日交易笔数会增长 20%,达到 460 万—470 万笔。

除了支付宝,目前中国进入第三方支付领域的既有大型央企,又有三大运营商,还有占据第三方支付市场一定市场份额的易宝支宝、财付通、快钱等。2010 年第三方支付中的互联网在线支付市场交易规模将达到 1.07 万亿元,同比增长 93%,预计 2013 年将达到 3.65 万亿元。

支付宝与银行合作推出信用卡快捷支付产品,有助于稳定支付宝金融方面的服务,增加支付宝在网上支付行业的市场占有率。作为中国本土民营企业的支付宝占据支付行业最大的市场份额,支付宝推出的快捷支付业务大大方便了信用卡持有者的电子消费行为,既安全又快捷,有助于电子商务的长期发展。但是当时第三方牌照尘埃未定,支付宝并不能名正言顺地进军金融领域,所以只能依靠与商业银行的合作达成其进军金融领域的意愿,同时商业银行也觊觎支付宝等的庞大用户数,希望藉此提高用户数。这种情况下进行产融结合对于双方来说都是一个优化的选择。

## 4.2.2 "融"的自身需求

接下来我们来探讨"融"的主动性是什么,需求是什么,表现是什么,影响因素是什么,影响因素发生变化之后"融"的主动性如何变化。

"融"在广义上也是一种产,所以关于"融"的主动性,我们可以从"产"的主动性当中来进行借鉴,但在这里我们仍需要注意和强调的是,虽然"融"是源自于产的,但二者还是有一定的区别的。

　　"融"的主动性源于"融"的盈利特性,是金融资本逐利性的表现。"融"的需求表现在两个方面,一方面是资本的原始积累,将社会上闲置的资金收集,另一方面是将所能提供的资金及无形的服务提供给需求者并盈利,所以这个方面对于"产"而言,"融"是供给者。

　　具体来说,"融"的主动性除了有类似"产"的主动性表现之外,我们还需要认识到下面几点。

**一、资源禀赋与主动性**

　　金融机构往往拥有足够规模且稳定的资金来源,因此,可以说金融机构的资源禀赋是富足的,从资源配置角度方面讲,金融往往就表现出不定向的主动性。

**二、规模类型与主动性**

　　不同规模及不同类型的金融机构,主动性往往表现不同。大规模的金融机构因为资源禀赋的富足以及客户资源渠道广泛,主动性表现较弱,而小规模的金融机构往往需要主动争取资源而表现出强的主动性。

　　对于不同类型的金融机构,因为其提供服务类型不同,主动性也往往差距很大。金融提供服务的性质不同,有的金融服务是专业的且不可复制的,这时候主动性就相对较弱,而对于银行存贷款这类的金融服务,主动性就很强,因为这类服务没有垄断性。

**三、资本逐利性与主动性**

　　作为"融"的一方无论是具有多么正当的动机去产融结合,资本的逐利性是永远都绕不开的一个话题。资本的逐利性是与生俱来的,没有利益的存在,任何资本都不会有动力去改变现状,只有当利益足够的时候才会去主动地寻找结合点,所以资本逐利性是"融"主动的一个非常大的因素。

## 4.3 竞争与主动性

通过上面的稀缺性与主动性的分析,我们发现产融双方均有内在主动性强或者主动性弱的趋势,在这种内在主动性动态变化的过程中,会通过积累引起产融双方外在主动性的质变,即"产"主动、"产"不主动、"融"主动、"融"不主动四种状态。如果"产"主动、"融"不主动,那么"产"主动。如果"产"不主动、"融"主动,那么"融"主动。类似的,关于产融双方自身的主动与否,可以用下面的表来表示。

表4.1 "产"、"融"的主动性比较

| "产" ＼ "融" | 主动 | 不主动 |
| --- | --- | --- |
| 主动 | 比较相对主动性 | "产"主动 |
| 不主动 | "融"主动 | 不结合 |

不过即便是"产"也主动,"融"也主动,那么也有相对性的概念,"产"的主动性大还是"融"的主动性大,主动性大的那个就叫相对更主动,因此如何衡量主动性的大小,就是看主动性及需求程度的比较。

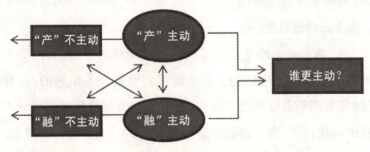

图4.1 动态比较过程图

当"产"和"融"都表现出主动性的时候,如果影响它们主动性的因素发生变化,它们的主动性也会发生变化,就有下图的静态比较过程。

**表4.2 产融双方相对主动性**

| "融"<br>"产" | 主动性大 | 主动性小 |
|---|---|---|
| 主动性大 | 产融互动(紧密) | "产"更主动 |
| 主动性小 | "融"更主动 | 产融互动(非紧密) |

当产融双方的相对主动性都很大时,这时候产融双方对对方的需求都很大,此时形成的产融关系将是一种非常紧密的产融结合关系。而当产方或者融方的相对主动性一方较大时,产生了"产"主动或"融"主动的产融结合,而此时,相应的融方或者产方将处于产融结合的有利位置。而当产融结合双方的相对主动性都很小时,即产融双方都是有对对方的需求,但并不是一种必须不可的状态时,这时候形成的产融关系将是一种非紧密状态的产融结合关系,比如是一种联盟的状态等。

正是这种双方主动性的动态比较,显示了"产"和"融"双方的一种竞争博弈的状态,而当我们深入思考这种竞争博弈状态时,发现"产"和"融"双方的主动性的决定因素已经不单单是自身稀缺性的问题,二者的主动性同样表现为"产"和"融"同对方、同与自身特征相似的竞争者的博弈过程,深入研究这种竞争博弈的过程将进一步加深我们对产融结合主动性的探讨。

## 4.3.1 竞争主动性的影响因素

### 一、市场、环境与相对地位的决定

即便在不考虑政策因素的背景下,在自由市场的竞争机制中,产融双方因为所处的环境不一样,也会导致主动性大小在相比较之下有着区别,这是一种在发展过程中的必然结果,也是一种相对稳定的状态。比如,在社交网

络这个细分市场的初期,对于 Facebook 或者说人人网这些新兴的企业来说,所面临的发展前景是未知的,同时自身的发展能力也存在着一定的局限性,这时社交网络中的新兴企业的主动性就很高,而投资方的主动性相对就低一些,而当真正的社交网络的价值彰显出来时,市场发展逐渐明了的情况下,这时投资方则会由于逐利性的趋势,促使自己与社交网络公司的结合主动性提高,而社交网络公司则由于自己的融资选择越来越广泛使得对特定的投资方的主动性下降,最终改变了产融双方的相对主动性的位置。

所以,基于市场优势不断动态发展的这一现实,产融双方的相对主动性地位会不断地变化,这对产融双方的产融结合选择来说既是机会也是挑战。

## 二、行业竞争机制因素

当竞争环境发生变化时,"产"表现的主动性也就不同。"产"处于竞争激烈的市场,为了更好地生产和发展,"产"就会表现出强烈的主动性,主动寻求融的结合。而如果"产"处于竞争不激烈的市场,甚至处于寡头竞争或者垄断市场,这个时候"产"就会表现出不主动的一面。

金融市场竞争环境与"融"的主动性关系也十分紧密,当市场处于竞争激烈的状态时,"融"的主动性表现强,当市场处于寡头或垄断时,"融"的主动性表现就弱。金融市场出现危机时,"融"的主动性就很强,金融市场出现繁荣时"融"的主动性就弱化。

关于这一方面的理解,我们可以借鉴买方市场与卖方市场的概念来进行阐述,并将这一因素诠释为产方市场和融方市场这两个方面。所谓产方市场可以理解为在产融结合的过程中"产"这一方先天地掌握着主动权,而融方是一种竞争状态的市场。例如处于垄断的或者寡头竞争的行业就可以理解为是产方市场的状态,由于在这些行业当中产方数量少,而融方数量多,使得融方需要发挥自己的主动性去争取获得该行业的利益分享,而产方相对主动性小些,但同时也获取了产融结合过程中的有利地位。所谓融方市场可以理解为在产融结合的过程中"融"这一方先天地掌握着主动权,而产方是一种竞争状态的市场。竞争状态下的行业就可以理解为是融方市场的状态,例如,在目前正发展得火热的互联网行业,创业或发展期的企业数量众多,而资本的投入方数量有限,这就导致了各个企业相互竞争有限资源的局面,积极发挥了自己的主动性,而投资方则因为多样的选择性扩大了自己投资回报的预期。

### 三、自身信用特征因素

信用是产融结合过程中的一个重要基石,信用的大小直接影响着产融结合的过程,具体来说,信用主要是通过以下两个特征来影响产融结合的竞争博弈主动性:

(1)信用具有人格性。信用作为一种资格,它表明一种特定的法律和社会身份、地位,所以产业或者金融业信用的好坏,在法律层面上将直接影响自身的融资或者投资资格,在社会层面上将直接降低人们对自身的发展预期。

(2)信用具有财产性。信用以财产为基础,其本身是一种无形资产。所以信用的削减,将直接表现为自身无形资产的减少,即产方或者融方总体价值的下降,从而使得自身竞争力大幅下降。

这里我们还要强调的是,信用同时具有信息性,所以信用的大小,取决于两个方面,一个是自身的信用特征,一个是信用的传播方式,对于后者的不足,我们可以通过积极发挥主动性,进行产融双方的沟通来提升信用的影响程度,但前者的提升则是一个稳定且长期的过程,一旦出现差错,则可能会导致无论如何发挥主动性也无法挽回的结果。

产融双方相互博弈的过程可以这样来认识,即产融双方各自的需求大小即为天平的两端,需求大的一方处于主动的地位,同时也决定了需求大的一方处于了较低的位置,从而将在产融结合的谈判交流过程中处于不利的地位,而非主动方由于自身的特性,并不急于进行产融结合或者不急于进行

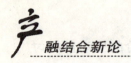

此次的产融结合,从而在谈判中处于相对有利的地位。所以产融结合的过程中,主动性决定了每一次产融结合过程的主动寻求方或者说发起者,但也决定了产融结合过程中双方的微妙关系。

## 4.3.2　竞争策略的选择

我们前面提到相对主动的一方会在实际的产融结合过程中处于相对不利的地位,这就引导处于主动方的"产"或"融"改变这种不利的情况,从而在一定程度上进一步影响产融双方的主动性,具体来说产融双方的应对策略包括以下两种。

**一、同类组织竞争应对策略**

这里的组织主要阐述为"产"和"融"的组织形态,同类组织市场竞争策略是指企业、金融机构、项目发起方等依据自己在本行业中的地位,为实现与同类企业、金融机构、项目等竞争战略和适应竞争形势而采用的具体行动方式。

1.组织在市场上的竞争地位,以及组织可能采取的竞争策略,往往要受到组织所在行业竞争结构的影响。影响行业竞争结构的基本因素有:行业内部竞争力量、潜在竞争对手的威胁、替代产品的压力等。

(1)行业内部的竞争。导致行业内部竞争加剧的原因可能有下述几种:①行业增长缓慢,对市场份额的争夺激烈;②竞争者数量较多,竞争力量大抵相当;③竞争对手提供的产品或服务大致相同,或者体现不出明显差异;④某些企业为了规模经济的利益,扩大生产规模,市场均势被打破,产品大量过剩,企业开始诉诸削价竞销。

(2)潜在竞争对手的威胁,潜在竞争对手指那些可能进入行业参与竞争的组织,它们将带来新的生产能力,分享已有的资源和市场份额,结果是行业生产成本上升,市场竞争加剧,产品售价下降,行业利润减少。潜在竞争对手的可能威胁,取决于进入行业的障碍程度,以及行业内部现有组织的反应程度,进入行业的障碍程度越高,现有组织反应越强烈,潜在竞争对手就越不易进入,对行业的威胁也就越小。

(3)替代产品的压力,是指具有相同功能,或能满足同样需求从而可以相互替代的产品,如石油和煤炭、铜和铝。几乎所有行业都有可能受到替代产品的冲击,替代产品的竞争导致对原产品的需求减少,市场价格下降,组织利润受到限制。

2.组织在市场上的竞争地位,决定其可能采取的竞争策略。组织在特定市场的竞争地位,大致可分为市场领先者、市场挑战者、市场追随者和市场补缺者四类。

(1)市场领先者的竞争策略。市场领先者为了保持自己在市场上的领先地位和既得利益,可能采取扩大市场需求、维持市场份额或提高市场占有率等竞争策略。对于市场的领先者来说,通过产融结合的手段来做大做强是十分必要的,但具体来说,市场领先者由于处于行业的优势地位,所以在产融结合的过程中需要有效地发挥自身的主动性,展现自身的优势,同时要保持市场领先者股权的掌控与管理层的掌控,才能稳定市场领先者的发展规划不受动摇,实现产融结合过程的平稳进行。

(2)市场挑战者的竞争策略。市场挑战者是指那些在市场上居于次要地位的企业,它们不甘目前的地位,通过对市场领先者或其他竞争对手的挑战与攻击,来提高自己的市场份额和市场竞争地位,甚至拟取代市场领先者的地位。在产融结合的过程中,市场挑战者往往可以通过与另一方合作的方式来进行,这里的合作包括一定的外部管理层面的渗透等,这种方式则是引入除资本以外的外部援助,以达到市场挑战者做大做强的要求。

(3)市场追随者的竞争策略。市场领先者与市场挑战者的角逐,往往是两败俱伤,从而使其他竞争者通常要三思而行,不敢贸然向市场领先者直接

发起攻击,更多的还是选择市场追随者的竞争策略。对于市场追随者来说,由于其相对于领先者和挑战者规模较小,所以在产融结合的过程中,可以主动寻求采用深入股权结合的方式,依靠另一方的强大实力来发展自己,甚至可以成为另一方的控股子公司。

(4)市场补缺者的竞争策略。几乎所有的行业都有大量中小企业,这些中小企业盯住大企业忽略的市场空缺,通过专业化营销,集中自己的资源优势来满足这部分市场的需要。这些市场的补缺者在产融结合的过程中可以充分发挥自身的特点,抓住细分市场中的闪光点来吸引投资方的注意,否则很容易湮没在众多企业之中。

**二、产融双方的相互选择策略**

产融双方竞争博弈的根本原因源于产融双方的信息不完全性,即双方不了解对方的底牌。

例如,企业可以通过商业银行的同业拆借利率、存款利率以及贷款利率等公开的信息,来了解商业银行的收益或支付函数。但是商业银行对企业的具体的真实情况,却不能完全地了解,存在着信息不完全或不对称。而且银企间交易行为的次序,一般是企业先申请贷款,银行再决定是否放贷,这种次序也会导致信息的不对称。

同样我们依然以银企关系为例,通过不完全信息的银企动态博弈分析来进一步讨论竞争策略的选择。我们简单认为企业有好企业和坏企业之分,假设好企业还贷能力强,差企业还贷能力弱。银行对于申请贷款的企业存在信息不完全了解,一时不能判定企业的好和差,也就是不能区分好企业和差企业。假定企业中有好企业和差企业两种类型,申请贷款额为 k,银行贷款利率为 r,好企业的收益率为 rg,差企业的收益率为 rb;表 4.3 为对应好企业和差企业的不同策略组合的收益矩阵。

| | | 好企业 | | 差企业 | |
|---|---|---|---|---|---|
| | | 申贷 | 不申贷 | 申贷 | 不申贷 |
| 银行 | 放贷 | kr,krg | 0,0 | 1−k,krb | 0,0 |
| | 不放贷 | 0,0 | 0,0 | 0,0 | 0,0 |

**表4.3　策略组合收益矩阵**

从上表中可以看出,如果企业是好企业,在好企业申贷的情况下,银行的最优策略是放贷;如果企业是差企业,在差企业申贷的情况下,银行的最优策略是不放贷。因此,在完全信息条件下,如果企业是好企业,银行的最优策略是放贷;如果是差企业,银行的最优策略是不放贷。但是,因为银行并不知道企业是好企业还是差企业,银行的最优策略的选择依赖于其在多大程度上认为企业是好企业或差企业。

假设银行认为企业是好企业的概率是 p,差企业的概率是 1−p。我们可以通过海萨尼转换将上述的不完全信息静态博弈转换为完全但不完美信息静态博弈。银行似乎是在与两种类型的企业进行博弈,一种是好企业,一种是差企业。不完全信息银企静态博弈通过海萨尼转换就转换为完全但不完美银企动态博弈,如图 4.2 所示。

在图 4.2 中,N 为自然,自然首先行动,将企业分为两种类型:一种是概率为 p 的好企业;一种是概率为 1−p 的差企业。根据自然的行动,银行也认为企业是好企业的概率是 p,企业是差企业的概率是 1−p。那么,银行选择放贷的期望收益是 pkr+(1−p)(−k),选择不放贷的期望收益是 0。因此,银行的最优选择是:若 p≥1/1+r,则选择放贷;若 p<1/1+r,则选择不放贷,当 p=1/1+r 时,银行选择放贷和不放贷是没有差异的,我们假定银行选择放贷。这样,不完全信息的银企静态博弈的贝叶斯纳什均衡就是:好企业和差企业都选择申贷;当 p≥1/1+r 时,银行选择放贷。这样的博弈均衡结果与

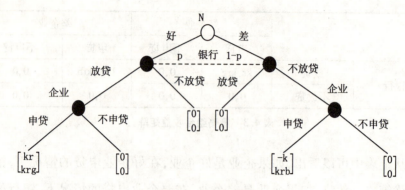

**图 4.2　动态博弈图**

现实经济生活中的银企关系较为相似,不论是好企业,还是差企业,都有申贷的愿望。银行选择是否放贷与其期望收益有关,当银行的利率 r 提高,p 变小,银行的放贷可能就大;当银行的利率 r 降低,p 变大,银行的放贷可能就小。

　　由上面分析可知,银企之间的动态博弈均衡结果是好企业和差企业都会来申请贷款,银行的选择与其认为来申请贷款的企业是好企业还是差企业的先验概率和后验概率有关。因此,企业要积极还贷,树立好企业形象,银行要提高鉴别好差企业的能力,这样银企才能实现双赢。

# 4.4　机遇与主动性

　　机遇对主动性的影响主要包括宏观的外部机遇与产融双方的内部机遇的影响。宏观的外部机遇主要是指政策机制因素、市场发展周期和监管条件等方面的变化对于产融结合带来的机遇与挑战,使得产融结合双方有了更多的选择性,有了提高自己利润的新的途径等,这些都是由于外部条件的变化导致的,我们称其为外部机遇。另外企业内部也会由于一些事件的发生和改变而出现有利于产融结合双方的可能性,比如企业的一些资产重组、经营出现亏损等,都可能导致促进产融结合的发生和发展。

## 4.4.1　宏观外部机遇与主动性

产和融在进行产融结合的过程中会受到很多外部因素的影响,进而影响到产融双方的主动性。外部机遇对主动性影响的因素主要包括:

**一、政策机制因素**

(1)在讨论宏观机遇的过程中,一个不可回避的因素就是政策因素,因为:在政策机制主导下建立的法律法规体系,为产融结合的进行提供了范围框架。比如在我国目前还不允许银行对企业进行股权投资,这在一定程度影响了银行对实业的主动性,使得银行的选择变少,主观能动性的发挥受到限制,同时,也使得许多企业降低了从银行进行融资的预期,从而转向包括投资基金、民间资本等其他的资金来源,从而使企业等融资方与银行间的相对主动性变小,而使得融资方相对其他金融机构的主动性变大。

(2)支持性的政策,改变了企业与银行间的相对主动性。依然以我国为例,在我国现阶段的快速发展机遇下,政府对部分产业的支持政策是必不可少的,也是势在必行的,这也在客观上改变了产融双方的相对主动性。如原本可能新兴企业的主动性大,而金融机构可能考虑风险等因素,其主动性要小些,而在政策的引导,进一步调动了银行等金融机构的主动性,使得产融双方主动性都很大,从而达到了产融互动的局面。

**二、对方市场发展周期的影响**

对于"产"这一方来说,如果目前总体经济环境氛围好,金融市场表现出很强的主动性,"产"可能就会相应地减少主动性,而如果金融市场本身是不景气的,"产"就表现出比较强的主动性。

同样,如果某行业正处于种子期或是创业期,则由于行业自身的风险不确定等特性,则"产"一方的主动性则会强些,"融"这一方的主动性则会弱些,而对于发展期或是成熟的行业,由于市场趋于稳定,行业前景明朗,则"产"的主动性会下降,"融"的主动性会增强。

**三、监管政策条件**

对于监管政策的严格与宽松,"产"表现的主动性也往往不同。对于严格的监管,"产"的发展受较多的限制,主动性就小,而如果监管并不严格,有很多的发挥空间,"产"就表现出很大的主动性。

监管政策的严格与宽松,对"融"的主动性影响很大。在监管严格的政策下,"融"往往没有很多施展空间,主动性较弱,严格按照政策规定运营,而在相对宽松的监管下,"融"的主动性就非常强。

## 4.4.2 微观内部机遇与主动性

当"产"与"融"的结合时,机遇是必要考虑的因素。对"产"和"融"而言,产融结合是"产"的一种革命,这种过程中会出现一系列前所未有的机遇,对二者而言是改善自身、协同发展的助力点。因此,机遇的产生与把握酝酿了"产"或"融"的主动性。下面,分别就"产"和"融"的结合机遇阐述二者的主动性。

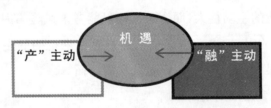

图 4.3 "产"、"融"主动性选择

**一、"产"的机遇与主动性**

"产"的主体在组织层面表现为一般的企业组织等,在资产层面上表现为流动性相对较差的资产。二者在机遇上各自表现不同,主动性也不同。

（一）企业的机遇与主动性

企业进行产融结合的过程中会出现很多的机遇,这些机遇所带来的收益也就促使了企业主动地进行产融结合。

1.企业产融结合会增加其品牌效应等无形资产

当本企业和一些著名的企业进行结合后,会无形中提高本企业的品牌效应。比如一家钢铁企业和一个著名银行进行合作之后,钢铁厂的客户就会对钢铁厂的实力更加地放心,他们会认为这家银行已经对这家钢铁厂进行过全面调查,对其风险和实力都进行过评估,而且对其未来的发展比较看好,更为重要的是,有了银行的大力支持,对钢铁厂在支付等问题上不存在疑虑。那么这些客户就会更加深信不疑地与其进行合作,这样企业可以获得更多的机会和更低的成本。

2.产融结合可作为企业资源重新整合的契机

有些企业进行产融结合的一个重要步骤包括资产重组,资产重组是指为了整合经营业务、优化资产结构、改善财务状况,对企业的资产进行剥离、置换、出售、转让,或对企业进行合并、托管、收购、兼并、分立的行为,以实现资本结构或债务结构的改善,为实现资本运营的根本目标奠定基础。通过产融结合进行资源整合,企业可以对不同来源、不同层次、不同结构、不同内容的资源进行识别与选择、汲取与配置、激活和有机融合,使其具有较强的柔性、条理性、系统性和价值性,并创造出新的资源从而能够更好地服务于企业的生产经营活动。比如,海尔财务公司对集团财务资源按资金流程进行财务资源的整合和配置,实现了集约化的财务管理,并通过有偿调剂集团内部企业资金余缺,优化配置集团资金资源,实现资产的流动比率平均超过100%,远远高于80%的监控指标,实现了零不良资产。

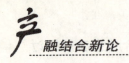

**案例：海尔集团**

海尔集团创立于 1984 年，创业 27 年来，坚持创业和创新精神创世界名牌，已经从一家濒临倒闭的集体小厂发展成为全球拥有 7 万多名员工、2011 年营业额 1,509 亿元的全球化集团公司。海尔已连续三年蝉联全球白色家电第一品牌，并被美国《新闻周刊》网站评为全球十大创新公司。

海尔进军金融行业的决定是在家电行业价格战的背景下做出的。20 世纪 90 年代末期，家电企业普遍调低家电产品价格，导致业绩大幅下滑，往日辉煌的家电企业纷纷寻求突围的路径。在这种背景下，海尔作为中国家电行业的领军企业开始借鉴学习 GE 的产融结合模式，将进军金融行业作为突围的战略方向之一。海尔最初的金融行业发展道路并不顺利。海尔最早有一家名为"海永亨"的城市信用社，由于国家进行宏观调控，1996 年 11 月"海永亨"和青岛其他 20 家城市商业银行一起合并成立青岛市商业银行。20 世纪 90 年代末期，海尔开始申请相关的金融牌照，都由于政策的限制，迟迟得不到批准，比如与美国纽约人寿的合资，海尔也申请了六年。

经过多年的准备，海尔于 2001 年正式进军金融行业，张瑞敏首次向外界展示了海尔的三大战略之一便是构筑产融结合的跨国集团，通过投资金融业产生跨行业的协同效应。在这个阶段，海尔的金融产业发展路径具有机会准、布局全、效率高的特点。

2001 年 12 月 26 日，在海尔创业 17 周年的纪念大会上，海尔集团正式宣布将通过在产业领域创出的信誉全面进军金融业的各项业务；并同时举行了 2001 年度全球营业额突破 600 亿元暨构筑产融结合跨国集团研讨会。这是海尔集团产融结合的一个里程碑，标志着海尔产融结合的正式开始。海尔用一年左右的时间就进入了一个自己原来并不熟悉的金融领域、涵盖了银行、保险、证券、财务公司等业务，将海尔在制造业上"先谋势，后谋利"的竞争战略在金融服务业上发挥得淋漓尽致。我们可以从海尔集团的几次标志性事件中对其产融结合的历程有个大致的认识。

2001 年 9 月 6 日,海尔又向青岛市商业银行投资五亿多元入主该行,持股比例高达 60%,这个数字远远高于现行规定。随后,鞍山信托投资股份有限公司于 2001 年 9 月 13 日公告,鞍山市财政局称将其持有的公司的 9,082 万股国有股协议转让给海尔集团,海尔集团于 11 月 23 日受让成功,拥有占总公司 20% 的股份,成为其第一大股东。但海尔于 2002 年 10 月 30 日正式退出鞍山信托投资有限公司,转让给上海国之杰投资发展有限公司。海尔曾设想通过鞍山信托这样的上市金融机构以取得进入金融信托业务的入场券。

2001 年 12 月初,海尔集团下属的青岛海尔投资发展有限公司借长江证券增资之际,斥资 3 亿元,以不到 7% 的持股比例成为长江证券的第一大股东,并在海尔的极力撮合下,长江证券与法国巴黎银行将设立在中国入世后的第一家中外投资银行,海尔成功地拿下了证券及投资银行业务。

2001 年 12 月 18 日,海尔集团旗下的青岛海尔保险代理有限公司经保监会批准正式开业,八天之后,海尔集团又宣布与美国纽约人寿保险公司共同组建中国入世后的第一家合资寿险公司。新公司定名为海尔纽约人寿保险公司,由海尔投资发展有限公司和纽约人寿海外分支机构纽约人寿国际公司各占 50% 的股份,总股本为两亿元人民币。新公司已于 2002 年 12 月 20 日在上海正式开业。

2002 年 9 月 16 日,海尔集团财务公司经中国人民银行批准正式开业,注册资本五亿元。由海尔集团公司、青岛海尔空调器有限公司、青岛海尔电子有限公司、青岛海尔空调电子有限公司等四家集团成员公司共同出资组建,其中海尔集团公司控股 40%。海尔财务公司的成立,从而使海尔集团苦等八年多的梦想终于实现。

3. 企业产融结合引进先进的管理模式、金融人才及金融信息

产融结合可推进产业集团特别是我国国有企业的股份制改造及现代企业制度的建立。由于金融企业外部监管要求和内部管理需要与传统产业集团存在很大差异,特别是在风险管理方面,金融企业的风险管理理念和实践有很多值得研究和学习的地方,因此产融结合对于产业集团的公司治理会提出新要求,能够促进产业集团在企业管理方面重新审视已有管理模式,特别是对子公司的管控模式,同时也会促进产业集团综合考虑产融结合特点,这将在客观上促进产业集团管理水平的整体提高。产融结合以后,产业企业和金融企业可以相互学习和监督,以便建立科学、合理的法人治理结构和管理机制。

金融机构始终处于经济发展的最前沿,它们是最有活力的一个群体。很多先进的思想和管理模式都在它们中进行运用,而且它们也可以将其他更为优秀的企业的各种模式进行研究。所以当一家实体企业与一家比较好的金融机构进行合作之后,不仅会从硬实力上进行提升,而且其软实力上的提升有时候是特别重要的。

我国绝大多数企业集团传统的价值链管理是依托计划手段,以人、财、物为对象的实物管理。企业集团试图通过发展金融产业,推广和确立以资本效率为手段、以资金价值和货币指标为对象的价值管理模式,提升企业集团资源整合的效率,提升企业集团的公司价值。比如一家企业与一家优秀的金融机构合作,这家金融企业会派驻其内部人员对实体企业的内部财务结构等进行分析和改进,也会对其管理结构进行改进。各项改进之后这家企业可能会更加地规范化,大大提升了自身的效率。

4. 企业产融结合改进财务状况,合理避税

产融结合双方经营的基本现状对企业现有的税负情况会形成一定的影响,这一点是毋庸置疑的。如果企业现有的经营水平较高,在选择产融结合

目标的时候,可以选择处于亏损状况的企业作为产融结合的目标,通过盈亏的互相抵消,可以减轻企业现有的税负,达到合理避税的效果。当前企业产融结合按照支付方式的不同可以区分为用现金、股票、综合证券以及承担债务四种类型。采用不同的支付方式,企业的涉税问题也会发生不同的改变。通过对于不同支付方式的选择,企业也可以通过合理利用税法达到避税的目的。

5. 国际化经营的需要

加入 WTO 以及国家支持大企业大集团"走出去"战略的实施,也使得产业集团进行产融结合成为一种内在的迫切需要。首先从产业集团的扩张史看,扩张背后都有金融机构的支持,没有金融支持的扩张是低效、缓慢、高成本的扩张,往往会栽跟头,会以失败而告终。在国际市场上,产业巨头和金融巨头的协作关系相对紧凑,由于国内金融机构国际化布局程度不高,服务能力和效率不足,产业巨头的需求往往难以满足。我国产业集团若要实现"走出去"战略,就必须获得能全力帮助自己扩张的金融支持,通过资本市场来实现:(1)对内产业重新布局和结构战略调整;(2)对外获取新资源,以及抵御资源获得和重置时的产业风险。产业集团只有在资本市场上有自己的话语权和主动权,才能影响资源配置的过程和结果,从而在深层次上影响公司治理结构,并共同作用于公司价值,促使产业集团整体利益最大化的实现。产业集团进行产融结合还有一点考虑,就是作为资本市场上重要组成部分的金融衍生品,虽然起不到融资功能,但是它却提供了与融资功能密不可分的风险管理经验。产业集团若有自己的金融企业就可以利用这些企业熟悉这个领域风险管理经验的优势来进行融资管理,甚至可以在法律允许的范围内利用下属金融企业的金融衍生品。

(二)资产层面的"产"机遇与主动性

流动性相对较差的资产,之所以有想结合的主动性,从机遇上来看,主

要是其转换可带来的新收益。合约的转换可以提高产的认可度,增强产的流动性、安全性。"产"的机遇就是提高其自身的活性,避免产的浪费与停滞。

### 二、"融"的机遇与主动性

#### (一) 金融机构的机遇与主动性

金融机构进行产融结合的机遇有很多,包括自身业务的重新整合、人才的更新换代、人才的能力发挥、不良资产的处置等。

#### (二) 资产层面的"融"机遇与主动性

流动性相对较强的"融",有着天然的资本逐利性与资本增值要求,这就是决定"融"主动的机遇。主动可以获取盈利的机遇,可以使其活性得到好的利用。

上面我们从产融主体的内部需求、竞争性、机遇等方面对产融结合的主动性进行了探讨,正如我们所说"资本都是逐利的",正是在各种内外因素的推动下才导致了产融主体具有结合的动机和力量,不过虽然对于产融双方都有一定的动机,但是毕竟这种动力对双方不一定一样和均衡,也不一定刚有这种动力的时候就具有结合的冲动,更多的时候是一方的动力已经达到了一定程度的时候,然后去寻找另一方,这样才会结合,这样就出现了主导的一方和被主导的一方,但这都是随着环境和内部结构的改变而改变的,所以谁是主导谁不是主导都是暂时的,长期来看双方都是主导,否则没有长期维持的动力和黏合剂。

# 第五章　产融结合的紧密度

　　"产"与"融"存在着多种形态,而合约作为"产"与"融"不同形态之间的纽带将二者联结在一起,最终形成产融结合状态。上一章论述了主动性问题,在合约集合面前,"产"和"融"因为本身不同的因素考虑,而表现出不同的主动性。在探讨完谁主动想结合之后,面临的问题自然就是结合这个过程,以及结合的紧密程度如何。

## 5.1　产融结合紧密度的基本认识

　　紧密度是指合约所衔接的双方之间联系的程度。衔接物的性质不同,紧密度就不同。紧密度是产融结合过程中的一个客观属性,即并不是代表合约越简单或者越复杂就越好,紧密度本身也是一个中性的概念,并没有好坏、优劣之分,但在实际的产融结合过程中却有紧密度合适或是不合适的区分,基于此我们将产融结合的紧密程度可以分为结合适度、结合不足及结合过度三种情况。

　　在认知紧密度的不足、过度与适合的情况时,我们首先要区分两个概念,一个是客观描述,一个是主观认知。这里客观描述是指产融结合紧密度客观的自身的紧密度属性,即源自于产融结合合约自身的紧密度特性,而主观认知则是指产融双方个体或相关方对产融结合主观上的期望,而这种期

望则会受到不同因素的影响。而我们讨论的合约紧密度的不足即为产融结合的客观描述没有满足产融双方的主观认知,而紧密度过度则是产融结合的客观描述超出了产融双方的主观认知,而紧密度适中则是产融结合的客观描述与主观认知的完美结合。或者我们可以从另一个角度来认知产融结合的不足、适中与过度。产融结合适度是指产融结合满足了产融双方结合的动因,达到的收益大于成本或者其他方面的成效。与之相对,紧密度不足则是由于产融之间的黏合程度不够,使得收益不足,而紧密度过度则是产融之间的黏合过度,增加了无形成本,导致产融结合失败。

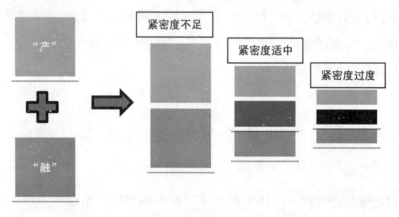

图 5.1　产融结合程度图

产融结合紧密度的不足与过度是产融结合动态的过程中经常出现的现象,对其有着正确的认识是十分必要的。

**一、紧密度不足**

从合约角度来说,产融结合紧密度不足本质上是合约转换速度过慢,合约转换数量过少。可以分为两个方面理解,一方面结合不足是指产融双方的依赖性不足,互相不能产生结合之初所预期的效应,如合约的紧密度不够、组织的互助效果不明显等;另一方面结合不足是指在整个市场中,产融结合在数量上的不足,因为缺乏产融结合导致出现流动性不足、投融资缓慢等问题,合约转换效率低下导致整个市场呆滞。产融结合不足可以认为是流于形式的产融结合,言过其实却不可大用。

一般来说产融结合紧密度不足有如下的表现:

1. 在资产层面上的表现

从深度上看,在资产层面的表现在于流动性转换不够及时。

从广度上看,产融结合程度不足主要表现在资产转换规模小。

2. 在组织层面上的表现

从深度上看,产融结合程度不足主要在于联系不紧密,表现为形式大于实质。风险与收益的不同步,业务不协同、管理与人员渗透不强,或者信息贡献度不够。

从广度上看,产融结合程度不足主要表现在结合的数量不够,市场低迷。

### 二、紧密度过度

产融结合过度从合约角度来说本质上讲是合约的转换速度过快,合约转换的数量过多,使得风险放大不可控。也可以分为两个方面理解,一方面是产融双方之间依赖性过度,产生协同效应过度,产生了过度的内部交易或关联交易,双方失去了自主性和独立性,导致产融结合后目标不明确,合约交换过度不能与产业经济发展同步,另外一方面是指产融双方结合得过于频繁或者整个市场中产融结合的数量过多。如果产融结合过于频繁,无论是对于产方还是融方,都会带来一系列的不良后果。众所周知的德隆集团就是产融结合过度的典型例子。市场上存在数量过多的产融结合时,不仅不利于监管,还容易产生经济发展与金融发展不同步,产生泡沫。

紧密度过度同样表现在两个方面:

1. 在资产层面上的表现

从深度上看,在资产层面的表现在于流动性转换太快。

从广度上看,产融结合程度过度主要表现在资产转换规模过度。

2. 在组织层面上的表现

从深度上看,产融结合程度过度主要在于联系过于紧密,表现为内部关联交易,管理互相干预过度。

从广度上看,产融结合程度过度主要表现在结合的数量过多,呈现盲目趋势。

## 5.2　产融结合中合约的紧密度

我们在前面论述中提到,认识紧密度要明确客观描述与主观认知的观念,本节主要是从合约的角度来对紧密度进行客观的认识。

在研究的过程中发现,紧密度的效果随着合约复杂程度变化而变化,两者的关系呈现出一个"倒微笑"曲线,如下图:

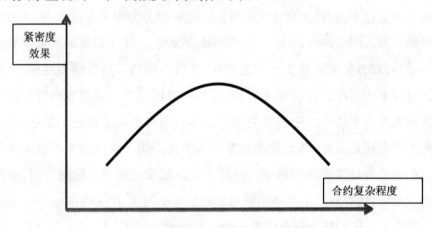

图 5.2　紧密度与合约复杂程度关系图

简单来说合约过于简单则可能导致产融结合的紧密度不足,而合约过于复杂则可能导致产融结合的紧密度过度,只有选择最合适的合约才能导致产融结合适度的情况。

## 5.2.1　隐性类合约联系的紧密度

在论述正式的合约之前,我们有必要对一些紧密度很低、带有合约性质的无形契约进行探讨,我们称之为隐性类合约。

这里我们首先要认识默契的意义。默契,是指双方源于环境、历史或者惯性而自然默认的一种契约,这并不是真正的合约,却具有合约的性质。这种默契源于互相的认同或者好感,存在很强的或然性。因此,这种默契的紧密度最低。

我们知道,任何经济主体都必须依赖于所处的经济环境才能生存,那么任何经济主体与其环境里的主体都存在一种天然的联系,是一种隐性的合约。这种合约的紧密度较差,只有在发生特殊情况时才会发生作用。就单个企业而言,在企业的价值链中,各环节的联系就是一种隐性类合约。而在整个产业链中,同类企业或者上下游企业之间有时候没有固定的合约联系,我们不能称它们之间的联系为合约,因此这类关系只能归于具有天然联系的隐性类合约。

## 5.2.2　单合约紧密度判别

**一、债性合约和股性合约的紧密度**

如果要探讨合约的紧密度,不能笼统地进行探讨,在此我们可以从债性和股性两个角度进行探讨。而其他类型的合约基本上可以涵盖在这两种类型里面,或者是这两种合约的变异和演化。

（一）一般债性的紧密度

一般的债性双方紧密度相对较弱,主要源于产融双方之间的矛盾。具

体来说：

首先，目标的差异。企业追求的是股东权益的最大化，而债权人追求的是资本的安全性和可回收性。所以企业会有较大的动力将资金配置在一些高风险和高收益的领域，这样由于债权人无法分享超额收益导致股东权益大大增加，但是高风险却也需要债权人承担，这极大地影响了资金的安全性。债权人更倾向于把资金配置在一些风险低、能获取稳定收益的领域，这样能够保障资金的安全性，同时也能获取一定的利息，但是却不能满足企业对股东权益最大化的要求。这样银企双方由于目标的不同便会产生一系列的行为上的差异，由此产生道德风险等，企业会用各种手段向银行隐瞒资金的用途，银行也会在企业发生困难时中断与企业的合作，最终形成一个对双方都不利的囚徒困境。

其次，银行无法对企业进行有效的监管。由于双方目标的差异，导致行为上的差异，所以企业尽量避免银行对其监管，而银行由于无法参与到企业的经济活动中，也找不到一个更加有效的方式进行监管，导致信息不对称，所以银行在放贷时将这种可能出现的风险已经考虑在内，并且在利息费用中做出了反映，所以加大了企业的融资成本。

还有，由于代理问题有可能会损害银行的利益。债权人将资金投入企业，获取一定的利息，正常情况下这个利息能够良好地反映出债权人所应该承受的风险，但是由于企业的管理层代表的是股东的利益，那么有可能会为了股东的利益而损害债权人的利益，比如在分配股利等问题时不会过多地去考虑债权人的利益，从而导致企业增长和现金流的不稳定性，从而加大债权人的风险，但是这种风险却并未在利息中做出相应的反映，甚至会出现为了给股东更多的利益可以通过发行新债而分配股利，这样原有债权人的风险大大增加，但是利息却没有反映。这个时候就需要银行对企业的经营行为以及利润分配和投资决策有一定发言权，比如可以做出限制将一定比例的利润留在企业供投资需要。这是因为资金之间具有竞争的关系,对企业来说内部融资不仅保证了资本结构的稳定性,而且会大大降低财务风险,其实企业降低财务风险就是对原有债权人的一种保障。

最后,银企关系的不稳定。经济形势在变,企业的经营情况也在变,作为一个外部的债权人,只关注自身资本的安全性和利息的保障性,不会去为企业考虑太多,所以在困难的时候银行会抛弃企业,导致企业更加困难,在企业状况良好的时候企业会选择银行,这样不停地进行更换谈判等会形成更高的费用,而且也加大融资期限和难度。

虽然债性的紧密度一般相对于股性较弱,但是债性和债性之间的紧密度也并不完全相同。一般情况下债务额度较小的话,银行对于企业的监管成本可能会大于其收益,所以也会放松对于企业的监管,人事上的参与也较少。但是当贷款额度较大的时候,银行就会有必要去进行监管了,这时候虽然成本也大,但是带来的收益可能更大。

(二) 债性的异化——紧密度的强化

债性的异化我们已经在前面详细讨论过,之所以是债性异化,是因为它虽然是债性,但是含有股性的成分。这样一来就会比一般债性拥有更大的紧密度。但是其紧密度还不如股性的紧密度。比如可转债,虽然是债,但是其中包含股的成分,这就需要对企业进行多的监管和参与。融资租赁也可以看作类似的情况,融资租赁虽然具有债性的性质,但是在一定程度上也具有股性的性质,相当于一种特殊方式的融资。这样一来必须要对企业进行更深程度的监管。所以债的异化会出现高于债性但低于股性的紧密度。

(三) 一般股性的紧密度

股性结合是产融结合中最为常见也是最为传统的方式。是一方的资本通过参股控股进入另一方,并且直接参与另一方的经营与财务决策,甚至参与对方的人事任免,一般来说能达到这种效果的股东参股都在5%以上,能够对公司产生重大影响。这种产融结合的方式是最为紧密和全面的,能够全面参与到被持股企业,甚至能够改变被持股企业的经营战略等,使得双方的利益保持一致,能够实现双方的共赢。比如我们所说的金融控股公司、实体企业对金融公司的控股、兼并、收购等都属于这种模式。可以说股性结合是紧密度特别高的合约。它高于债性,甚至能够全面参与到企业的经营管理中去实现对于企业的全面参与。

（四）股性的异化——紧密度的弱化

股性的异化也在前面的章节提过了,之所以称为异化,就是它表现出了债性的性质。对于股权的权利大大弱化,以至于不行使股东的权利。比如优先股,股东的权利受到了很大限制,有点类似于债性,但是其参与度还是比债性高。这种情况下股东甚至不干预企业的经营,但是要求稳定并且较高的股利水平。还有一种也类似于股的异化,就是二级市场上的小股东。他们持股的目的主要是为了获得资本利得,对于企业管理和经营既没有参与的必要,也没有话语权,同时又没有强制性的股息要求,紧密度在某种程度上低于债性合约。

二、私募合约与公募合约的紧密度

前面我们已经说明了私募合约和公募合约的定义与比较。从二者的定义出发,私募意味着对象的定向与专一,而公募意味着对象的广泛与散乱。因此从这个角度来看,私募合约总体来看要比公募合约的紧密度强。当然,前提要在债或者股两个大的区分之下,即私股要比公股的紧密度强,私债要比公债的紧密度强。

三、即时合约与延时合约的紧密度

在第三章合约的选择中,我们已经将即时合约和延时合约做了详细的说明。对于典当、经营租赁、商业票据这些即时合约,鉴于它们都是一次性的合约交易,紧密度很弱。而对于债券或者担保抵押这种延时合约,因为涉及的主体之间往往有着非即时的更多利益的牵扯,这样的合约的紧密度要显著强于即时合约的紧密度。

## 5.2.3　多合约的紧密度判别

多合约产融结合是指在单个"产"主体、单个"融"主体进行产融结合的过程中,涉及其他"产"、"融"主体的参与,并且对它们产生影响,多环节产融结合的过程伴随着延时合约的产生和生效,我们分析合约的紧密度主要就是通过合约链条的传导性这一方面来进行。具体来说,我们根据合约传导的单向或多向性,将多合约分为单链形式与网链形式。

**一、多合约单链形式的紧密度判别**

单链形式的合约是指合约与另一个合约之间通过唯一的中间主体相互联系,形成一个单一链条结构,我们称为单链形式的合约。

单链多合约产融结合是产融结合"联动"本质的极致体现,链条中的任何一个主体发生变化都会影响到链条中的其他主体,这种影响主要是通过合约链条来进行的。如果链条中的一个合约主体情况发生变化能够相应非常明显并且非常及时地在链条的其他合约主体中得到体现,我们就说这个单链的多合约紧密度比较强、传导性好。反之,如果链条中的某个合约主体发生变化并不能导致链条中的其他主体发生变化,或者体现这种变化需要很长时间,那么我们就说这种多合约形式紧密度较弱。

我们认为银行的存贷款业务就是一种单链形式的多合约。银行在将吸收存款和发放贷款一体化后,就成为主动创造流动性的激励系统,为消费者和企业同时提供流动性支持。其中,"存贷相连"是银行成为创造流动性的激励装置,也是银行进行产融结合的纽带。银行本身是能够创造流动性的"融"主体,而存贷双方恰恰是具有巨大流动性需求的"产"主体,因此,"产"主体通过银行"存贷相连"的本质与银行这一"融"主体结合起来,成为单链形式多环节产融结合的典型代表。银行主要通过存贷两种合约来维系运营，但是由于存款保险制度的存在和保证，一旦合约链条中的某一个主体发生变化，并不会对合约链条中的企业主体产生明显的变化，所以我们认为银行存贷业务形成的多合约紧密度相对而言是比较弱的。

　　另一个单链形式的多合约产融结合形式是资产证券化，资产证券化的本质是破产隔离，可使投资人直接投资看好的技术或著作，而不必过于担心发起人的经营状况。对于宏观经济的发展而言，资产证券化产品的存在，可使不同风险偏好者通过市场进行交易，从而提升整体经济的效用水平。从经济学分工理论的视角来看，创新型企业可以将风险资产通过证券化转移出去，更专注于知识创新与管理的工作；而专业投资人则通过资产组合来分散所承接到的风险。资产证券化主要通过两个合约来维系和进行，一个是通过破产隔离实现证券化资产的真实出售，通过这个合约，证券化资产实现了所有权的转移，证券化资产成为了 SPV（Special Purpose Vehicle，特殊目的机构）拥有的资产，另一个合约是 SPV 将资产池中的资产证券化之后打包出售，此时与证券投资者签订的是另外一个合约。自此，资产证券化整个过程基本完成，证券化资产与投资者之间通过两个合约联系在了一起。该链条中的任何一个链节出现问题，都会通过这个单链链条迅速进行传导，从而影响链条中的所有链节。由此可以看出，资产证券化作为单链形式的多合约产融结合联系是相当紧密的。

　　融资租赁也是单链形式产融结合的典型代表。融资租赁合约具有融物、融资双重功能，以融物的方式达到融资的目的，即融资租赁的最终目的是交易货币的使用权。具体来讲，融资租赁是指出租人根据承租人的请求并按双方事先的合同约定，向承租人指定的供货商购买承租人指定的标的物。在租赁期内，出租人拥有租赁物所有权，承租人向出租人支付租金并拥有除处置权之外的所有权利。因此，融资租赁是一种交易货币使用权的即时合约。融资租赁主要也是通过两个合约维系，一个是购买合约，就是出租方按照承租方的要求购买的租赁标的物，另一个合约就是真正意义上的融资租赁合约，合约规定了合约期内双方的权利和义务，由于这个链条中合约标的物是确定和明确的，一旦标的物出现问题，合约中的各主体都会受到明显的影响，所以融资租赁形式的单链多合约紧密程度要强于银行和资产证券化的紧密度。

供应链金融也是基于"产"、"融"双方交易约定的基础上进行的，但是不同于产融结合的即时合约连接和延时合约连接，供应链金融是更加紧密型的交易约定。随着全球经济一体化的深入，现代企业间的竞争已经从单个企业之间的竞争转变为包括供应商、生产商、零售商在内的供应链之间的竞争。在供应链中实现物流、资金流、信息流的合理配置，使企业与银行更好地联合，在提升包括"产"、"融"在内的供应链整体水平的基础上，实现了构造"产"、"融"无缝连接的产融结合价值体系。供应链管理机构属于"柔性契约"，它虽为整条产业链上的企业提供与银行的议价服务，但它在股权、人事上与供应链中的任何企业间的关系都是完全独立的，它是中介机构。供应链管理机构既不像紧密型网链中的个别企业承担"产业组织者"的角色，在股权上参与或控制网链中的其他企业，也不像战略联盟里以人事参与等相对松散的、不紧密的组织形式，这也是供应链金融的紧密程度为中间状态的最佳体现。

### 二、多合约网链形式的紧密度判别

随着多合约交易的兴起，出现了介于市场和企业之间的网链状态，它是通过一种确定性的市场契约交易关系将不同的合约持有者连接在一起，形成了一个统一的合约持有者集合。我们主要从"组织"的角度，深入剖析多合约网链的紧密度问题。

（一）紧密型网链

紧密型网链是产融结合的高级阶段,在这一阶段,产融结合主体将扮演产业组织者的角色,同时发挥价值资产管理的功能。那么,在编织产融结合紧密型网链的过程中,什么是最重要的呢？我们认为是"商权",它犹如网链中的一个链环,紧密连接着"产"和"融"。因此,只有牢牢把握商权,实现"产商融"结合,才能打造紧密型产融结合的网链。

"商权"是以持续获得某个领域内商业利润为目标的控制权,在产融结合紧密型网链中,控制了该网链中的关键资源,就能扼住整个产业链的咽喉,产生巨大的影响力。如果获得了这种影响力,那么就获得了该领域里的绝对控制权,这就是"商权"。"商权"需要专业化程度很高,熟知"融",又精通"产"。

**案例：三井物产**

在日本,丰田、东芝以及 7-11、Versase 等耳熟能详的品牌背后,都有一个共同的名字——三井物产。以三井物产为代表的综合商社被称作"产业组织者",其本质是商业资本、产业资本与金融资本的强大结合,即"产商融"结合,更加重视商权。三井物产热衷于通过各种程度的持股形式,参与和渗透到产业链的上下游企业中,在保证对资源的充分占有的同时,又通过控制贸易端而获取利润的最大化。它将财团关联企业推到台前,不断地扩大着市场、资源和疆土,而自己则隐藏起来,像极了影子帝国里的王者,不动声色地观看着一幕幕城池的攻陷和王国的扩张。

目前,中国企业在产融结合过程中的最大问题是"商权"丢了,却为了与之相比而微不足道的利润。在竞争如此激烈的市场中,"商权"是什么？商权就是对全产业链的领导力。对关键资源、核心技术的控制力。但是,我国的现状是商权被国外公司掌握,我们不得不从国外进口关键资源、关键设备,引进核心技术,这是相当致命的,正如一个机能正常的人,却被外物扼住了大动脉。在没有控制商权的情况下进行产融结合,风险很大。比如,国人心目中的巨无霸——中石油作为我国企业产融结合的领跑者,在国际市场上就风光不再了,中石油的石油贸易依靠国外的贸易公司。实际上,中石油最应该驾驭的是国际性的商业体系、物流体系,牢牢把握商权,而不是追求浮躁的暴利和为了在央企排名靠前所带来的短暂的虚荣。

既然如此,在产融结合过程中如何掌握"商权"呢? 这就需要产融结合主体主动担当起"产业组织者"的角色,而不是充当十恶不赦的"产业控制者"。"产业组织者"与"产业控制者"的区别在于权力导向的不同:产业组织者是商权导向型的,而产业控制者是垄断权导向型。企业在产融结合过程中力争做产业组织者,使其在金融、实体产业里的资源得到有机整合,形成全产业链竞争力。

从某种程度上来看,一个企业转变为产业组织者的过程,必将伴随着兼并收购。倡导兼并收购并非让每个想成为产业组织者的企业都成为"大而全"的企业,而是根据公司产融结合战略规划选择兼并收购目标,并且要掌握整条产业链里的核心资源和关键技术,这样才能形成一个密不透风的网链,让竞争对手无懈可击。

**案例:中外产业网链整合简述**

在此,我们不得不提最受人瞩目的科技公司苹果。苹果公司是产业网链整合的佼佼者,其不断加强控制上游零件供应商及中游 OEM 厂商对它的依赖。但苹果的整合模式并非"大包干"或简单并购,而是与许多厂商形成战略联盟或形成利益共同体,由此整合产业链。

相比之下,同样由国家支持的日本财团,无论在企业资源还是在海外投资中,都比中国企业做得好,原因是日本在海外投资和产业培养上都有一支不可或缺的力量——综合商社。综合商社的业务主要是贸易和投资,两者相辅相成,在金融、物流、调研咨询、市场营销等功能的支持下,通过遍布世界各个角落的网络有条不紊地进行。综合商社特别强调对全球资源的控制力,并不断推进对物流领域的渗透。综合商社在海外获取资源,在整合产业链的过程中,更多的资本投入放在对生产企业的上游原料物流和下游产品销售代理权中,由于综合商社对产业链的各个环节的企业采用小额入股的形式,日本大企业通过综合商社"小资本+大物流"的方式被组织在一起。这种"只服务不控股"(控股主要由日本的生产型企业来做)的方式更易于形成长期稳定的合作关系,同时把经营风险降到了最低。

目前的中国企业,尤其是中国的金融企业在产融结合走向国际化的过程中,沦为了国外企业通过金融手段控制海外资源和制造业的企业,这种方式很不稳定,也不能很好地发挥全产业链的综合优势。中国的企业,尤其是央企虽然有自己的银行、贸易公司、保险公司、信托公司、租赁公司、基金及期货公司,但还不具备综合商社的产业组织能力,而是简单的控制关系。毫无疑问,附属在央企的贸易公司不能通过贸易带动投资,而是单纯地做贸易。在组织上,中国的企业总部虽然可以控制各个子公司并通过派遣高管直接参与子公司的经营,但参与协调能力和产业培育能力还不足,集权与分权的矛盾,"一抓就死,一放就散"的局面始终是中国企业在管理控制中的软肋和掣肘。因此,中国企业通过产融结合成为"产业组织者"还有很长的路要走。

"产"主体和"融"主体总是出现"合久必分、分久必合"的态势,但"产"主体快速集聚具有战略性的金融资源,充分挖掘金融杠杆效应的内在冲动始终没有改变。企业集团走产融结合的道路,全力打造紧密型产融结合网链,就是利用产业资本庞大的资金流延伸其价值链,通过生产经营与资本增值为股东创造财富,将已经存在的产业与金融的分工内部化,凭借其产业组织者的权威来消除市场壁垒,实现产融一体化。

紧密型产融结合网链固然重要,但是如果产融结合主体不能在紧密型网链整合中成为产业组织者的角色,不掌握商权,那么在大幅度增加投入与风险的同时,并不能减少竞争压力,也不能带来价值的显著提升。在某些情况下,虽然产融结合主体掌握了商权,具有资源优势、技术优势等核心竞争力,进行紧密型网链整合的成功率更高,但是进行紧密型网链整合的必要性却变小了。

产融结合紧密型网链的另一个特点是复杂的公司治理机制。这将蕴涵较大的内部经营风险和公司治理风险。产融结合循环运作的路径不透明,产融结合网链内部复杂的关联交易导致风险的转嫁链条过长,却缺乏全面深入的跟踪和监管。产融结合网链内部交叉持股、相互债务担保、资金拆借等问题难以避免,导致产融结合网链中的资金链条承受较大压力,一旦资金链断裂,就会产生"牵一发而动全身"的风险放大效应。

（二）非紧密型网链

非紧密型网链是一种相对较为松散的产融结合方式,其表现形式主要有三种,即融资财团、银团和战略联盟。

1. 融资财团

企业融资方式有三种,包括(1)内源性融资:依赖于企业自身的经济利润与固定资产折旧;(2)债权式融资:银行贷款、发行企业债券;(3)股权式融资:大批优质成长型中小企业通过投资银行、私募基金、天使投资等方式引入股权性融资。

根据北京联合信息网中国信贷风险信息库的数据显示,中小企业融资结构中,内源性融资和债权式融资占主要地位。目前,我国中小企业内源性融资占全部融资需求的65.2%,债权式融资占10.7%,剩下的比例为股权式融资的发展提供了巨大空间。股权式融资方式给商业银行提供了一个扩大中间业务收入的机会,适时降低财务杠杆比率和引入更多的投资型资金,在赚取存贷利差收入业务之外,提供"债权+股权"的融资方式,寻找新的利润增长点。

选择权贷款是银行针对中小企业融资难、具备成长性的特点,提供"股权+债权"融资方式,该产品通过银行与投资银行通过组建融资财团的方式,将传统的债权性融资业务与股权性融资业务相结合并进行转化,即银行负责提供贷款等债权性融资业务,投资银行机构提供股权性融资,为中小企业提供全方位的金融服务。

2. 银团

银团贷款是由一家或数家银行牵头,多家银行参与组成的银行集团,由两位或两位以上贷款人按照相同的贷款条件,通过不同的分工,共同向一位或一位以上借款人提供贷款并签署贷款协议的贷款业务。

银团贷款可充分发挥金融整体功能,既然单个银行无力满足巨额的贷款需求,那么就由多家银行组成银团,更好地为企业特别是大型企业和重大项目提供融资服务,可满足企业借款人长期、大额的资金需求,促进企业集团壮大和规模经济的发展。

银团贷款能有效分散和防范贷款信用风险,将借款人的违约风险分散到所有参与银行共同承担,有效降低单个银行的风险敞口,降低信用风险集中度。

银团贷款能够有效降低信息不对称和交易成本。对于有些银行来说,由于自身实力和客户资源的限制,在某些市场竞争中处于劣势,甚至完全被排除在市场之外。通过参与银团贷款,这些银行可在利用其他银行信息的基础上,有效缓解其在特定市场上的信息不对称问题,促进其在相关市场的业务发展。

3. 战略联盟

战略联盟就是两个或两个以上的企业或跨国公司为了达到共同的战略目标而采取的相互合作、共担风险、共享收益的联合行动。同时战略联盟也是一种介于市场和企业之间的制度安排。

传统理论把企业和市场的关系想象为非此即彼和严格替代的关系,企业理论的研究关注企业为何代替市场,而较少研究如何代替市场,更不会讨论反向的代替。战略联盟突破了这种思维方式,在企业组织与市场之间,还存在着中间地带。企业之间可以通过并购建立内部化关系,也可以通过分拆从内部化回到市场关系,还可以形成一种既不是一体化关系亦非市场关系的关系,它不是简单的商业合同关系,因为它存在着长期合作、协同行动、互惠互利、控制指挥的关系,它从股权到财务都是严格分开的,这就是典型的战略联盟关系。通过战略联盟企业建立一种介于市场关系和一体化关系之间的新型关系形式,形成了一个互相交叉、彼此融合的外部网络。这里的战略联盟有别于战略联盟协议,战略联盟共担风险共享收益,表现出股性,紧密度介于债性与股性之间。

产融结合战略联盟的特性主要包括:

(1)非紧密性

非紧密型产融结合主要表现为战略联盟,它的非紧密性主要表现在战略联盟是一种非股权形式的契约性协议,即战略合作协议。战略联盟是一个企业为实现自身的战略目标,与其他企业在利益共享基础上形成的一种优势互补、分工协作的松散式网络化联盟。

产融结合的“产”主体与“融”主体形成战略联盟的前提条件是产融双方的规模相互匹配、具有良好的兼容性;对方必须具备自身企业所缺乏或重视的资源和能力;双方有着共同的发展愿景,在金融服务实体经济方面有很好的契合点和广阔的合作空间;产融双方的人事关系融洽;联盟首先是一种长期授信机制,“产”、“融”双方建立长期互信,互利共赢,风险共担。其次,战略联盟是“产”主体为融资做的准备工作,尽管眼下“产”主体没有资金需求,但从产融结合战略长期来看,只要“产”主体有资金需求了,就可以利用战略联盟实现融资渠道的畅通。最后,战略联盟使产融双方在达到制度收

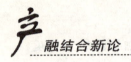

益的同时,减少风险。

(2)整合异质性资源

在企业的资源中,除了资金和原材料等属于同质性资源外,其他资源因含有活性因素如知识、经验、技能、判断力、适应力等而属于异质性资源,而产融结合战略联盟的最大特点就是对异质性资源的整合,创造产融结合实体企业持久的核心竞争优势,给战略联盟之外单打独斗的企业设置了难以模仿的资源门槛。

异质性资源具有动态性和多变性,战略联盟以其整合能力把异质性资源打造成为能够为联盟内伙伴企业共享的优势资源。比如,产业实体资本和金融业的虚拟资本之间的资本特性和资本结构是异质的,如果"产"主体与"融"主体形成战略联盟,双方通过与具有互补性资源的公司建立伙伴关系,那么就可以充分利用企业组织外部的"共享"要素,发挥各自异质技术优势和管理经验,有效克服资源位障碍,从而形成一种新的竞争优势和利益源泉。这种经济性来自竞争中的合作和矛盾的协调,更来自于合作之后资源再配置效率的提高。

(3)无边界性

帕拉哈德在《企业的核心竞争力》一文中首次提出"核心竞争力"这一概念,正是因为企业的核心竞争力具有价值性、稀缺性、难以模仿、不可替代等特点,更是成为企业持续竞争优势的来源。企业通过建立战略联盟,可以实现企业各自价值链环节之间的合作,将创造价值的重点从企业内部转向跨越企业组织边界的外部关系,也使得企业的经营活动开始超越传统的组织边界。通过联盟伙伴间深入的价值链环节链接关系,企业战略联盟能够实现价值链环节之间链接的低成本和快速度,为企业创造更多价值以及创造传统组织结构所无法比拟的竞争优势。通过联盟企业不仅可以扩大企业规模,从而获得规模经济效应、范围经济效应和共生经济效应,同时也可以通过提供差异化的以及更快速的产品或服务,构建起相对于竞争对手的竞争优势,打造和提升自身核心竞争力。

基于战略联盟的基本特性,实践证明产融结合战略联盟是医治"大企业病"的良药。

单个企业为了尽可能控制企业的环境,要求致力于企业内部化边界的扩大,这不仅伴随着巨大的投入成本,为企业的战略转移筑起难以逾越的退出壁垒,甚至将企业引入骑虎难下的尴尬境地,而且容易出现组织膨胀带来内耗过大的所谓"大企业病"现象:由于企业规模的扩大、管理层次的增加、协调成本上升使得一些大企业的行政效率向着官僚式的低效率迈进,致使企业决策缓慢,难以对瞬息万变的市场做出敏锐的反应。而战略联盟的经济性在于企业对自身资源配置机制的战略性革新,不涉及组织的膨胀,因而可以避免带来企业组织的过大及僵化,使企业保持灵活的经营机制并与迅速发展的技术和市场保持同步。

**小案例1:**

中国人寿牵手航天科技战略合作协议:在商业保险及企业年金、金融股权投资、产业股权投资、园区基础设施建设开发与不动产投资、证券投融资等领域寻求良好的合作机会。

**小案例2:**

浦发银行与中国移动签署战略合作协议,推行"移动金融",双方进一步在市场、业务和渠道等方面展开合作,推进移动金融、移动电子商务、手机支付等多项移动通信与金融产品的融合创新业务。

这对我国企业所处的制度环境有很好的警示作用。我国现阶段企业的"大而全"、"小而全"的"传统"发展模式是阻碍战略联盟构建的重要原因。实际上,这种传统企业模式正是市场割裂所产生的必然结果。我国由于分权制的行政式经济管理体制和不尽合理的混合经济结构的存在,人为造成

了以行政区划和所有制为标准的市场分割,如地方保护主义,诸多行业中的市场准入限制,就是典型的表现形式。在这种条件下,企业要按照经济规律进行跨区域、跨所有制的合理分工和协作,必然面临着由于非经济因素所造成的高昂的外部交易成本。在这种环境下,它们不得不走上"低级一体化"的发展道路。

(三) 多合约网链的评价

从合约的角度来讲,网链是由一系列合约组成的,不同种类的合约相互关联在一起共同发挥作用,相互依存,彼此之间形成一个网状的结构,相互交错;同时,从组织的角度来讲,合约又是由一个个非系统性的个体所组成,这种个体可以是企业,也可以是产业链甚至是国家。通过前面我们对紧密性网链和非紧密性网链的讨论,我们在评价网链的时候,可以用风险与收益、系统性与非系统性这两套标准进行交叉评价,可以从四个维度对网链进行评价,这样就能形成不同的组合,如图 5.3 所示,可以从这个四个维度进行区分:系统性收益、非系统性收益、系统性风险和非系统性风险。

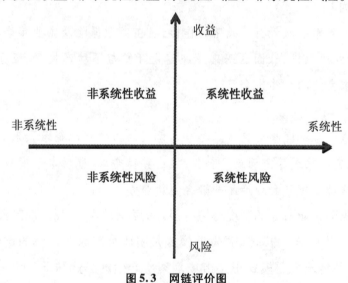

图 5.3 网链评价图

首先,网链可以增加系统性收益。网链中的多个合约在外部市场交易时会出现市场失灵的情况,这样合约的交易成本会挤占合约交易所带来的利润,特别是当这种交易成本超过持有合约的非系统性个体将这种交易实现内部化所付出的成本时,非系统性个体会扩大规模来实现外部市场内部化。但是,非系统性个体的扩张意愿和扩张能力并不匹配,因此需要依靠网链来实现边界扩张。网链的最大特点是:网链内部的各个非系统性个体存在确定的合约交易对象和稳定的合约交易关系,避免了外部市场可能发生的不合理的交易成本。由于非系统性个体之间存在一定的依存关系,所以借助这种稳定的"合约链条"将外部市场内部化,在节约交易成本的同时,实现了整条网链的利益最大化,即实现了系统性收益的增加。

其次,网链可以减小系统性风险。借助网链中存在的隐形的"合约链条"或"合约关系",可以将网链中的每一部分连成一个有机的整体,这种有机性主要体现在非系统性个体之间的"竞争"与"合作"。由于网链在扩大非系统性个体边界的同时,也模糊了它们之间的界限,这就使得各非系统性个体为实现网链的共同目标而采取一致或协同的行动,但它们之间又保持着竞争关系。网链中的非系统性个体虽然在合约约定的部分领域进行合作,但在合约约定之外的领域及在公司活动的整体态势上仍然保持着经营管理的独立自主,相互间可能是竞争对手的关系。于是,这种"竞合"状态正式在网链内部筑起了一道风险的"防火墙",防止整条网链的系统性风险的发生,把系统性风险降到最低。此外,这种竞合关系达到了产融结合所要求的"1+1>2"的效果,即协同效应,这是大于单个企业简单相加的,也是属于网链系统性收益的一部分。

再次,网链可以减小非系统性风险。在网链内部,合约的持有者是以企业的形式存在的,而单个企业就是非系统性的个体。非系统性个体之间的联合是依靠彼此的"合约链条",这种契约关系不同于外部市场的不确定的交易行为,而是一种稳定的、明确的契约关系。在这种条件下,非系统性个体会自觉地对自身行为进行优化管理,实现自身交易费用最小化,减少非系统风险,同时,他们会对网链中的其他合约持有者进行监督和引导,减少其他非系统系个体的风险,保证实现共同利益最大化。

最后,网链可以增加非系统性收益。网链中各个非系统性个体处于同一个产业链或供应链。为了优化整条网链,提高各个非系统性个体之间、多环节合约交易之间的协作效率网,非系统性个体依靠自身实力进行上下游产业的发展和多元化经营,发挥比较优势,进行分工合作。由于各个非系统性个体都是独立经营、灵活组合的,这就使得每个合约交易环节能够达到最优的专业水平,将单个非系统性个体的比较优势发挥到极致,在增加非系统性收益的同时,实现了更合理的网链内部的资源配置。

# 5.3 产融结合紧密度的影响因素

在上一节,我们具体探讨了产融结合紧密度的客观描述,通过前面的讨论,我们对产融结合的紧密度有了初步的、理论层面的了解。但我们要注意的是,尽管我们从理论上的合约角度出发对紧密度有了较为全面的认识,在具体到产融结合的实践当中,影响产融结合紧密度的因素还有很多,也就是说影响产融双方与相关方主观认知的因素还有很多。

具体来说,关于影响紧密度的因素我们可从主观和客观上来分别探讨。

## 5.3.1 产融双方自身的主观因素

主观因素对紧密度的影响主要是指产融结合双方的基于自身因素与特征做出的选择。

## 一、结合所选择的方式

通过前面对产融结合中合约的探讨,我们知道在产融结合过程中,可选择的合约有很多,如债性与股性的选择、私募与公募的选择等,可以说产融结合的方式是否匹配,在一定程度上决定了产融结合到底是否能够达到最优化的状态,是否能够产生更高的效力,是否能够促进产融双方的发展和壮大,是否能促进整个经济的增长和结构的转型,也深刻地影响着产融结合的紧密度。

如果产融结合过程中能够选择出最稳妥的结合方式,那么显然产融结合就更有可能达到更合适的紧密度,既不会结合得太过紧密影响了双方作为两个主体所带来的好处,又不会因为结合得过于松散而不能达到结合的目的。

例如,一家私募股权投资公司与一家新创企业之间进行产融结合应该用紧密程度较高的股性结合方式,私募股权投资公司通过对新创企业提供资金和增值管理帮助企业进行更好的成长和发展。一旦新创企业遇到经营或者其他困难,私募股权投资公司作为股东,最初想到的是如何帮助新创企业进行更好的融资或者经营管理以保证自己的投资不会因为新创企业的破产清算而遭受损失。最终私募股权投资公司通过转让创业成功企业的股权获得高额的投资收益,而创业企业最终也走上了高速发展的轨道,实现了创业的目标。双方都达到了各自的目的,各取所需,产融结合非常成功。相反,如果私募股权投资公司与新创企业进行的是债性的产融结合方式,此时私募股权投资公司是债权人,债权人的追偿权在股东之前,一旦企业出现了经营困难或者经营风险,债权人最初想到的不再是同股东共进退以保证自己的投资价值,而是尽可能地通过债权人相比股东的优先求偿权来迫使公司进行破产清算或者出售优良资产来实现自己的债权,这样一来债权人可能因为新创企业进行破产清算而遭受损失,新创企业也由于面临清算或者

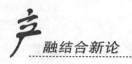

被迫出售优良资产而导致创业失败,双方遭受损失,不仅产融结合的目的没有达到,反而招致了较大的损失。

**二、产融双方的态度**

实践当中产融结合双方往往会基于自身的特点,来对不同的产融结合方式选择抱有预期,也就会产生了不同的态度,而在这种情况下如果双方的预期相同,则很容易使得双方抛开顾虑,盲目乐观导致产融结合过度。例如,结合双方可能对于产融结合收益有着过高的预期,认为产融结合程度越深越好,这种情况可能会导致过度的产融结合;而如果双方预期不同,则很容易导致产融双方的分歧,而这种分歧往往会在产融结合的合约之外进一步降低产融结合的紧密度,导致产融结合不足。例如,产融双方可能只愿意享受产融结合带来的部分收益,但是进行更深入产融结合可能会丧失经营的自主权,导致产融结合一方或者双方不愿意进行更深层次的产融结合。

(1)如果公司的管理者或者股东对于产融结合持非常乐观的态度,或者产融结合的双方本来就是某一集团公司的子公司,这样双方企业结合就会更加容易,当然也更可能进行过度的结合。比如,本来不需要进行股权性质的结合双方却采取了股权结合,这可能会导致双方决策效率的降低和其他的一些问题。进行股权性质的结合意味着股权的稀释和股东的增加,这样股东达成共识的可能性就会变得更低,股东大会更加难以做出有效的决策,这可能导致公司运营效率的降低和运营成本的增加。

(2)由于产融结合是把两个经营体在资产和经营业务上进行一定程度的共享与合并,双方企业原来的管理者可能由于担心自己的决策权的减少或者受到限制甚至被剥夺而对产融结合产生一定的抵触情绪,从而避免产融双方结合的进行会威胁到他们作为职业经理人的权力和声望,这也是一种代理成本。另外,双方的股东也可能由于担心自己的股权被稀释从而导致自己对于公司的控制权减弱,这可能导致需要进行股性结合的企业不能进行适当的结合,从而产生结合不足的问题。

所以在具体的实践当中,产融双方的态度是影响紧密度的一个重要因素,产融双方有必要进行全面的沟通了解,来充分把握对未来的预期和认识双方的分歧。

### 三、对于产融结合收益预期

结合双方由于对于产融结合收益的预期也决定了产融结合的紧密度,如果结合双方能够正确估计和认识产融结合的收益和条件,就更有可能做出正确的产融结合决策。否则,就可能由于不了解进行更深层次产融结合为双方带来的好处而导致产融结合不足,或者由于低估了进行深层次产融结合带来的成本和风险而出现产融结合过度。

如果产融结合的双方对于产融的态度比较暧昧,也就是说双方既能看到产融结合的好处,又因产融结合可能带来的风险而踌躇不前,那么就可能出现双方愿意进行产融结合,但是对于产融结合的态度比较犹豫,既想往前走,又瞻前顾后,那么就会导致产融结合不足的问题。相反,如果双方企业对于产融结合的收益预期有个过高的估计,把进行产融结合当作解决企业经营过程中遇到的问题的万能灵药,盲目进行产融结合,最后也只能失望而归。

德隆系的崩溃就是一个很好的诠释,德隆系的掌舵人立志把德隆打造成中国的 GE,但是他过高地估计了产融结合的收益,认为产融结合可以解决企业经营中遇到的任何问题,盲目追求形式上的产融结合,忽视了产融结合带来的风险,也忽视了对于企业资源的整合,最终导致了德隆系的崩溃和产融结合的失败。

### 四、总结

除了上面提到的三点之外,还有许多主观的因素能够影响产融结合的紧密度,如产融双方对突发问题的处理等,但无论什么问题归根结底都可以

归结为三类问题(前面的三小节也正好是下面三点的一个侧面反映):

1. 产融结合双方对产融结合的认知程度

认知程度决定了产融双方的眼界与视野,决定了双方能在多大程度上更加有效地利用产融结合这一工具,决定了产融结合双方如何避免合约层面的不足,也决定了双方能在多大程度上认识到产融结合的风险,从而打好产融结合的基础。

2. 产融结合双方的沟通交流程度

沟通交流是一种相互的认知行为,在产融结合的过程中,如果不能做好这一工作,导致沟通交流不足,很容易使得产融双方产生误解,平添了许多麻烦,导致双方的猜忌,进而大大地削弱了产融结合的紧密度或是无法发挥产融结合紧密度的效果。当然,这也不是说要产融结合双方不加限制地随时交流,毕竟沟通交流也是有成本的,盲目地扩大或缩小这一成本,都会影响产融结合的紧密度。

3. 产融结合双方对未来的预期

产融双方对未来预期的不同也会影响产融结合的紧密度,如果说,认识与沟通交流因素是可以通过适当的方式进行合理规避的主观因素,那么对未来的预期,则更多地充满了不确定性,这一因素取决于产融双方领导者的性格、知识背景、个人经历等,需要产融双方的相互理解、交流。

影响产融结合紧密度的这三点主观因素复杂、多变,但都是可以通过合适的方式加以规避的,这需要产融双方的共同努力,也可以通过适当的第三方来提供分析与支持,但无论如何,合理发挥利用主观因素,避免产融结合紧密度的不足与过度,才是我们的最终目的。

## 5.3.2 产融双方之外的客观因素

在客观方面,许多外界的、间接的因素也在深刻地影响着产融结合的紧密程度。我们的经济生活发展到现在这个阶段,没有哪家企业集团能够无视外界的变化,在产融结合的过程中,这些特征尤为明显,政府干预、经济环境变化等都是影响产融结合紧密度的具体因素。

具体来说影响产融结合紧密度的客观因素有以下几点:

## 一、政府直接或间接干预

我们常用"看得见的手"比喻政府在经济活动当中的影响,在产融结合当中同样需要这只手的作用。在具体的产融结合实践当中,这只"看得见的手"有什么作用,怎么样发挥作用深刻地影响着产融结合的紧密度。

政府对产融结合紧密度的影响无外乎三种:紧密度不足、紧密度适中、紧密度过度。

### 1.政府干预导致紧密度不足

关于这一点最典型的案例莫过于"大萧条"之后,美国政府采取的干预。

1929年,一场经济危机降临在美国,在经历了长达四年之久的"大萧条"之后,也就是1933年以后,美国先后出台了《格拉斯—斯蒂格尔法》、《证券交易法》等法律,对银行、非银行金融机构与工商企业之间的市场准入、相互持股和投资实行严格的限制,以此防范金融风险的传递,最大限度地减轻经济危机的损害。美国政府认为,经济的垄断和大企业进行大的兼并是造成"大萧条"的主要原因,开始对产融结合行为进行严格的限制。这时候产融结合受到了严格的限制,产融结合出现严重不足,这段时间美国一些企业没能得到产融结合带来的好处,失去了快速发展的一些机会。

### 2.政府干预导致紧密度适中

如果政府能够坚持市场经济的原则,适度地干预产融结合的过程,相信有规范有监督的市场自身能够达到最优的产融结合比例与配置,那么市场通过充分的竞争与结合就可能会产生更加有效率的组合。在一个成熟的市场环境下,我们可以预见政府只要进行适度的限制和调整即可对产融结合

的紧密度产生适度的影响。

3. 政府干预导致紧密度过度

如果某一阶段政府认为产融结合能够极大地促进经济的发展与经济结构的优化，那么政府就会倾向于通过制定法律法规或者通过直接的行政干预来促进产融结合的速度和规模，甚至出现政府直接出面推动企业产融结合的情况，这容易产生产融结合的"大跃进"。出现不该进行产融结合的企业相互之间进行了产融结合，可以进行产融结合的企业由于采用了错误的方式导致产融结合过于紧密，产生了过度的产融结合。比如，本来不应该不适合进行产融结合的企业进行了产融结合，只需采取战略联盟方式的产融结合最后采用了股性结合的方式，等等，最终产生了事倍功半甚至是负的效果。

在这里，我们要注意的是，尽管我们都认识产融结合紧密度适中是一个最佳的状态，但也要认识到紧密度不足和过度也是必然会出现的一种产融结合的常态，这是由于能够影响产融结合的是一个动态变化的过程，政府的行为也要不断地根据经济和市场变化来进行不断的调整，这引起了产融结合紧密度的上下波动，进而导致了紧密度不足和过度的产生。但这也正如水面的波浪会出现波峰与波谷，但从更长的时间段来看，水面依然是平静的。即短期内产融结合的紧密度可能因为政策和市场环境的改变而出现不适，但长期随着各方的调整，紧密度必然会回归到适中的程度。

**二、经济环境的影响**

产融结合过程中，能够影响产融结合紧密度的客观因素，除了政府影响外，还有一个重要的因素就是经济环境的影响，而这里的经济环境的影响是一个多角度的概念，具体来说，我们可以从以下几个角度来理解：

1. 经济周期的影响

经济周期是指经济运行中周期性出现的经济扩张与经济紧缩交替更

迭、循环往复的一种现象。产融结合作为经济活动的重要组成部分,其紧密度自然也受经济周期的影响,一般来说,在经济周期的萧条阶段会更多地引起产融结合的不足,而在经济周期的繁荣阶段则会更多地引起产融结合的过度,而在衰退和复苏阶段,人们往往会因为采取了更为谨慎的态度,使得产融结合的紧密度比较适中。

2. 行业发展趋势的影响

在产融结合的过程中,对于投资方来说,很多时候是因为看中了被投企业所处的行业的良好发展前景,具体到现实情况来说,对于许多热门的新兴行业,往往人们为了分享其高收益与高回报,而引起了产融结合紧密度的过度,而对于衰退的行业,即便是企业自身很有前景,往往也会有很多投资者保持谨慎的态度,而相对成熟的行业,则较容易选择出适度的产融结合紧密度的方式。

3. 其他一些因素的影响

还有很多客观因素能够影响产融结合的紧密度,如国家或地区的文化背景、国家的法律制度、地区的收入与支出模式等,这就需要我们在产融结合的过程中,全面评估可能出现的影响产融结合紧密度的情况,具体情况具体分析,考虑多种情况。

三、总结

虽然我们认为影响产融结合紧密度的客观因素是不因产融结合双方的意愿而改变的,但可以说这些客观因素无外乎影响的是产融结合相关方的预期,而了解了这些产融结合相关方的预期之后,作为产融结合的主体双方往往可以采取适当的策略,对这些客观因素进行预防或利用,而不是盲目地接受现实,被现实左右。

产融结合双方应该主动地分析和认识当前的产融结合的客观环境,主动出击利用这些环境,来实现产融结合效益的最大化与紧密度的适度化。

# 第六章 产融结合的负效果

通过前面章节的论述,我们已经基本清楚了产融结合的条件和主体,当进行完产融结合之后会产生一些影响和结果,我们称为产融结合的效果。

产融双方进行结合之后,无论是资产、组织、产业层面的产融本身,还是其他波及方,包括消费者、政府甚至整个市场都会产生的影响,我们将这些影响分别进行总结和归类,并且从最基本的源头——合约角度去考虑并加以分析以便对于产融结合效果的研究能够更加科学合理,更加具有指导性、预测性。

首先,在探讨具体的负效果表现之前,需要将产融结合的效果进行定义和区分,根据不同的分类方法将产融结合的效果分为正效果和负效果、内部效果和外部效果、系统性效果和非系统性效果(图6.1)。

## 6.1 产融结合效果分类

### 6.1.1 正效果和负效果

从产融结合是否能够带来收益这个角度来看我们将产融结合的效果分为正效果和负效果。正效果和负效果的分类主要是根据产融结合对于企

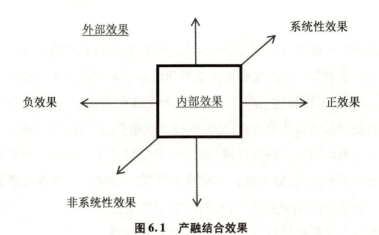

**图6.1　产融结合效果**

业、行业、市场、政府或者消费者是否能够产生正的收益来进行区分的。

如果产融结合能够对企业、行业、市场、政府或者消费者带来好处,我们就称之为产融结合的正效果;反之,如果产融结合对于企业、行业、市场、政府或者消费者带来的不是收益而是整体的损失,我们就称这些为产融结合的负效果。

产融结合的正效果主要包括产融结合可能会给产融结合双方带来协同收益,产生规模效应,提高双方的信用等级从而降低融资费用,便于企业经营,等等。协同效应主要体现在双方结合之后能够共享一定的资源、信息和经营渠道,从而降低企业的经营成本,提高企业利润;产生规模效应主要体现在产融结合之后企业的规模扩大,如果企业具有递增的规模经济效应,那么企业规模变大后就会以相同的成本产生更多的产出,从而产生更高的利润;提高双方的信用等级其实也是协同效应的一种,双方进行结合之后规模变大,并且给外界一种经营良好的印象,提高双方的信用等级,便于双方通过金融市场进行更有效率的贷款。产融结合的负效果主要包括可能带来的各种风险、规模过大造成垄断的风险、损失消费者福利、造成政府的监管难

题等。

从辩证的角度来看产融结合的效果,我们不难知道产融结合既具有正效果又具有负效果。产融结合的正效果我们在前面的章节中已经详细探讨过了,在此我们不再赘述。产融结合的负效果我们前面还没有进行过讨论,负效果也是产融结合弊端所在,是否进行产融结合,以及进行产融结合之后如何尽量避免风险或者降低风险,都依赖于我们对于产融结合正负效果的认识是否全面和深刻,如果我们能够全面认识产融结合的各种效果并且能够进行客观公正的预测和评价,我们就能更好地进行产融结合。因此研究产融结合的负效果就是我们本章节主要探讨的问题。

如上文所说,如果产融结合既有正效果又有负效果,我们如何能够衡量产融结合到底是否应该进行呢?首先我们要区分几组概念:这里主要涉及以下四个概念:产融内部收益、产融内部成本、产融外部收益、产融外部成本。产融内部收益(成本)是指产融双方因为结合带来的共同收益(成本)。产融外部收益(成本)是指产融结合给外部带来的收益(成本)。我们认为以下几个公式是成立的:

1. 产融内部净收益=产融内部收益−产融内部成本

若产融内部净收益为正,则产生产融结合有正内部性,若产融内部净收益为负,则产生产融结合有负内部性。

2. 产融外部净收益=产融外部收益−产融外部成本

若产融外部净收益为正,则产生产融结合有正外部性,若产融外部净收益为负,则产生产融结合有负外部性。

3. 产融结合总净收益=产融内部净收益+产融外部净收益

如果总净收益为正,产融结合带来的收益大于产融结合带来的成本,我们认为应该进行产融结合,只需要对产融结合的负效果进行相应的预防和控制;如果总净收益为负,产融结合带来的收益小于成本,就不应该进行产融结合,除非有新的手段能够改变产融结合的收益和成本结构。

## 6.1.2　内部效果和外部效果

产融结合的内部效果就是产融结合之后对于产融双方内部产生的影响,产融结合的外部环境就是产融结合之后对于产融双方外部的市场和环境。内部效果也分为正负效果。内部正效果,就是产融结合之后对于内部来说是收益大于成本,而内部负效果是对内部来说收益小于成本。产融结合的外部效果就是产融结合之后对于产融双方以外的主体产生影响,比如对于社会、环境、其他企业甚至对于周围的学校社会等造成一定的影响。同样外部效果也分为外部正效果和外部负效果。

产融结合就是将部分原来的外部效果内部化,并将产生新的外部效果。产融结合因其特殊的脆弱性等原因,具有很强的外部性。产融结合的脆弱性有其自身原因:第一,资产收益率不断下降;第二,部分产融结合中采用的高杠杆经营模式往往意味着收益或风险的对等放大;第三,金融行业一般充当资金媒介,其资产和负债很难做到很好匹配,存在较大的潜在风险;第四,产融结合所面临的风险更加广泛,包括信用风险、流动性风险、汇率风险、利率风险、财务风险、金融犯罪风险等。

## 6.1.3　系统性效果和非系统性效果

从产融结合效果产生的源头上可以将效果分为,产融结合的系统性效果和非系统性效果。系统性效果就是与生俱来的效果,任何企业产融结合都会发生的,而与企业自身特征无关。产融结合的非系统性效果是并非所有的企业都具有的风险,而是与企业自身的状况有关。有些企业进行产融结合会产生而另一些企业进行产融结合可能不会发生的效果就是产融结合的非系统性效果。非系统性效果与产融双方结合的紧密度、规模、人事融合

等有关。同样,系统性和非系统性效果都分为内部和外部效果。

我们在前面的章节已经论述过,产融结合本身是一种制度安排,也是一种关系,更严格地说,产融结合应该是一种中性的关系。现阶段,人们往往看到了产融结合的正面效果,从而对产融结合趋之若鹜,但由于产融结合的中性特征,产融结合同样会带来风险等负效果。更确切地说,产融结合所带来的正效果是暂时的,有一定的环境要求和约束条件,而产融结合的负效果则是永久性的,尤其是产融结合的系统性负效果是产融结合必然带来的,是不可能避免的。

产融结合的正效果前面已经有论述,正效果是促进产融结合的驱动力,是我们进行产融结合想要达到的效果,我们应该尽可能地追求好的效果。但是负效果也与产融结合相生相伴,负效果可能会给消费者、企业、行业和社会带来损失,所以负效果是产融实践中应该重点注意并加以防范的东西,只有对于负效果有着充分的认识并加以识别,才能做到防患于未然。

# 6.2　研究负效果的意义

## 6.2.1　负效果产生的背景

通过上文的分析,我们认为产融结合只有满足了双方共同的诉求,而且能够使得产融结合的正效果大于负效果,产融结合的负效果已经在客观条件下降至最低,我们就认为产融结合适度。

产融结合适度在各个层面都会表现出来。由内而外,从合约角度上看,产融适度就是产融结合已经满足了关联合约的各种需求,合约选择正确、合约结合方式得当、合约结合紧密度能够满足需要,合约的表现方式合适等。

只有同时满足这些条件的时候才能尽可能地降低产融结合所带来的负效果。在资产层面可以表现为资产组合方式、使用方式甚至资产处置方式等已经最大可能地满足了关联方的需求,而且在现有条件下已经达到最佳的利用方式。在组织层面上,表现为组织构成正好满足关联方的需求,组织没有多余的成本,效率达到最佳,恰好为产融双方服务。比如企业规模适当,部门人员构成最佳,宏观方面国家法律制度能够保障企业良好有序运行,等等。这些都是产融结合适度的表现,也是产融结合适度的条件。

总的来说产融结合适度就是在现有的客观条件下,双方融合在各个层面上都达到帕累托最优,已经没有在不损害外部的条件下进一步优化的可能。

## 6.2.2 研究负效果的意义

产融结合适度就是已经达到帕累托最优的状态,但是这个状态却是转瞬即逝的,由于外部条件不断地变化,这个状态一直在变化,所以可以说没有永远的最优状况,即产融适度只是暂时的,而产融结合不适度才是永恒的。只有充分察觉并辨析产融结合不适度的原因和问题所在才能及时去纠正和弥补,才能在不断的纠正中无限接近于产融适度的状态。

所以及时辨析产融不适度的根源才是我们最为迫切的任务,要辨析产融不适度的根源,就要从负效果入手,负效果是"果",而顺着其研究才能抓住对应的"因"。上文中也提到了多种负效果,可以在不同层面有所表示,但是在资产、组织等层面只是表象,这些最终都会归根于合约,合约才是产融结合的最基本的元素。所以可以这么说,产融合约结合的不适当才是产融结合不适度的根源,而资产、组织层面的不得当只是合约结合不得当的表现形式。

本章节正是按照这个思路来分析产融结合的负效果。只有将负效果逐层深化,下降到合约层面才能有助于解决问题,才是我们所要研究的意义所

在,才能找出解决产融结合不适度问题的方法,才能不断趋近于最优状态。

所以我们思路如下:产融结合不适度—负效果—组织、资产层面表现—合约层面表现。顺着这个思路才能快速定位产融结合不适度的原因,也就是说抓住合约层面产融的负效果,就抓住解决产融问题的关键钥匙。接下来我们具体从不同层面探讨产融结合的负效果,并最终链接到合约层面的负效果。

# 6.3 产融结合负效果的具体表现

## 6.3.1 资产层面产融结合的负效果

前面产融结合带来的内在系统性负效果,是指无论产融结合的紧密程度如何,总会出现的负效果,也就是说这些负面效果是产融结合与生俱来的,与具体的情况无关,资产的转换,无论是两种资产之间的转换,还是多种资产之间的转换,首先要进行资产选择,先选择要转换的资产,才能进行转换,因此,只要进行产融结合,在资产层面,就势必会带来没有被选择的资产失去流动性表现,而存在价值受损这样一种系统性负面效果。比如,资产 A 与资产 B 之间寻求直接转换存在困难,那么可以通过其他资产 C 或资产 D 等相关资产进行转换,资产 A—资产 C(D)—资产 B。如果选择了资产 C,对于资产 D 就失去了表现其流动性价值的机会,势必会对资产 D 带来负面效果。

另外一个问题,只要转换就一定会有转换的风险,无论是两种资产之间的直接转换,还是在递进式多次的间接转换过程中,作为中间过渡的资产可能多种多样,任何一个环节出现问题就会带来整个产融结合的负面效果,这种转换链越长,发生负面效果的风险就越大。假设有 n 个资产发生转换,用 $A_1$,$A_2$,$A_3$,……$A_n$ 表示,按顺序发生转换,$A_1$ 与 $A_2$ 之间发生转换风险的概率为 $p_1$,$A_2$ 与 $A_3$ 之间发生转换风险的概率为 $p_2$,以此类推,整个产融结合发生负面效果的概率为 $1-(1-p_1)(1-p_2)……(1-p_{n-1})$。随着转换次数的增多,发生风险带来负面效果的概率也将越大。

下面是资产层面的非系统性负效果。本小节主要是从产、融的资产形态来论述产融结合的系统性负效果,基本包括"资产匹配不当"、"资产转换过度"与"资产转换不足"三个方面。

（一）资产匹配不当

产融结合要资产转换,首先是选择匹配的资产,因此首先会带来负面效果的就是匹配不当的问题。产融结合主要是产融双方通过合约约定共享彼此的资源,通过协同效应产生更多收益,使产融双方都可以从中获益,这是产融结合最基本的动因。但是,如果作为资产的"产"和"融"匹配不当,就可能达不到预期效果,甚至还可能出现更差的结果,即产融结合后双方的收益之和小于产融结合之前双方的收益之和,这时候,产融结合一方或者双方都因为产融结合遭受损失,使得产融结合没有达到预期的目标,最终导致产融结合失败。

可能导致产融匹配不当的几种风险,分为以下几种情况（图6.2）:

**图6.2　产融结合匹配不当带来的风险**

1. 关联性风险

产融结合的目的之一就是通过"融"资产与产业资本组合使企业实现多样化经营。如果产业资本和"融"资产的利润来源不一样或者说不完全一样，即产融双方的资本利润来源关联度较低时，进行产融结合就可降低双方的风险。这时如果经济中并没有发生大的经济危机或衰退，仅仅是由于经济中的一些偶发原因导致产业资本或者"融"资产中的一方收益降低，那么结合的双方就可以通过分担风险而降低自身面临的风险，而不至于因为经济中的非系统性风险倒闭。但这样做的前提是产融双方经营的范围是不同的，双方的收益来源应该是不相关的或者关联性比较弱。如果某一时间点双方的收益都下降，那么产融结合就不可能达到预期分散风险的效果，这种风险就是产融双方机构或者业务不匹配的风险。

比如，某经营大额资产的企业，投资经营了一家为自己企业生产的大额资产提供融资的金融服务公司。通过为潜在的客户和经销商提供融资，该公司希望能够促进自己的产品销售，并且期望能够在为客户提供融资的服务中赚取利息。在经济前景向好的情况下，这种产融结合模式预期有着非常好的收益，金融服务公司和生产企业发挥了良好的协同效应：一方面，由于金融服务公司的存在，更多的客户和经销商乐意购买生产企业的产品，因为财务公司为他们提供的融资便利有助于减少他们的融资成本，财务公司的存在促进了生产企业产品的销售；另一方面，由于生产企业的存在，更多的客户和经销商愿意选择在企业附属的金融服务公司融资，因为企业为了促进销售可能提供了较优惠的融资利率。双方相互促进，经济效益也非常好。但是，一旦经济形势发生变化，该大额资产运营的行业生产的产品被其他产品替代，或者出现了产能过剩的局面。那么该企业的产品市场将会迅速萎缩，产品难以销售，企业经营会出现困难，企业投资的金融服务公司加剧了这种困难：企业以前的客户由于失去了产品市场，企业经营步履维艰，可能会出现财务危机或者申请破产,金融服务公司为这些客户提供的融资势必难以收回,也会遭受重大损失。这时候,风险由于产融双方利润来源相似而被放大了,这种风险的杠杆效应对于产融结合双方来说都将是致命的。所以,进行产融结合应该注意产业和金融业经营范围的匹配,调整结合双方的结构,避免这种风险的杠杆效应发生。

2. 多样性风险

许多资产组合理论都表明,对资产进行分散投资能够减少投资面临的风险,但我们要注意的是,这里能且仅能降低非系统性风险,而不能降低系统性风险。许多企业仅仅关注到了非系统性风险的降低而进行大规模的收购与兼并,或进行其他多样化经营,期望把产融结合的规模做得越来越大,通过不同企业在不同领域的收益和损失能够相互抵消,从而保证投资的安全性和收益。但是已有的实证研究表明,资产种类超过一定数目后,集团企业拥有的资产的非系统性风险就不会再随着资产多样化的增加而降低,集团企业面临的更多的是市场的系统性风险。这时如果继续增加产融集团的规模、增加经营的多样性的话,集团管理上的系统性风险就会开始显现并且变得越来越多、越来越重要,这就很可能导致公司经营出现运作效率低下、不同的下属企业产生文化冲突、集团企业整体控制力减弱等诸多问题。在金融控股公司等大型的产融结合实体中这些风险更有可能出现。

20世纪90年代的苹果公司就曾辉煌一时,但后来衰落了,直到乔布斯又回到公司当总裁,他上任后的第一件事就是把12个产品砍掉八个,只保存四个,1996年将最大的生产基地卖给一家名不见经传的公司SC1,专注于新产品的开发,1997年第四季度就实现了扭亏为盈,由此可见苹果的发展与其理性地选择多样化道路是密不可分的,直至今日苹果依然做到了这一点。

3. 结构性风险

结构性风险是指"产"资产与"融"资产的比例配置而导致的风险。

"产"资产和"融"资产两者的性质有着显著的不同,两种资本有着截然不同的运作规律。"融"资产进行投资的期限比较短,收益的波动性也比较大,需要有较高的流动性准备;而"产"资产投资期限长,收益相对稳定。金融投资可以通过快速而频繁的资产转换,通过增加资本流动速度来增加收益,而产业投资则具有较高的进出壁垒,资产转换相对较慢。如果忽视二者的差异盲目进行整合,就有可能会导致结合失败,将双方置于危机之中。在既定的组合中,如果"融"资产与"产"资产的比例不合理也会导致相应的风险。金融资产占的比例过少对产业投资起不到应有的金融支持,无法发挥产融结合的真正作用,如果金融资产占的比例过多,也会导致"产"资产因受"融"资产的控制而无法发挥作用。

4. 依赖性风险

"产"资产与"融"资产的结合也有可能形成企业与银行等相互之间的过度依赖,形成银行对企业贷款的隐形约束,使得信贷资本面临更高的风险和更低的效率。这种风险在实行主银行制的国家和地区尤其突出,这些地区的研究发现在产融结合企业经营业绩恶化或出现财务危机时,主银行会对企业实施金融救援,给企业金融方面的支持,如延迟支付利息、降低贷款利率、减少甚至减免利息、追加注入资金等。一旦企业经营危机不能挽回,势必会使主银行招致巨大的金融风险,例如日本的主银行制度的发展就带来了银行与企业的过度信贷行为,加剧了金融风险,导致金融系统中积累着大量的风险。

(二) 资产转换过度

从资产层面上看,产融结合就是流动性差的资产与流动性强的资产相互转换的过程,这可以是流动性差的资产直接与流动性强的资产发生转换,也可以是递进式间接的转换,即流动性差的资产先与流动性相对较强的资产转化,再进一步与流动性更强的资产转化。在一次性直接转换的过程中,容易出现的主要问题在于转换频率过快;而出现多次转换的间接递进式转换过程中,资产转换过度主要存在两种情况:一是资产转换次数过多,或链条过长,二是资产的转换频率过快或前后转换频率不匹配等问题。

然而,上述两个现象可能会使产融结合出现一些问题。首先,资产转换的链条越长,风险越大而且泡沫越大。资产转换链条越长,表明参与的主体越多,参与的主体越多,每个主体分享的利益越少,但这并不代表风险也分散了,只是风险的相互转移。当链条长的时候,链条上的每一个环节出了问题都会影响整个链条的存亡,也会通过这个链条将风险传递至每个参与主体。所以,资产转换次数比较多时,一旦某次转换出了问题,比如资金难以回笼,那么其他方都会受到损失。其次,当链条越长的时候泡沫就越会出现,后面的链条很难追溯到利润的来源,很容易高估这份资产的价值,每个环节如果都高估的话,那么最后的泡沫就会大大增加,不仅使得最后的收益没有预期大,而且当整个市场都出现这种问题的时候,就会蔓延到整个经济。比如资产证券化,当标的资产的现金流回收出了问题,投资者自然会受到影响。美国的次贷危机就是由于链条过长,泡沫和风险过大,最后标的资产价值下降而导致的。其次,转换频率越高,风险越大。转换频率高表明"融"资产过度地追逐利润,实体资本转换为"融"资产后又重新转换为实体资本,这样在有限资本的情况下,投资却多了起来,杠杆效应大大增强,效益因此会增加,但风险也会成倍增加。如果这种情况在社会普及开来,这就表明整个社会的资本已经有种狂热的现象,经济的整体风险将大大增加,经济泡沫也在逐渐扩大。

（三）资产转换不足

资产转换不足会直接影响需要流动性或需要转让流动性的资产本身,转换不足,导致停滞受阻,对于资产的主体势必会带来负面影响,而且从宏观层面来讲,经济停滞发展也就是资产转换不足所致。

目前,资产转换不足主要表现为资产转换周期问题。我们以银行为例,银行的资产转换周期表现为其信贷资金由金融资本转化为实物资本,再由实物资本转化为金融资本的过程。它包括两个方面的内容,一是生产转换周期,二是资本转换周期。

生产转换周期是指"产"主体使用"融"资产购买"产"资产,并进行生产、销售到收回销售款的整个循环过程。资本转换周期是指"产"主体使用"融"资产进行实物资产购置、使用和折旧的循环。资本转换周期是通过几个生产转换周期来完成的。当"产"主体需要扩大经营、取得更多的销售收入时,就必须购买更多的实物资产。这时,"产"主体就产生了融资需求,还款来源是"产"主体用几个生产周期的循环产生的利润。

根据"产"主体一个生产转换周期所产生的利润,判断其需要几个周期能够完全偿还贷款来确定贷款的期限。贷款期限的确定要符合资本循环的转换,否则期限的确定是不合理的,如果期限过长,导致资产转换周期过长,影响"产"主体的资产转换效率,最终导致资产转换不足;如果期限过短,导致资产转换周期过短,影响"产"主体的效益意识,由于流动性未充分释放而最终导致资产转换不足。由于"产"主体是持续经营,因此这种循环并不会就此停止,"产"主体为维持下一次的周转循环,又会从银行获得借款,用于购买下一阶段生产所需用的原材料。这种循环是周而复始的,如果任何环节出现风险,都会出现资产转换不足的问题,对整个转换周期的其他环节都会有重大影响。

## 6.3.2 组织层面产融结合的负效果

本部分将主要从产融结合的组织角度论述,"产"是通过企业形态论述的,而"融"则是从"融"资产或"融"所依附的金融机构来具体论述的。

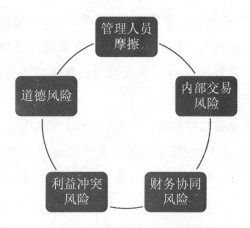

**图 6.3　产融结合带来的风险**

（一）管理人员摩擦

当不同企业通过一定的方式进行产融结合时,必然有人事的参与,人员参与可以是通过往董事会里派驻董事,或往监事会里派驻监事,甚至干预管理层来实现的。如果是参股的情况,很可能会派驻董事,如果是控股那么不仅仅派驻董事,甚至会派驻总经理等。但是在银行主导的情况下,更多的是派驻监事,对企业进行全方位的监督等。虽然人事参与的初衷是对企业有利的,但不可否认,由于外部人员入驻企业,必然会产生利益冲突,外部人员在决策的时候不一定完全考虑本企业的利益,更多地考虑的是其所在单位的利益,当两者发生冲突的时候,那么两方人员之间也会冲突,这样一来甚至会干扰企业的决策效率,严重的情况下甚至会干扰企业的经营活动。现在出现不少私募基金对于企业干预过多的状况,导致企业创始者的权利下降,或者无法按照创始者的想法进行运作,这样一来很多创业者与私募之间出现了裂痕。

**案例:雷士照明事件**

2012 年 7 月 12 日,雷士照明在重庆召开中高层管理人员月度闭门会

议。会议上,雷士照明的中层管理人员、基层员工、经销商、供货商等,齐齐
向投资方赛富基金合伙人、雷士照明现任董事长阎焱及施耐德代表提出诉
求,包括:让雷士照明创始人、原董事长吴长江尽快回到雷士照明工作,以及
施耐德退出雷士等。

双方谈判内容主要集中在四个焦点:一是改组董事会,不能让外行领导
内行;二是争取更多员工期权;三是要让吴长江尽快回到雷士工作;四是让
施耐德退出雷士。部分雷士照明员工称,如果资方不尊重员工意见,就会无
限期停工。

雷士的中层认为,施耐德新派入的高管否定了之前雷士的运转模式与
管理办法,但又没能提出适合雷士的新办法,这造成了雷士业务的下滑。

事件始末:

第一阶段 "引狼入室"

2008 年,为增强技术能力,雷士照明以现金+股票的方式收购了世通投
资有限公司。由于现金不足进行融资。在该次融资中,高盛与软银赛富联
合向雷士照明投入 4,656 万美元,其中高盛出资 3,656 万美元、软银赛富出
资 1,000 万美元。此时,第一大股东变成了软银,吴跌为第二大股东,而高
盛为第三大股东。

2011 年 7 月 21 日,雷士引进法国施耐德电气作为策略性股东,由软银
赛富、高盛联合吴长江等六大股东,以 4.42 港元/股的价格,共同向施耐德
转让 2.88 亿股股票。施耐德耗资 12.75 亿港元,股份占比 9.22%,成为雷
士照明第三大股东。

第二阶段 吴长江败走

2012 年 5 月 25 日,吴长江毫无征兆地"因个人原因"而辞去了雷士照明
一切职务,而接替他出任董事长的则是软银赛富的阎焱,接替他出任 CEO
的则是来自于施耐德并在施耐德工作了 16 年的张开鹏。

事件意义：

关于雷士照明的控制权风波，现在下结论显然为时过早。可以预见的是，无论结局如何，它必将成为中国创投发展历史上的标志性事件。

从目前的情况来看，雷士照明事件中创业者与投资人的种种纠葛正逐渐明晰，事件真相也开始浮出水面。从雷士照明的角度来说，经此一役，其相关利益方均遭受重大损失；对于公众来说，雷士照明"创"与"投"的矛盾公开化再次让人们见识到投资人与创业者之间惊心动魄的博弈；而站在业界的角度来看，这一时点也为即将进入问题多发期的中国创投界提供了一个值得深思的案例。

（二）内部交易风险

所谓内部交易是指企业集团内部成员之间发生的资产和负债业务往来，这些资产和负债业务可以是确定的，也可能是或有的。比如集团成员之间的交叉控股、交易往来、贷款、担保与承诺、内部的转移定价、集团为成员提供的统一服务和管理等。集团的内部交易具有两重性：一方面，内部交易可以为集团带来协同效应，达到管理资源和现金流的充分利用，另一方面，内部交易也蕴含着极大的风险，规模庞大的内部交易，错综复杂的内部关系，不仅让监管当局难以了解其风险，就连企业集团总部也可能无法掌握其总体效果。尤其是在信息披露制度不健全的情况下，这一问题会更加突出，这种错综复杂的风险交叉很可能会在极端情况下暴露出来并危及企业的生存。

从德隆事件中，我们就可以看到内部交易的负效果非常严重。德隆集团从一家小的照片冲印店开始，通过兼并与收购发展成为横跨水泥、机电、建材、食品、银行、信托、保险等十几个行业的商业巨人，一度在中国的金融经济界上演一幕神话，但是德隆的扩张和融资方式注定了它的结局。德隆集团主要通过将收购的企业进行互相担保和用持有的企业股权做抵押进行融资,这就导致整个集团内部各子公司之间成为了唇齿相依的关系,一旦其中一家子公司出现财务危机,那么其他的子公司由于担保和股权的质押也将面临着巨大的财务压力。这最终导致了德隆系由一家子公司的流动性危机走向了全面崩盘。

(三) 财务协同风险

产融结合之后,双方公司之间会产生财务协同效应,可能在信贷关系、担保问题、相互再投资等方式上会比较放松,不光是限制条件少于外部参与时的限制条件,而且成本与收益的要求也会降低,这样一来对双方都是有好处的,都能享受信息不对称的消除等风险降低所带来的好处,但同时也会出现另外一种风险——财务协同效应所带来的风险。产融结合之后公司之间可能会出现股性或债性的结合,表现在外部就是股权参与或者债权参与或者具有类似性质的参与方式。

对与股权参与的产融结合来说,公司之间存在较为复杂的股权结构关系,尤其是对于金融控股公司或者母子公司来说,它们之间的股权关系更为复杂。对于这些公司来说,正是由于它们之间的相互参股关系才使得一些利益能够产生,但同时又造成了资本虚增、风险叠加等不利情况。首先,母公司投进子公司的资本会在母公司和子公司的资产负债表中同时反映,重复计算,会在社会统计层面上虚增资本。其次,如果子公司利用自身资本在集团内部在进行投资,那么相当于这些资本在重复计算,严重虚增账面资本,而且这样形成了内部企业之间错综复杂的关系,如果一旦有某个企业发生风险,那么很可能传递至整个集团。尤其是当集团成员之间通过相互担保发行债券或者债务筹资,严重降低了整个企业集团抗击风险的能力,一旦某个企业发生风险会产生多米诺骨牌效应。由于不同的金融机构在经营业务和风险管理上的特点不同,监管部门对其资本结构的要求和资本充足率也不尽相同,集团企业之间正好可以利用这种差异进行牟利。但是集团成员之间的相互参股,将导致对集团控股公司整体资本充足性的衡量与评估发生困难,集团整体资本充足的不确定性加大进而影响该集团的安危。由于当前的监管尚未覆盖实业性企业,集团内的金融子公司就可以利用这一条件通过为该企业的外部融资提供担保或直接向该企业提供贷款等方式增加该企业的资金来源,然后再由该企业以股权投资的形式注入金融子公司,变相扩大其资本规模。通过不同监管部门对不同金融机构规定的最大财务杠杆的不同及计算资本口径的不同,集团控股公司还可以通过在不同金融机构之间的安排,最大程度地使用不同监管部门所给予的财务杠杆。

对于债性结合的产融结合来说,公司是以债权关系为基础,比如信贷关系、抵押贷款、担保关系等,产融结合后实体企业和金融企业之间具有长期合作关系,不仅贷款条件放松而且利息也低了,甚至在企业出现危机的时候还需要救助,从这个层面来说金融机构承担了一部分企业的经营风险,很可能造成坏账率升高。尚未进行产融结合时,如果企业出现危机银行完全可以停止贷款、抽离资金,虽然造成企业更大的困难,但对于银行等金融机构却是安全的方法。

### (四) 利益冲突风险

无论是股性产融结合还是债性产融结合,都会面临利益冲突风险。利益冲突风险是指,当一个部门服务于两个或两个以上的利益主体时,主导方就会进行选择,选择使得自己利益最大的方式,有可能会出现损害一方利益而使另一方受益。如果是股权参与的时候,一个公司可能不止参与一家公司,而当被参股的主体利益有冲突时,主导方会选择利于自己的一方。如果是债权参与的时候,银行等金融机构不可能只是一家企业的合作方,而是多个企业的合作方,当出现利益冲突的时候,也会选择使得对自己有利的一方。而且在现在金融比较发达的情况下,金融机构很可能提供种类繁多的

金融产品,这使得处于相对位置上的企业利益冲突的机会大大增加。所以产融结合对于地位稍弱的一方来说,很可能面临利益冲突的风险。所以可以这么说,产融结合之后,可能会避免很多对自身不利的风险,甚至会享受对方的资源,出现危机时也会有更大的支撑,但这都是建立在能使对方收益的情况下,一旦本企业和对方控制的其他企业冲突时,而且选择另一企业对对方更有利的情况下,本企业很可能面临更大的风险。

(五) 道德风险

这里的道德风险不同于银行对企业贷款时的道德风险,这里的道德风险类似于保险中的道德风险,即当一个人投保之后,很可能会降低自身的防范措施,而导致事故发生的概率大大增加,从而给保险公司带来损失。同样企业也一样,一旦企业预期在未来发生更大的风险时有其他企业为自己买单,或者分担风险,那么企业有更大的理由从事风险更大的活动,这样经营成功,好处全是自身的,一旦经营失败,那就由其他企业和自身共同承担,所以有种对企业进行投机的激励。

进行产融结合之后,金融企业和实体企业的关系会更加紧密,甚至成为全方位的合作关系,无论是金融还是实体企业都会产生以下的效应。首先,会去从事风险更高的投资。当双方进行全方位合作之后,被主导一方的风险其实相当于被主导方所分散,比如是银行主导,企业是被主导方,企业出现危机时银行会主动去帮助,那么对于企业来说对未来风险的预期会大大降低,银行能分散掉企业的一部分风险,为了股东的利益,企业有可能会投资原来不敢投资的高风险项目,这样一来就获利了。其次,会产生大而不倒的现象。对于一些特别大的企业集团,当其规模扩张到一定的程度,它的一举一动对社会的影响是十分巨大的,如果出现经营困难,那么不仅仅会影响企业本身,还会影响社会的失业率,影响上下游企业等,从社会和经济稳定的角度出发,政府不能放任不管,而会通过提供资金支持等,比如 2008 年的金融危机时,美国政府就向通用等公司提供资金支持。这种情况下,企业集团的领导人便会不顾企业自身的风险而盲目扩张和投资,因为他们预期到政府的救助,所以敢于做出一些超乎常理的事情,其实相当于把一些经营风险转移到了政府身上。这种现象在我国也屡见不鲜,一些企业由于能不断地获得政府的支持,从而"不务正业"抽离资金进行金融市场的资本运作,尤其是当一些实体企业参股金融企业后,能够尽最大的可能把风险转嫁给政府,比如德隆集团,在出现问题后,新疆工商联就呼吁政府为其债务提供担保;最后,金融机构提供隐形保险制度。金融机构处于社会经济活动的一个中间环节,对社会的影响比较巨大,但其出现问题后,尤其是破产之后对社会的危害也很大,所以各国政府对于金融机构的破产十分谨慎,比如2008年金融危机的时候,美国政府就救助了大批的金融机构。当一些金融机构出现困难的时候,政府就会去救助,这其实相当于政府向金融机构提供了隐形的担保,这不仅激发了金融机构投资于高风险项目的冲动,而且也激励一部分有实力的企业集团参股或者以其他方式取得与金融机构的融合,从而达到向金融机构转移不良资产的目的,最终将风险和损失转嫁给政府和纳税人。

**一、产融结合的非系统性内部效果**

目前产融结合的方式有很多,但是正如上一章所述,不同方式结合的紧密程度是不完全一样的,有的结合下会出现松散的或者层次不够深的产融结合,有的结合下会出现过度的产融结合,无论是不够还是过度都会使得产融结合带来不良的效果,只有最合适的情况才会避免这些风险。

与系统性效果相对应,产融结合过度与不足的效果具有一定的针对性,是在一定条件下才能产生的效果,而关于产融结合的非系统性效果我们也将从"产融结合过度"和"产融结合不够"这两种情况来论述。

（一）产融结合过度的负效果

产融结合过度的情况一般发生在股权融合的情况下，无论是金融企业参股实体企业还是实体企业参股金融企业，都会出现过度的情况。产融过度可以分为两个层面：一方面是产融结合深度上过度，另一方面是产融结合广度上过度。

1.产融结合深度上的过度

产融结合深度上的过度可以理解为全方位的结合，但是这种结合已经对企业的发展形成了一定的限制，比如当银行控股某家公司后，在董事会中占有表决权，并且在各个管理层面都有自己派驻的人，从而在各个环节对于企业进行参与，会极大地剥夺企业自身的自主经营权，更有甚者，企业完全成为银行的附属而丧失自主权。这种情况下企业不能自主地决定自身的经营方针和目标战略。会使得企业由于为了符合银行的利益而丧失很多投资机会，甚至在银行的操作下不得不牺牲本企业的利益而向其他企业输送利益。如果是实体企业控股银行等金融机构，那么产融结合深度过度的情况下，会使得银行等金融机构失去自主权，而成为企业的一个提款机和转移风险的一个场所，这样会造成企业策略的激进，同时金融机构的风险也大大加强，坏账升高，不良资产增多，甚至经营一些风险巨大的金融业务来满足实体企业的需求，完全背离了银行的经营战略。总的来说深度上过度可以使得双方企业的行为发生不同程度的扭曲，甚至出现一方为了自身利益而牺牲对方利益的情况。

2.产融结合广度上的过度

在广度上的过度，这个可以理解为，实体企业对金融机构的盲目控制，贪多贪大，或者金融企业对实体企业的盲目控制，这样一来主导方会成为多家公司的母公司，而子公司的风险很可能传导至母公司，然后通过母公司再传导至其他子公司，就这样本来是一家企业的风险，然后通过不断传导和放大,最后形成整个企业集团的风险。德隆集团,就是因为贪多贪大,最后导致整个集团的崩溃。在广度上的过度相当于把不同的风险联系了起来,然后一起发生作用。所以企业在产融结合的时候一定要避免这种情况,否则会重蹈德隆的悲剧。

（二）产融结合不足的负效果

产融结合不足的情况也是普遍存在的,一般来说产融结合的不足也表现在深度上的不足与广度上的不足。

1. 产融结合深度上的不足

产融结合双方为了达到产融结合的目的,实现产融结合超额收益,需要在资金、人事、信息和渠道上有着更深入的交流和关联。如果双方进行产融结合所凭借的工具不能使双方达到原来的目的,那么产融结合在深度上不足。如果双方结合进行的交易涉及的资金和资产没有达到产融结合最佳状态需要的规模,那么我们就说产融结合在资金方面的深度不足。比如资金规模太小、涉及的资产规模太小等,都可能导致产融结合不能达到预期的效果。如果双方结合进行的交易涉及的人事安排没有达到产融结合最佳状态需要的规模,这时候产融结合在人事方面结合的深度不足。比如双方虽然有着足够的资金和资产交易规模,但是双方的人事安排不能保证产融结合双方能够与对方进行有效的协调和沟通,也不能避免产融双方可能产生的博弈,因为双方的博弈也会造成效率损失。如果双方进行的交易涉及的信息共享没有达到产融结合最佳状态需要的规模,那么我们认为产融结合在信息方面结合的深度不足。如果双方进行的交易涉及的渠道共享没有达到产融结合的最佳状态,那么产融结合在渠道共享方面的结合深度不足。比如,产融双方本来都需要广阔的销售渠道,那么双方进行渠道共享则可以因为降低成本来增加双方的收益,如果这种渠道共享机制不足,那么显然产融结合从渠道方面来说结合深度是不够的。

**2.产融结合广度的不足**

产融结合具有广度上的不足。产融结合也需要一定的范围作为保证,如果企业仅仅局限于与商业银行这类能提供贷款的金融机构进行结合,那么显然对于产融结合的理解就过于狭隘了,会限制企业的发展。进行产融结合的企业不应该仅仅局限于传统的产融结合方式,根据自身的经营特征来寻求与自己的业务更加互补的企业来进行产融结合才能更好地实现自己的经营目标,实现企业利润最大化的目的。

**二、产融结合的外部效果**

产融结合其实是产融双方部分外部性的内部化,并产生新的外部性的过程。如果"产"与"融"不结合,就各自享有自身的外部环境并单独影响着其外部,互相之间没有影响。一旦"产"与"融"结合,就会出现二者各自一部分的外部性内部化,而且同时产生新的二者结合后的外部环境,并随之产生新的外部性,具体过程如图6.4:

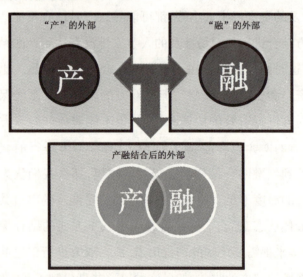

图 6.4　产融结合效果图

产融结合因其特殊的脆弱性等原因,具有很强的外部性。产融结合的脆弱性有其自身原因。第一,资产收益率不断下降;第二,部分产融结合中采用的高杠杆经营模式往往意味着收益或风险的对等放大;第三,金融行业一般充当资金媒介,其资产和负债很难做到很好匹配,存在较大的潜在风险;第四,产融结合所面临的风险更加广泛,包括信用风险、流动性风险、汇率风险、利率风险、财务风险、金融犯罪风险等。

根据经济学家对资本市场的大量研究,由于普遍存在内幕交易,要达到强态有效市场是非常困难的。因此,产融结合具有很强的外部性。当产融结合体系稳健运行时,其自身能创造良好收益的同时,能通过增加社会资本要素的投入量、为企业提供低成本资金、提高资本的利用效率、为居民提供便利投资产品、增加社会财富等方式为社会做出贡献,因而具有很强的正外部性。然而,当产融结合过程中因高风险活动或其他原因而导致关闭、破产等情况时,则会因其重要作用及其广泛的社会影响力给国民经济带来不利影响甚至导致金融危机,引发巨大的经济成本或机会成本,产生极大的负外部性。这种产融结合负外部性往往集聚成庞大的社会成本,加重国民的税收负担,破坏正常的经济发展,使经济总量缩减,人民生活水平下降,因而危害性较大。

对于产融结合外部性特别是其负的外部性,往往都由政府参与解决,而政府解决的办法一般都是充当最后贷款人的身份,以公共财政资金弥补金融行业的损失和漏洞。对此我们在下一章将会进行相关论述。在本节,我们可以将产融结合的外部问题分为系统性外部问题和非系统性外部问题来具体讨论。

(一)　产融结合的系统性外部效果

系统性外部问题是指产融结合发生以后,必然会给产融双方以外的环境或者个体所带来的问题。系统性外部问题是不可避免的问题,但我们可

以采取措施尽量将风险带来的危害降到最低。这点在下面一章产融结合的
治理中会详细阐述。

产融结合会产生企业或者金融机构在其所在行业上的垄断,会产生壁
垒及排他性,给市场带来风险(如产业链风险升级)、信息不对称不利于监管
等问题。随着结合双方影响力的扩大,系统性外部问题还有"大而不倒"的
问题。双方影响力较大时,占据有限资源就是对其他未结合者带来的系统
性外部问题。资源是有限的,如果配置给影响力大的结合双方,却产生不了
整体最大化的收益,这也是系统性外部问题。

总的来看,系统性外部问题有四个:给外部带来风险、给外部增加成本、
造成外部环境混乱、给监管带来困境(图6.5)。

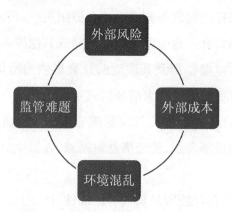

图6.5 系统性外部风险

具体来说,系统性外部效果有如下一些表现:

1. 风险扩大和外溢

产融结合具有风险外溢效应。产融结合以后,可能导致金融行业与产
业行业风险的相互渗透并扩大到其他行业乃至整个经济。产融结合为金融
企业和工商企业把金融风险和产业风险向实业领域与金融领域转嫁提供了

便利,而这会造成风险进一步扩大。事实上,产融结合的外部风险已经在我国开始显现。

"产"与"融"的关联关系不仅加大了"产"与"融"自身的风险,还给"产"与"融"所处的产业链带来了风险传递。金融业是一个特殊的行业,其高负债经营的行业特点决定了高风险的本性,而且金融业具有同业关系紧密、业务往来频繁的特点。在金融全球化日益加深、金融创新层出不穷的今天,金融风险的隐蔽性和突发性都大大增强,这也对"产"资产进入金融领域提出了新的挑战。

我们以金融控股集团作为典型展开阐述。金融控股集团风险的积聚是一个渐进的量变过程,当风险积聚到一定程度时便会发生突变,产生风险外溢。由风险外溢到产生金融系统性风险是一个怎样的过程,风险是沿何种路径被传导和放大的是关键。以风险外溢的市场分类和动因类型可构造出二维风险外溢路径,如表6.1所示。

| 市场分类<br>动因类型 | 货币市场 | 资本市场 |
|---|---|---|
| 直接契约 | 直接传导的风险外溢(同业拆借市场、同业支付清算体系、与微观个体的契约),风险外溢至与之相关联的个体或机构 | 金融控股集团中上市金融机构资本价值下跌,衍生金融产品导致风险传导扩散效应 |
| 信心辐射 | 微观个体对金融体系丧失信心、产生挤兑,风险外溢至整个金融体系 | 微观个体对整个经济形势丧失信心,整个资本市场资本价值下跌 |

表6.1　二维风险外溢路径

由上表可看出,金融控股集团风险外溢是沿货币市场与资本市场两条主线,由真实契约与信心辐射相互交织而成的复杂过程。这里应注意,金融混业经营的趋势使货币市场与资本市场的界线已经模糊,货币市场风险溢

出路径与资本市场风险溢出路径在一定的条件下可以相互作用、相互转化。总之，金融控股集团财务风险外溢是一个风险不断扩大的过程，四种路径在风险外溢过程中呈现出相互强化的态势，如果不采取措施任由发展，会陷入金融系统性风险的路径依赖中无法解脱。

金融控股集团风险外溢向金融系统性风险转化中的风险能量放大效应包括金融控股集团风险在广度和深度上的放大。（1）首先金融控股集团作为一个复杂的有机体，由于各种契约关系而拥有众多利益相关者，包括股东、债权人、债务人、存款人、贷款人、公共财政、监管机构等。这种广泛的社会基础使金融控股集团在经济发展中处于牵一发而动全身的核心地位，金融控股集团财务风险外溢时首先表现为财务风险沿复杂契约链在范围上的放大。（2）金融的外部性与信息不对称叠加在一起导致金融控股集团财务风险外溢时的信心辐射效应，财务风险外溢向纵深发展。表现为资本市场资产价值的大幅缩水，金融机构流动性风险加剧，利率上升，资金成本上升，整个金融体系的社会资源配置功能趋于无效。

金融控股集团风险外溢中风险能量在广度和深度上的放大效应本质上是金融资源的公共产品特征和强外部性的表现。同时金融体系的正常运转建立在公众信心和对未来的合理预期之上，信息不对称导致羊群效应使信心崩溃，资金成本提高，加上未来预期收益的降低必然导致资产价值的大幅缩水。基于上述原因，金融控股集团风险外溢后会被成倍地放大到整个金融体系中。

2. 信息不对称，外部环境造成混乱，影响投资者行为

信息不对称指交易中的各人拥有的信息不同。在社会政治、经济等活动中，一些成员拥有其他成员无法拥有的信息，由此造成信息的不对称。在市场经济活动中，各类人员对有关信息的了解是有差异的；掌握信息比较充分的人员，往往处于比较有利的地位，而信息贫乏的人员，则处于比较不利

的地位。不对称信息可能导致逆向选择。产融结合的发生会使原本的信息内部化,加剧市场的信息不对称性,产生逆向选择和道德风险。

3. 产生"大而不倒"的问题

对于影响力大的企业组织,会有"大而不倒"的问题。即因为其影响力过大,一旦出了问题,所带来的影响将是巨大的,使得政府必须出面去扶持它,这样无形中就增加了系统性的隐患。这些企业一旦预期到政府不会对处于困境中的自己置之不理就更有可能选择激进的经营策略,这种策略一旦成功就会获得巨额的利润,而如果这种经营策略失败,招致的损失则主要由政府来承担,政府成为了大规模企业参与经营"赌博"的最后买单者,不利于社会公平和经济正常运作。美国作家安德鲁·罗斯·索尔金在《大而不倒》一书中论述的正是这样一个问题,类似于我国的中石油等企业,也会存在这样的问题,以中国铁路总公司为例,尽管存在着诸多的体制性弊端,但其作为一个企业,作为承担我国陆运主要运力的部门,政府是必须维持其运转的。

4. 产融结合中的资金盲目放大

产融结合中的资金放大效应是指工商企业或者金融企业充分利用股权上的关联性和金融杠杆效应,仅运用少量的资金却控制数倍的金融交易或金融工具。实际上,产融结合的资金放大效应也是建立在金融虚拟化基础之上的,通过产融结合工商企业或金融企业可以以直接或间接持股的方式掌握规模巨大的产融资本,理解了这一点,也就容易想到其隐含的巨大风险。

**案例:东方集团**

例如,2000 年 8 月 16 日,东方集团将所持有的锦州港(600190)1 亿股法人股质押给光大银行以办理 2 亿元的流动资金贷款。之后,东方集团又以所持有民生银行 16,900 万股法人股为质押物,为公司控股的锦州港向中

信实业银行沈阳分行申请人民币 4 亿元贷款提供质押担保。2003 年 1 月东方集团撤销了 2001 年 7 月以所持有的民生银行 16,900 万股法人股股份作为质押物为控股子公司锦州港股份有限公司贷款的质押登记手续。2003 年 1 月 8 日,东方集团以所持有的民生银行法人股 19,435 万股股份作为质押物,向中信实业银行申请 4 亿元人民币流动资金贷款。一则公告涉及了三家上市公司。这些公告不仅显示大企业集团通过产融结合可以有效调集内部资源,也说明产融结合具有资金放大效应。一旦产融集团资金链或某些运营环节出问题,将会造成多家企业和金融机构出现资金危机,甚至引发金融市场动荡。

5. 产融结合中的金融异化效应

"异化"是一个哲学概念,它的含义是指一种从自身分离出来的素质或力量,逐渐与自身疏远化,从而成为异己的、支配和统治自己的,甚至反对自己的素质或力量的过程。所谓产融结合的金融异化效应是指产融结合过程中出现的金融机构、金融工具失去其原有作为经济发展手段的功能,在形成相对独立的虚拟经济形态的过程中出现的功能变异。首先,产融结合过程中一些金融机构也出现了功能异化。据证监会机构监管部提供的资料,仅在 2002 年 5 月底,中国共有证券公司 118 家,净资产额为 917 亿元,但不良资产却高达 460 亿元,不良资产率超过 50%,中国证券业面临严峻挑战。证监会在分析造成这种局面的原因时认为,证券公司不规范经营现象突出,大搞房地产开发、资金拆借、国债回购、代发企业债等业务,导致大量不良资产产生。这就是说,我国有很大一批证券公司并没有规范地履行应有的金融功能,反而利用产融结合涉足一些不应涉足的领域,出现自身功能异化。其次,产融结合还造成股票等金融工具异化。我国不少上市公司为了帮助为其取得相对稀缺的壳资源的券商,常常参股、控股相关证券公司,使得本来作为增强企业凝聚力和通过资本运作以实现规模扩张的股票改变了原有的性质,造成股票功能异化。

（二）产融结合的非系统性外部效果

非系统性外部效果是指产融结合发生以后,可能会给产融双方以外的环境或个体带来的问题,这些问题与产融结合的程度有关,与产融结合成功与否有关,也与外部环境或个体本身有关。

当结合适度时出现的效果就是前面论述的系统性外部效果,因为系统性外部效果就是不依赖于结合效果如何,而必然出现的效果,所以在这里不再赘述。下面分别阐述产融结合过度以及产融结合不足所产生的非系统性外部效果。

1.产融结合过度的非系统性外部效果

产融结合过度的非系统性的外部效果主要包括以下几个方面。

（1）产融结合的"羊群效应"

"羊群效应"也称"从众心理"。是指管理学上一些企业的市场行为的一种常见现象。它指由于信息不充分,投资者很难对市场未来的不确定性做出合理的预期,往往是通过观察周围人群的行为而提取信息,在这种信息的不断传递中,许多人的信息将大致相同且彼此强化,从而产生的从众行为。

产融结合的"羊群效应"在组织上表现为,因为"产"与"融"的成功结合获得了良好收益,使得其他的"产"与"融"盲目跟风、盲目结合,扩大了风险。在资产层面上表现为,因为某产融结合的成功,导致了大批的跟风行为,比如资产证券化、产业投资基金的盲目行为,这种资产合约的转换盲目与不理性,容易引起更大的外部风险和不良后果。

（2）形成过度信贷,加剧金融风险

主银行制度理论认为虽然"产"资产与"融"资产结合,会带来企业与银行稳定和高效的信贷关系,有利于经济的稳定与发展,但"产"资产与"融"

资产的结合也有可能形成企业与银行相互之间的过度依赖,形成银行对企业贷款的软约束,带来信贷资本的高风险和低效率。主银行制度理论发现在产融结合企业经营业绩恶化或出现财务危机时,主银行会对企业实施金融救援,给企业金融方面的支持,如延迟支付利息、降低贷款利率、减少甚至减免利息、追加注入资金等。一旦企业经营危机不能挽回,势必引起主银行的金融风险。例如日本的主银行制度的发展就带来了银行与企业的过度信贷行为,加剧了金融风险。

(3)资本在产业和金融业之间的多次运动增大了信用膨胀风险

根据货币银行理论,货币在银行和客户之间通过无数次的借贷和储蓄,能无限地"创造货币"。同理,资本在产业部门和金融部门之间反复转投,也能"创造资本",引起信用膨胀,加大经济泡沫。当然,由于受到《公司法》和《商业银行法》关于产融之间相互投资的有关限制,这种"资本创造"是被控制在一定程度之内的,但决不可忽视。

(4)大型企业产融结合过度会威胁中小企业的发展

众所周知,大型企业因为资产雄厚、信用良好,拥有良好的资金来源,而中小企业因为其自身先天性不足而信贷能力十分有限,而这样的情况下大型企业反而更容易进行产融结合,这样势必会威胁到中小企业,因为其原本就有的融资问题,金融机构更多地通过产融结合服务于大型企业,无疑对中小企业而言是雪上加霜。

(5)引发泡沫经济甚至金融危机

"融"资产与"产"资产的过度紧密结合,可能使产业发展受到"融"资产的制约甚至产生产业虚拟化。"融"资产的最大属性是追逐高额利润,产融结合后"产"资产会在"融"资产逐利性的影响下逐渐金融化,而"产"资产金融化最终会导致产业虚拟化。事实上,在经济泡沫和高额利润的诱惑下,企业往往会放弃主营业务加入到金融市场投机中去,结果虚拟的泡沫越吹越大,而实业生产却每况愈下,最终引发金融危机。

"融"资产从表面上看无非是一些价值符号,与"产"资产的实际运动并无多大关系。实际上,"融"资产与现实资本之间有着紧密的对应关系,但"融"资产的虚拟性又使其可以脱离"产"资产在资本市场上保持独立的运动形式,一旦市场出现投机机会,"融"资产的价格就会急剧膨胀。此时,如果代表物质财富的"产"资产没有增加,经济泡沫就必然会出现。

产融结合引起泡沫经济具体表现为:首先,产融结合在一定程度上增加了股市的泡沫。以上市公司参股证券公司为例,上市公司参股证券公司所用的资金是通过股市筹集的,而这部分资金变为券商的自有资本之后,按照《证券法》的规定证券公司可以把其用于自营业务,这就相当于上市公司募集的本应用于实业投资的资金间接流入了股市,加剧了股市泡沫的产生。其次,产融结合可能会淡化工商企业的实业经营,加剧经济虚拟化程度。证券市场的发展建立在上市公司业绩提高的基础上,上市公司的业绩提高,银行、证券公司等相关金融机构才能随之收益。但是,如果工商企业把追逐高额金融投资回报作为主要目标,忽视自身核心业务的发展,将造成实业生产盈利下降。而没有工商企业的业绩基石,金融机构的盈利也将成为空中楼阁。也就是说,如果没有实体经济发展的有力支撑,那么以证券市场为代表的虚拟经济也就丧失了发展所需的坚实根基。特别是当整个经济体系中大量资金通过产融结合流入证券市场并使真实的国民经济可支配的资金、资源大幅度下降时,真实的国民经济的发展速度就会减缓,爆发金融危机的可能性将会大大增加。

金融危机的爆发与产融结合是密不可分的,我们认为,金融危机是产融结合过度的一种表现,具体我们在产融结合历史中展开。

2. 产融结合不足的非系统性外部效果

产融结合不足的话首先会导致整个相关市场环境的萎靡,这是显而易

见的,产融结合不足在外部表现为产融结合的驱动力不足,驱动力不足自然就无法引领整个行业的健康发展,在这之后,由于原有的产融结合驱动力不足,则促使另外新的产融结合方式产生或使得产融双方选择其他相对传统保守的产融结合方式,这类的结合往往伴有更高的风险或是使得产融驱动力进一步下降,进而引发更多的外部问题。

具体来说产融结合的非系统性外部效果表现如下:

(1)引起相关市场的萎靡

产融结合的不足首先会引起相关市场的低迷。产融结合无论是深度上的不足还是广度上的不足,对外的表现都会是本企业或是本行业的发展动力不足,而这种不足的非系统性外部效应将会表现在:①相关利益方的利益受到影响,最基本的就是上下游企业或是行业的发展受到直接影响;②如果任由这种影响蔓延下去,将会严重影响相关市场,进而导致经济发展缓慢甚至倒退,最终影响全体居民的福利。

(2)产融结合的渠道扭曲

在经历了产融结合市场的萎靡之后,由于产融结合双方本质上的需求依然没有满足,所以在追求利益的驱动下,产融结合双方依然会寻找其他的方式或是手段来完成产融结合的目的,这种最佳产融结合方式的阻塞引起的产融结合渠道扭曲的现象表现在:①作为投资者将会转向其他的投资渠道,而这些投资渠道则会表现出相对的功利性与高风险性,并极可能引起其他投资渠道的投资过度,并最终引起泡沫,我国近年来房地产过热的现象其实就可以简单理解为是源于其他渠道的投资方式不畅,产融结合不足,引起资金大规模地流向房地产。②同样作为融资方在产融结合不足的情况下,由于其自身的需要没有得到满足,则会相应地采取非常规的融资渠道,比如地下钱庄等,进而也在一定程度上引起了金融行为的不规范,加大了产融结合的风险,并极有可能引起产融双方双输的局面。

### 6.3.3　产业层面产融结合的负效果

产融结合在产业层面的负效果,要从企业组织的微观考察出发,作为"产"与"融"两个产业间的结合,带来的负面效果就是宏观经济的表现形态。从宏观经济学的内容里面找出负面经济的宏观表现,主要表现为产融结合导致经济非均衡。由于金融机构与产业部门以利益为导向的结合关系越来越紧密,因而削弱了市场机制的调节作用,市场机制作为生产要素分配和经济资源配置的主导机制会部分地失效,这会引起通过利率传导的金融市场出现利率杠杆机制不灵、垄断程度提高、泡沫经济产生等问题,从而造成经济的非均衡。

#### 一、经济非均衡的一般描述

非均衡(non-equilibrium)理论着重研究的是当价格因素不能使市场供求平衡即经济中存在供大于求或求大于供的状态时,如何通过其他变量比如数量因素等来使经济非均衡重新恢复均衡的过程。关于经济非均衡,马克思在研究资本主义商品生产时早有论述。他指出,在资本主义生产方式下,由于存在生产资料的私人占有与社会化大生产这一基本矛盾,资本家追逐利润最大化的动机最终会造成生产相对过剩,这种资本主义生产无限扩大的趋势和劳动群众有支付能力的需求相对缩小之间的矛盾,会造成一些重要商品在市场上找不到销路而大量积压,形成产品市场非均衡直至引发经济危机。另一方面,资本主义生产规模的扩大,总是伴随着技术经济和有机构成的提高,这又会造成失业工人增加,形成劳动力市场供求的非均衡。西方经济学的非均衡理论是指非瓦尔拉均衡(non-walras equilibrium),主要包括古典失业均衡(即商品市场处于超额需求,而劳动力市场却处于超额供给)、凯恩斯失业均衡(即商品市场和劳动力市场都存在超额供给)和抑制性通货膨胀均衡(即经济中的所有市场都处于超额需求状态)三种非均衡经济

状态。在新古典经济理论中,经济均衡是指当劳动、产品和货币三个市场同时实现供求均衡时的经济状态,即瓦尔拉一般均衡,这可以表示为以下四个方程式的同时求解:

(1)$D(W/P)=S(W/P)$

(2)$I(r)=S(r)$

(3)$M=kPY$

(4)$Y=Y(N,K)$

它们分别代表劳动力市场、产品市场、货币市场和生产函数。实际工资($W/P$)和就业水平由劳动市场的均衡所决定,在$N$(劳动力供给)已知的情况下,产出水平($Y$)或总供给由生产函数所决定,利率($r$)是通过货物市场的均衡由生产率和节约等实际因素所决定的。当货物市场不处于均衡状态时,利率发生变化以使储蓄和投资趋于平衡,亦即使总需求($C+I$)等同于总供给。在所有实际变量都是如此决定的情况下,货币市场的功能是决定价格水平。非流动资产部分与货币部分的相互独立被称为古典学派的"二分法"。

瑞典经济学家魏克·赛尔(Wicksell)较早地认为经济均衡是有条件的,并不像古典理论说的会自动实现均衡。他从市场调节的利率机制入手,研究经济非均衡存在两种状态:一是"当实际利率低于自然利率,投资、生产、收入、物价向下运动时,资本家因投资前景良好,不断地增加借款,扩大投资,使生产和物价日益上升。"二是"当实际利率高于自然利率,投资、生产、收入、物价向下运动时,资本家因投资前景暗淡,不断地减少借款和减少投资,从而使生产和物价日益下降"。显然,这两种方向的运动过程都带有累积的性质,这就是"累积过程理论"。魏克·赛尔的这一经济思想被凯恩斯所接受,他于1937年出版了划时代的经济学巨著《就业、利息和货币通论》,对古典经济理论产生了巨大冲击。完整的凯恩斯学派模型可以用四个公式表述为：

(1) $N^D(W/P) = N^S(W/P)$

(2) $I(r) = S(y) = Y - C(Y)$

(3) $\overline{M} = KPY + L(r)$

(4) $Y = Y(N, K)$

分别表示劳动力市场、产品市场、货币市场的均衡条件及生产函数。首先，凯恩斯学派认为，在劳动力市场上，劳动力的供求要取决于实际工资水平（W/P）而非名义工资。由于实际工资具有价格黏性（如工会干预、最低工资保障等），所以当劳动力供给大于需求时，实际工资不可能降至均衡水平，失业现象就会出现。其次，利率水平是由货币市场来决定的，货币需求不仅指交易需求，还包括投机需求，后者对利率水平的变动十分敏感，当货币供应量一定时，由流动偏好曲线与货币供应曲线的交点决定实际利率水平。最后，在产品市场上，投资受利率水平及货币数量的影响，当资本边际效率大于货币利率时，投资增加；反之，投资减少。而储蓄主要决定于收入（Y）而不是利率，由于存在边际消费递减规律，消费需求会出现不足，这样要保持社会总供给与总需求的平衡，就需要靠增加投资需求来弥补这一缺口。也就是说，储蓄与投资并不能自动实现均衡，而是有条件的。凯恩斯认为，在投资者一致预期的作用下，利率存在"流动性陷阱"，即利率的下降并不能导致实际投资的增加，货币政策失灵了，因此，主张实行财政赤字政策，通过增加公共投资来保证经济增长。

自凯恩斯《通论》问世以后，一些经济学家坚持认为，只要工资和物价能够适应市场供求状况及时进行调整，那么按照萨伊法则及其微观经济基础的瓦尔拉一般均衡模型，经济体系仍然能够实现充分就业，因此，凯恩斯的自愿失业均衡只是建立在工资和物价刚性一般前提下的"特例"，帕廷金（D. Patinkin）于1956年出版了《货币利息和价格》一书，把他最先提出的实

际余额(W/P)作为独立的自变量,把实际余额效应(real balance effect)和凯恩斯效应纳入一般均衡模型中,否定了古典理论(包括瓦尔拉一般均衡分析)中的商品价值的决定与货币价值的决定互不干预的"两分法",从而否定了瓦尔拉一般均衡价格水平的高低不影响供求的零次齐次性假设,把一般均衡分析推向一个新的发展阶段。帕廷金构建了包括劳动力市场、产品市场、债券市场和货币市场的一般均衡模型。根据帕廷金的分析,首先,通过引起真实余额效应,商品的供求决定于价格水平,并在一般均衡模型中同时决定商品供求平衡的均衡值,同时在均衡条件下,传统的货币数量说关于货币呈中性(货币供给量只决定价格水平而不影响实物变量)的命题依然有效。其次,帕廷金认为,萨伊法则和瓦尔拉一般均衡模型的充分就业均衡仍然有效;但是按照凯恩斯的原意,低于充分就业的非自愿失业的原因并不是由于工资刚性、工人不愿意降低工资,而是根源于需求不足引起的一种有别于瓦尔拉均衡的非均衡现象。最后,由于任何原因引起有效需求下降,使厂商减少劳动使用以适应总需求的减缩。即是说,工人意愿的供给并不等于厂商实际的对劳动力的需要,帕廷金把这种情况看作相对于瓦尔拉一般均衡的劳动市场的非均衡。但从劳动力市场本身的供求来看,并不存在使之继续改变的趋向,所以又是一种均衡,只是不同于连续的市场出清的瓦尔拉均衡。他把这种市场经济主体由于受到某种数量约束出现的非均衡称之为非瓦尔拉均衡。两者的基本区别是,在瓦尔拉一般均衡分析中,价格(工资)是唯一的自变量,供求数量的均衡是通过调整价格来实现的;而在帕廷金的非均衡分析中,引导经济主体调整其行动的不仅有价格信号,而且有数量信号,当经济主体受到数量约束时,是通过调整数量而不是通过调整价格实现供求数量趋向平衡的。

## 二、产融结合与经济非均衡

经济非均衡是商品经济和市场经济下的共有特征,并不是资本主义社会的特有现象。在商品经济条件下,供给过剩或紧缩,需求过旺或不足等,只要总供给和总需求暂时不能恢复均衡,都可以称为经济非均衡。但是经济非均衡的存在范围和影响程度存在一定的差别。局部经济非均衡是经济生活中的常态,全面的经济非均衡则会引发经济困境或危机。轻微的经济非均衡如少数商品的短缺并不会对经济构成威胁,只有严重的经济非均衡才会对经济运行产生破坏作用。产融结合以资金这种重要的生产要素的合理配置作为基础和主导,则资金的价格机制——利率机制就应该在产融结合中发挥"杠杆"效应,与利率紧密相关的指标,如市场均衡借贷利率、投资收益率、利润率等就应该成为产融结合中引导资金运动的"指挥棒"。但是在产融结合特定的作用机制下,利率机制作为资金配置的重要杠杆在一定程度上失效了。按照一般均衡理论,各类市场(要素市场和产品市场)都受到经济体系中所有价格的影响,而每种价格又都影响所有市场,所以货币资金市场价格(利率)必然也要影响到产品市场和其他要素市场的供求和价格。但是鉴于产融结合是围绕资金要素的配置进行的,其直接作用领域主要是资金市场,因此,我们重点解析产融结合下,由于利率机制作用降低、资金垄断配置、泡沫经济产生等对于经济发展的不利影响,并可能由此引致的经济非均衡。

第一,产融结合状态下,双方利益的相关性越来越强,可谓"你中有我,我中有你",这尤以企业与银行相互参股而形成的紧密型结构为甚。这种状况下,虽然利息仍然会影响投资的成本与收益,但特定的银企关系会抵消和弱化利率的作用机制。当银行利率无论高于或低于企业的投资利润率都不再成为银行贷款或企业投资的标准时,利率机制就很难成为抑制或刺激投资的经济杠杆。比如,在主办银行制度下,当一家贷款集中的关系企业发生财务困难时,主办银行不得不继续给予必要的信贷支持,否则,前期的贷款就可能遭受损失,为了避免这种后果并试图挽回损失,银行又继续放贷,结

果形成一个"债务陷阱",如果放大到整个经济领域,则当经济沿着不健康的轨道滑行时,利率机制难以起到"指示器"和"制动闸"的作用。青木昌彦、瑟达尔·丁克着重分析了关系融资制度下主办银行的收益问题,他们认为,主办银行之所以在企业发生财务危机时仍提供额外融资,是因为银行有可能在将来获得高于一般贷款收益的租金流,如信息租金、声誉租金、特殊关系租金、政策租金等。租金效应虽然在某种程度上会"补贴"主银行因低利率发放贷款的表面损失,但银行的信贷决策并非完全建立在利率这种资金价格的基础上,资金市场供求关系无法获得有效调节,市场难以实现真正的均衡,并可能影响宏观经济的均衡与稳定。

第二,产融结合可能积累经济泡沫,在其他相关条件的参与下,会演变为泡沫经济,并最终因泡沫的破灭而引发经济危机,使社会经济处于严重的非均衡状态。前文对于经济泡沫与泡沫经济的异同做过比较。一般说来,经济泡沫是经济发展中的局部的、暂时的现象,是难以避免的,它可以通过市场供求机制的调节自动恢复均衡;而泡沫经济则意味着资产价格普遍地、大幅度地偏离或完全脱离实体经济的内在价值,在缺乏实体经济的支撑时,终究会通过强制性"缩水"让泡沫破灭,使经济回归到真实状态。在产融结合状态下,银行和企业过紧的耦合关系容易导致经济泡沫的累积,在经济泡沫存在的情况下,产融结合机制可能促使与借贷资产相关的其他资产价格(如股票、债券等证券价格,房地产价格等)非正常飙升,在缺乏与这种高涨的资产价格相应的高速经济增长作支持,或者受到外部市场因素的强烈冲击时,就会演变为泡沫经济并最终导致社会经济危机。以 20 世纪末日本的经济萧条为例,在日本"主办银行"制度下,20 世纪 80 年代后期,政府为推动经济、刺激内需,多次下调利率,由中央银行向各商业银行做超低利息的贷款,再由商品银行向关系企业特别是制造业做低息贷款。企业利用这些低成本融资积极扩展投资,从事超越自身能力的工厂扩建、设备更新以及各种风险性投资。企业因而表现出巨大活力,股价上涨;企业向主办银行借贷,以地产做抵押,因而抬高了地价,而地价上涨又提高了企业获取抵押贷款的能力。结果股价与地价轮番上涨,很大一部分资金被用于地产与股票投资中。事实上,这些资产主要由占主导地位的间接金融及商业银行的贷款支持着,一旦银行无力继续给予巨额贷款支持,尤其是遇到不景气的世界经济周期、造成其出口下降和经济增长乏力时,其国民经济即陷入衰退,泡沫经济破灭,被人为抬高的地产、股票价格大幅度下跌,由原来的虚假繁荣转为萧条。1994 年起日本经济虽开始复苏,但至今仍显无力。

第三,健全有效的融资机制有助于优化资源配置,实现宏观经济均衡和稳定增长。在现代经济条件下,价值流引导实物流,资金配置优于资源配置;资金对资源的流动和配置起导向作用,资本配置状况决定资源配置状况。一种良好的融资机制,通过对资源(资金)产权的明确界定和有效保护,以及各种交易惯例、规则和法律系统的确定,保护了金融交易的规范有效,使资源配置以利益机制为导向,通过筹资人和投资人之间的竞争决定的融资价格来决定资金及资源的流向及流量,从而竞争性地将储蓄分配于不同收益率的投资之间,促使资金的使用者讲求资金使用的成本、风险,加强成本和收益的核算。从宏观上说,资本配置效率与经济增长率存在一定的正相关性,在资本增长率不变的情况下,资本配置效率越高,经济增长率越高,良好的融资机制可以优化资本配置效率,进而在宏观上促进经济的均衡、稳定增长。在产融紧密型结合关系下,利率机制的功能和作用明显降低,信贷资金近似垄断性地在关联的银行与企业之间配置,这种投融资机制使大量社会储蓄资金通过少数行业和企业进行投资转化,容易造成资本过于集中和垄断,而垄断资本实质代表的是庞大的物质资源,如此又使社会经济资源在行业与企业之间的配置严重不均,造成社会总福利的损失。当垄断超过一定程度时,一方面会因利率机制失调、资本过于集中,而使垄断资本具有操纵市场价格的能力,进一步削弱利率的调节作用;并且当垄断资本投资失败时,会产生"多米诺骨牌"效应,加剧经济的波动和积累效应,给金融和经济带来噩运。另一方面,社会资源过于集中到少数的行业和部门,使其他相关产业的发展缺乏必需的资源供给,形成经济发展中的"瓶颈",整个国民经济难以实现协调和均衡,不利于经济实现稳定增长。

# 第七章　产融结合的治理

前面一章我们论述了产融结合的效果,我们知道产融结合可能会带来一些不好的效果,有些负效果是产融结合与生俱来的,有些则是由于结合程度的不合理带来的。无论产生的原因是什么,只要产生了负效果,就必须及时采取措施进行治理,而且有必要在负效果出现之前进行合理的预测,提前对其进行防范。这种治理与防范既可以是内部自发的,也可以是外部强制的。无论内部还是外部的措施,都包括两类:一类是温和地修复式地治理,即不打破原有的产融结合关系,仅仅是修复;另一类则是变革性地分拆式地治理,此类措施意在打破原产融结合关系。本章针对产融结合的内部和外部两个层面分别展开论述。在内部和外部各自的层面下,又按照系统性与非系统性作为分类依据展开论述。

## 7.1　内部治理

产融结合的内部治理是指通过产融双方内部的自我调整、自我完善和自我协调对产融结合过程中出现的问题与风险进行规避与修复。在第六章我们已经说明产融结合的负效果分为系统性负效果与非系统性负效果,本节主要是从这两个角度展开的。

### 7.1.1 系统性内部负效果的治理

产融结合的系统性效果是与产融结合进行的过程相伴的,对于系统性负效果我们只能尽可能地减小,不可能完全规避。针对系统性负效果的治理,我们需要从产融结合的基本层面出发,分析其产生的本质原因,再系统地进行治理。本小节主要从产融结合的资产与组织层面进行进一步的讨论。

**一、资产层面治理**

从资产层面上看,产融结合出现的内部问题需要资本背后的控制方着手进行治理。我们先来理解产融结合资产转换链和转换频率。

所谓资产转换链是指前面提到的转换合约,"资产……资产—合约—资产—合约—资产……资产",资产角度的产融结合是资产转换流动性。由于存在交易成本和转换风险,达到转换的目的时我们必须考虑转换过程,对链条长度进行控制,降低风险和成本。比如抵押贷款,可以进行一次抵押和担保,如果进行两次或者两次以上的抵押和担保,就很有可能会出现问题,所以企业在选择的时候一定要控制链条长度。

所谓资产转换频率,是指资产在流动性转换的过程中转换的频率。转换频率也要严格控制,不能一味地追求规模和利润而忽略风险。比如企业将资产进行抵押贷款后,再进行投资,然后再用投资的资产抵押贷款,这样操作风险叠加,中间任何一项投资失败,就会影响到整个投融资链条。综上我们可以看到,从资产层面,主要是控制资产转换链条长度和转换频率。这样才能从最根本上减少产融结合可能带来的问题。

**二、组织层面治理**

组织层面是产融结合最为具体的表现形式,主体也最为清晰,因此,在系统性内部治理的过程中,组织层面的治理也最能够有的放矢,可以采取更具体的措施,减少系统性内部效果的不良反应。

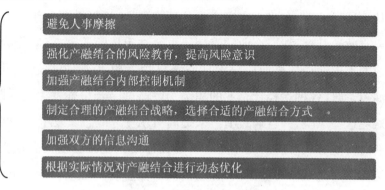

避免人事摩擦

强化产融结合的风险教育,提高风险意识

加强产融结合内部控制机制

制定合理的产融结合战略,选择合适的产融结合方式

加强双方的信息沟通

根据实际情况对产融结合进行动态优化

图7.1　组织层面治理的具体措施

（一）避免人事摩擦

产融结合中的人事摩擦,主要取决于能否兼顾产融双方的利益。如果双方利益一致,一般不会出现人事分歧,双方利益不一致的时候就很有可能会出现人事分歧,解决这类问题的主要方式就是协调金融企业和实体企业的战略目标,一定要在这个层面达到共识,否则不只会产生人员摩擦,而且经营中还可能会出现很多意想不到的其他问题。对于具体操作层面也应该有着一定的预先规定,比如董事会的表决程序,总经理的命令如何执行,避免多头命令,等等。必须要事先对双方人事参与的情况进行分析与评估,采取尽量减少人事摩擦的安排,提高综合体的效率。

（二）强化产融结合的风险教育,增强风险意识

产融结合的风险是客观存在的,不以任何人的意志为转移,我们要做的,就是认识产融结合可能带来的所有风险,加强对于产融结合风险的控制,提高产融结合风险的意识。不论是参与产融结合的企业内部人员还是投资者,都应该时刻警惕产融结合风险,并且通过制定一系列的制度和规则进行控制,将对于风险的防范内化为企业文化的一部分,体现在企业的各项

业务活动之中。

从组织层面看,在当今高度竞争的环境当中,任何企业和组织要想成功都需要有效地管理风险,企业的管理层更要注重风险管理,将它作为提高企业绩效的重要途径。企业应该定期举办风险管理讲座,经常进行风险突发事件演习,通过各种途径让企业的职工了解产融结合可能发生的风险,以及如何避免这些风险,并且通过演习来提高员工处理应急突发事件的能力,在关键的时候能够从容应对而不至于手足无措使企业蒙受损失。企业还应该着力培养精通产融结合业务的人才,他们既能参与产融结合的实务,为产融结合的进程建言献策,又能专业地评估和预警产融结合可能出现的各种风险,提前通知企业的管理层,让企业有更充分的时间准备风险的应对和补救措施。

从资产层面看,参与产融结合的双方有一方可能是普通的投资者,比如,在资产证券化的过程中,提供流动性的一方一般是普通的投资者。许多个人投资者可能并不熟悉金融市场中各个产品的性质和风险,有着严重的从众心理,一般不会对证券进行基本分析,仅仅是依靠其他个人投资者的口口相传决定购买哪些金融产品。一旦这些金融产品遭受损失,他们可能难以承受,这会引发一系列的风险,比如要求证券的发行方进行补偿甚至进行诉讼等,使资产支持证券发行者面临着信誉危机和诉讼风险从而遭受损失。所以加强对投资者的风险教育,让投资者充分了解到证券化资产可能出现的风险,做好承受风险的心理准备,才不至于在真正遭受损失的时候无力承担,避免发生纠纷或者诉讼的风险。

(三) 加强产融结合内部控制机制

目前而言,很多企业没有建立完善的内部控制制度,更谈不上在产融结合后单独建立相对应的控制制度。产融结合的内部控制制度是建立在产融本身的内部控制制度之上的控制制度,为了保护产融结合后企业各种资源的安全、完整,确保结合过程中涉及的经济和财务信息正确可靠,协调产融结合行为,控制产融结合活动,利用产融内部分工而产生的相互制约、相互联系的关系,形成一系列具有控制职能的方法、措施、程序,并予以规范化、系统化,使之成为一个严密、完整的体系。

从组织层面来看,产融结合内部各成员的自我控制是防范产融结合风险的前提,也是防范产融结合风险的最重要最有效的方法之一。产融双方之间的风险传递是产融结合风险的重要组成部分,因此,风险隔离也就理所当然地成为产融结合内部控制制度中防范风险的重要手段之一。建立防火墙制度,可以有效地隔离风险,防止风险的传染。防火墙制度是指通过持股、业务和人员等方面进行限制和隔离从而在母公司与附属机构之间设置屏障,实现集团内部实业资本运营与金融资本运营的相对独立,规避实业风险与金融风险的联动性,防止风险相互传染。在这种安排下,企业集团内部一般不进行相互的担保和借款活动,即使集团内部某家企业由于经营不善导致破产或者遭受重大损失,其他企业也不会因为对其进行担保或者向其借款而同样遭受重大损失,一家企业的风险不会传染到其他集团内部成员,避免了风险在集团内部的集中和放大。在这种安排下,集团每一成员的经营决策都按照自由竞争原则进行制定和实施,降低了内部成员之间发生利益冲突的风险。

产融结合由于产融参与各方的资产和收益相关度非常高,产融各方的资产相互涉入,很容易发生风险传染并且通过杠杆效应将这种风险进一步放大,通过建立防火墙制度,产融结合各方能够在不影响产融结合效果的情况下防止各方相互涉入过多,防止财务联系过于紧密。这样即使参与产融结合各方中的一方发生了危机,也能通过正常的破产程序来解决,限制了其他各方遭受损失的程度,避免由于产融各方资产相互涉入太多而导致整个产融结合集团出现危机,分散集团面临的风险,保护股东权益。因此,通过

建立防火墙来防范产融结合风险已经成为许多国家的现实选择之一。

（四）制定合理的产融结合战略，选择合适的产融结合方式

实体企业在选择实施产融结合举措之初，应充分考虑实体产业对金融资源的掌握、熟悉程度、人才储备、风险承受等情况，采取全面进入或战略性进入部分金融行业的举措；制定战略目标应充分考虑产融结合的风险，以更好地指导实体产业风险管理的方向；发展过程中应着重实施企业监管、业务监管、分头监管、合作监管等监管制度，避免出现现金流充足带来的过度投资、盲目多元化等扭曲资本配置的情形，并且防范内部交易风险；同时加强对宏观政策、法律法规的追踪性研究，避免政策转向给企业带来隐患。不同的企业适合不同的产融结合方式，只有根据产融双方的目标合理地制定产融结合战略才能尽量避免产融结合中可能出现的风险。另外，产融结合必须要有一条清晰的主线，即：进行产融结合的目的是什么？产融结合是谁服务于谁？通过什么样的方式来提供这种服务？这种方式是否有效率？还有没有一种更有效的结合战略能够成本更低地完成既定的目标？通过分析并且明确这一系列的问题，企业进行产融结合才能更加有效率，不会因为目的不明确或者目标错误而浪费资源，进行无效的产融结合，甚至损害结合双方的利益。

选择适合的结合方式可以避免产融结合的非系统性风险。以融资租赁为例，进行融资租赁一方主体的融资租赁公司，可以通过选择自己进行融资租赁的资产来防范经济的非系统性风险。一个行业的兴衰会涉及该行业生产企业的盈利与否，如果融资租赁的重点是某一个行业的大额资产设备，那么该行业的景气与否直接关系到该融资租赁公司的盈利与否，如果行业不景气，由于该融资租赁公司的大部分融资租赁客户都是这个行业的生产者，他们的财务状况或多或少都会产生危机，融资租赁公司不可能独善其身。相反，如果租赁公司多元化自己的融资租赁资产，提供各个行业生产设备的

融资租赁,那么,一旦某个行业不景气,只要不是整个经济的萧条,就不会影响到其他行业生产者的盈利状况,融资租赁公司仍然可以获得一定的利润。通过分化风险,融资租赁公司防范了经济的非系统性风险,避免自身在一个行业的风险暴露过大,保证了一定的经济利润。

（五）加强产融双方的信息沟通

产融结合风险的防范成效如何,与决策层能够得到的有关财务、经营状况的综合性信息以及外部市场信息密切相关。产融结合双方应当建立一个涉及全部业务活动的、可靠的管理信息系统,以保证双方的决策者随时都能获得有效信息,同时还要建立有效的沟通渠道,这样才能保证双方对信息有着完全的把握,不会因为信息不完善而做出错误的决策。有效的信息披露制度不仅仅是市场及监管者的要求,也能为产融结合双方提供外部的监督力量,促使产融双方更加注重自身的风险,成为内部风险监测的镜子。

加强产融双方的沟通有助于降低交易成本和道德风险。我们以资产证券化为例,进行证券化的资产只有初始持有人才能准确地把握证券化资产的质量和风险,购买资产支持证券的投资者是不可能知道原始资产的质量和风险的,加强双方的信息沟通,让投资者更清楚更准确地了解涉及资产的风险程度,可以使投资者提前做好控制风险的其他措施,比如购买其他的证券进行风险对冲等。这样,既维护了证券化资产出售方的信誉,也能够最大限度地保护资产支持证券的投资者利益,有利于密切两者的联系,以后双方的合作可能变得更加容易和高效。

（六）根据产融结合的实际效果对产融结合进行动态优化

鉴于产融结合可能出现的结合过度和结合不足的问题,我们可以通过调整产融结合的程度使产融结合更能适应当时当地的产融结合实践。如果产融结合不足,就需要通过加深产融双方的联系和合作,提高双方的交易规模或者扩大双方的合作范围,从而深化产融结合的程度,促进产融结合更好地为双方服务;如果产融结合过度,就需要通过减小双方的交易规模,缩小双方的合约范围,或者通过产融分拆来解决结合过度的问题。

随着时间的推移,经济环境总是在不断发生变化,产融结合适合当时当地的实际情况只能是暂时的,从长远来看,产融结合程度总是不能适合当时当地的实际情况。产融结合的调整将是一个动态的、长期的过程,通过不断地调整产融结合的程度来使产融结合动态地适合经济的发展状况,才能保证产融结合一直是为参与各方创造利润而不是相反。

## 7.1.2　非系统性内部效果治理

产融结合的内部非系统性效果治理从结合过度和结合不足两个方面来论述,产融结合的"度"要把握好,如果出现了过度的产融结合,不仅无法达到预期,很可能会适得其反,这时就需要分拆。如果出现了不足的产融结合,就不能称之为真正的产融结合,需要再进一步,加强产融结合的力度和深度。

对于过度的问题,需要首先引入产融分拆的概念。所谓产融分拆,是产融结合的逆过程,指产融结合双方相互分离的一种措施,它是朝着产融结合的逆方向进行的。从资产角度,"产"资产和"融"资产不再进行资产转换;从组织角度,产组织和融组织之间不再有业务、资金往来。

产融分拆只是一种迫不得已的情况,是考虑到产融结合之后的成本收益配比没有产融结合之前的成本收益配比合适。虽然产融结合之后带来一些利益,但是很可能也带来了高风险或者其他问题,当这些问题实在太大而又无法解决,并且影响到企业正常运作的时候,只能考虑进行产融分拆。可以用下面的公式来表示:

内含报酬率(产融结合后)>内含报酬率(产融分拆后)

在此我们考虑的是内含报酬率而不是净现值,因为分拆或者不分拆都

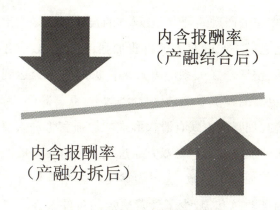

内含报酬率
（产融结合后）

内含报酬率
（产融分拆后）

**图 7.2 产融结合与分拆条件**

可能使得净现值大于零,用净现值的绝对值比较是没有意义的,只能用内含报酬率来进行比较。此外,还可以将内含报酬率与估计的折现率进行比较,以评估风险。

**一、诱致性产融分拆**

明晰了产融分拆的定义之后,需要进一步探讨如何解决系统性内部效果,即产融双方如何在内部解决产融过度的问题。这里我们引入另外一个概念:诱致性产融分拆。所谓诱致性,是指产融结合双方不通过外界第三方的力量,而是自身因为某种动因或需求而进行的行为特性。诱致性产融分拆从组织层面来看,就是产融双方不再通过股权、债权和协议的制约而相互履行义务要求权利,双方要求紧密联系的合约不再有效,从此以后的经济活动中,双方仅仅是作为市场上两个普通的参与个体进行交易,不再有其他的特殊交易关系。以金融控股公司为例,产融分拆就是控股公司不再持有某个公司的股份,让该公司与控股公司的母子公司关系解除,此后双方将本着"等价有偿,公平自愿"的市场交易原则进行交易。

**二、产融双方的自我加强**

如果出现了不足的产融结合,就需要再进一步,加强产融结合的力度和

深度,使之成为真正的产融结合,产融双方的自我加强是内部解决产融结合不足的重要途径之一。产融双方的自我加强,就是产融结合参与方内部通过加深产融联系、密切产融关系等方式来促进产融结合达到更加理想的程度和标准,实现更高的经济效率,提高经济效益,获得高额利润。

产融双方自我加强的方式有股权形式的加强和管理人事经营等方面的合作。股权形式的加强就是产融双方通过相互持有更多的股份来促使产融结合双方的利益更加趋于一致,这样能够使产融结合双方在做决定时更多地考虑到双方的利益总和,减少了经营决定的负外部性,相反,有着正外部性的经营决策更有可能被采纳,即使在只考虑单个企业利益时该决策可能并不经济。产融结合的动因之一就是为了产生经营协同效应,如果结合不足导致协同效应较小,就需要进行适当调整达到目标。

管理人事经营等方面的合作是加强产融结合的另一种有效的形式,其中最重要最常见的形式就是经营的合作,具体的方法就是产融双方签订战略联盟协议。通过签订战略协议,产融双方共担经营风险,共享经营收益。这样一来,双方通过协议的形式共享双方的经营资源,更能发挥产融双方资源的效率和作用,降低双方的经营成本,提高经营利润。

**案例:浦发银行天津分行与天津克运国际物流集团战略协议**

2011年,浦发银行天津分行与天津克运国际物流集团有限公司(以下简称"天津克运集团")举行了天津市首单境内企业外币资金池服务签约仪式,双方共同签署了《银企外币资金池战略合作协议》。浦发银行将为天津克运集团所有成员单位提供自有外汇资金的集中存放,实现企业外币资金统一调度、统一使用。

据介绍,国家外汇管理局颁布《境内企业内部成员外汇资金集中运营管理规定》后,浦发银行全新研发和推出了双模式外币资金池服务,既符合最新监管要求,也能满足集团客户外币资金集中管理的需求:一个是普通集团公司版外币资金池,另一个是财务公司版外币资金池。

据了解,一些大型集团企业常常为集团内部成员企业外汇收支的不平衡所困扰:集团下某一个成员单位需要结汇,而另一个成员单位却需要购汇。这会产生大量的结售汇手续费及汇率折损,提高了企业的运营成本。

浦发银行相关负责人表示,该行外币资金池服务可以很好地解决上述问题。该服务兼顾了企业集团效益与成本,灵活组合资金上收下划方式,满足资金高度集中和资金划转最小化的不同需求,消除外币存贷利差较小带来的不利影响。浦发银行外币资金池服务涵盖了外币资金信息、资金汇划、内部计价管理及资金共享等几大类服务,并提供包括银行柜面、公司网银和银企直连等在内的多渠道业务支持。该负责人表示,集团型企业现金的集中管理能给企业带来多重好处:企业客户可以使资金流动更合理、财务监控更易实现,将企业的高存款、高贷款、高费用变为低存款、低贷款、低费用。

# 7.2　外部规制

在上文中我们论述的是产融结合出现问题之后的内部解决方案,这种解决方案是在自我修复可以实现的情况下进行的,即内部有足够的推动力去解决产融结合的问题。产融结合的过度或者不足,在一定的条件下都可以从内部获得解决,但在大多数情况下只能依靠外部的力量进行解决,这种力量可能是强制性的,也可能是诱致性的。

首先,我们不能在问题出现的时候才去解决,或许我们拥有最佳的时机去防范这种风险的发生。然而并不是所有的时机可以被企业及时发现和识别。这时候外部的引导作用便成为主导的力量,这种外部性更多的是靠政府或者一些带有政府背景的行业协会来提供。政府必须建立良好的机制,去引导产融结合往最为恰当的方面发展,这种措施可能具有一定政策支持或者其他方面的支持。这样企业才有动力改变现状。同时也必须清除妨碍企业产融结合过程中的障碍,扫清企业产融结合之路。这属于未卜先知的防范性的措施,也是事前行为。

其次,在产融结合进行的过程中,也可能由于各种可控或者不可控的因素导致产融结合偏离原来的目标或者路径。这时候就需要外部力量去进行校正,也需要外部力量进行辨别和发现。这时候就需要政府或者政府背景的行业协会去进行监管,及时规范产融结合,并尽可能地降低风险,使得企业不至于为了短期利益而忽视了隐藏的巨大风险。这属于事中行为。

最后,在我们提前或者在产融结合程中进行了各种防范之后还可能会发生一些预期之外的事情,导致产融结合出现问题。当内部修复无法解决的时候,就需要外部的强制性的措施进行解决。这依然涉及两方面的问题,产融过度和产融不足。产融不足的时候进行修复以使产融结合逐步趋近于合理的状态。这就是外部修复。而产融过度的时候,就需要适当地分拆,降低风险,这就是我们所说的产融分拆。

### 7.2.1 产融结合的外部引导机制

产融结合的外部引导主要是指政府在产融结合中的推动作用。我们认为产融结合需要同时具备内部环境和外部环境两方面,而外部环境则主要由政府来营造,政府的作用主要包括两方面,即对"融"和"产"两方的支持,具体来说就是鼓励适度的金融创新和清除企业发展的障碍。

#### 一、鼓励适度的金融创新

对于产融结合的外部引导,首先要引进创新机制。产融结合的创新归根到底是金融创新。金融创新的含义,目前国内外尚无统一的解释。熊彼特于 1912 年在其成名作《经济发展理论》中对创新所下的定义是:创新是指

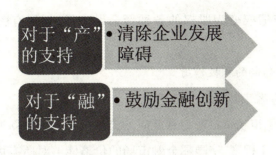

**图 7. 3　政府的支持作用**

新的生产函数的建立,也就是企业家对企业要素实行新的组合。金融创新与产融结合一样,都是中性的概念,兼具积极与消极两种作用,具体有以下几个方面。

宏观上的金融创新将整个货币信用的发展史视为金融创新史,金融发展史上的每一次重大突破都视为金融创新;金融创新涉及的范围相当广泛,不仅包括金融技术的创新,金融市场的创新,金融服务、金融产品的创新,金融企业组织和管理方式的创新,金融服务业结构的创新,而且包括现代银行业产生以来有关银行业务、银行支付和清算体系、银行的资产负债管理乃至金融机构、金融市场、金融体系、国际货币制度等方面的历次变革。中观上的金融创新是政府或金融当局、金融机构为适应经济环境的变化,在资金融通过程中的内部矛盾运动,防止或转移经营风险,为了更好地实现流动性、安全性和盈利性目标而逐步改变金融中介功能,创造和组合一个新的高效率的资金营运方式或营运体系的过程。而微观上的金融创新仅指金融工具的创新。大致可分为四种类型:信用创新型,如用短期信用来实现中期信用,以及分散投资者独家承担贷款风险的票据发行便利等;风险转移创新型,它包括能在各经济机构之间相互转移金融工具内在风险的各种新工具,如货币互换、利率互换等;增加流动创新型,它包括能使原有的金融工具提高变现能力和可转换性的新金融工具,如长期贷款的证券化等;股权创造创

新型,它包括使债权变为股权的各种新金融工具,如附有股权认购书的债券等。

(一)金融创新的积极作用

1.提高了金融市场的运作效率

首先,提高了市场价格对信息反应的灵敏度。金融创新通过提高市场组织与设备的现代化程度,使国际金融市场的价格能够对所有可得到的信息做出迅速灵敏的反应,提高了金融市场价格变动的灵敏度,使价格快速及时地对所获信息做出反应,从而提高价格的合理性和价格机制的作用力。其次,增加了可供选择的金融商品种类。现代创新中大量新型金融工具的出现,使金融市场所能提供的金融商品种类繁多,投资者选择性增大。面对各具特色的众多金融商品,各类投资者很容易实现他们自己满意的效率组合。再次,增强了剔除个别风险的能力。金融创新通过提供大量的新型金融工具的融资方式、交易技术,增强了剔除个别风险的能力。投资者能进行多元化的资产组合,还能够及时调整组合,在保持效率组合的过程中,投资者可以通过分散或转移,把个别风险减到较小程度。最后,降低交易成本,使投资收益相对上升,吸引了更多的投资者和筹资者进入市场,提高交易的活跃程度。

2.提高了金融机构的运作效率

首先,金融创新通过大量提供具有特定内涵与特性的金融工具、金融服务、交易方式或融资技术等成果,从数量和质量两方面同时提高金融参与者的满足程度,增加了金融商品和服务的效用,从而增强了金融机构的基本功能,提高了金融机构的运作效率。其次,提高了支付清算能力和速度。把计算机引入支付清算系统后,金融机构的支付清算能力和效率上了一个新台阶,提高了资金周转速度和使用效率,节约大量流通费用。最后,大幅度增加金融机构的资产和盈利率。现代金融创新涌现出来的大量新工具、新技术、新交易、新服务,使金融机构积聚资金的能力大大增强,信用创造的功能得到发挥,使金融机构拥有的资金流量和资产存量急速增长,提高了金融机构经营活动的规模报酬,降低了成本,加之经营管理上的创新,金融机构的盈利能力增强。

3.金融作用力大为加强

金融作用力主要是指金融对于整体经济运作的经济发展的作用能力,一般是通过对经济活动和经济总量的影响及其作用程度体现出来的。第一,提高了金融资源的开发利用与再配置效率。现代金融创新使发达国家从经济货币化推进到金融化的高级阶段,大幅度提高了发展中国家的经济货币化程度,导致金融总量的快速增长,扩大了金融资源的可利用程度,优化了配置资源效果;第二,社会融资和投资的满足度及便利度上升。主要表现为:一是融资成本降低,有力地促进了储蓄向投资的转化;二是金融机构和金融市场能够提供更多更灵活的投资和融资安排,从总体上满足不同的投资者和筹资者的各种需求,使全社会的资金融通更为便利;三是各种投资与融资的限制逐渐被消除,金融创新后各类投融资者实际上都进入市场参与活动,金融业对社会投资和融资需求的满足力大为增强;第三,金融业产值的迅速增长,直接增加了经济总量,加大了金融对经济发展的贡献度;第四,增加了货币作用效率。创新后用较少的货币就可以支撑较高的经济总量,意味着货币作用对经济的推动力增大。

（二）金融创新的负面影响

我们不得不承认,金融创新推动经济发展和金融发展的同时,也带来了许多新的矛盾和问题,对金融和经济的发展产生诸多不良影响。

1.金融创新使货币供求机制、总量和结构发生了深刻变化

金融创新使货币供求机制、总量和结构发生了深刻变化,影响了金融运作和宏观调控,在货币需求方面引起的一个明显变化是货币需求的减弱,并由此引起货币结构改变,降低了货币需求的稳定性。

2．金融风险有增无减，金融业的稳定性下降

金融创新一般是以高杠杆为支撑的，基础资产微小的价格变动也可能导致巨额的金融衍生品价格的波动，放大企业财务风险，导致金融企业系统性风险增加，金融业稳定性下降，更容易产生金融危机和经济危机。

3．金融市场出现过度投机和泡沫膨胀的不良倾向

金融创新的不断发展大大增加了人们参与金融市场的途径和方法，通过金融创新产品的不断发展，人们能够从金融市场某一要素的细微变化中得到巨额的收益，这鼓励了人们通过预测金融市场走向谋取利益的行为，金融市场过度投机行为越来越盛，金融市场有泡沫化的风险。

综上，正是由于金融创新能在产融结合的过程中带来巨大的收益，同时也能带来巨大的风险，所以我们不能完全无视金融创新对我国产融结合发展的推动作用，世界资本主义强国的发展也已经证明了这一点，同时我们也不能完全放任金融创新，而不对其进行控制，所以鼓励适度的金融创新非常必要。

一个国家经济发展进度快慢，金融体系活力大小，很大程度上可以从金融创新的深度和广度上表现出来。过度的创新带给社会的将是很大的风险和成本，加剧金融虚拟化和泡沫化。这种创新更多的是一种社会资源的浪费。因此，金融创新必须遵循"适度性"原则，具体来说金融创新的适度性体现在以下几个方面：

1．审慎估价创新的效用

一项创新成果能否推出，是否有存在价值，首先要客观估价其产生的收益能否高于其成本（含监管成本），如果成本大于收益，则意味着这类创新不是一种有价值的进步，就应当制止，否则尝试的代价往往是极其高昂的。

2．创新不能超越经济客观需求

类似于我国等发展中国家的许多创新行为是引进的，即搬用国外已有成果，由于经济发展水平不同，这种引进很可能超越我国现阶段的经济需

求,容易产生功能变异或产生新的风险。

3.创新要与监管能力相适应

在当前以防范化解金融风险为主要任务的情况下,对金融创新应当持区别对待、宽严相济的态度,对组合类、嫁接类,特别是科技嫁接类创新要予以鼓励,对派生类、开创类创新则要审慎管理,对负债管理等扩张性创新要严格控制。关于金融创新与金融监管的问题,在后面的内容"产融结合监管的价值"一小节中还有相关论述,在这里不做赘述。

**二、清除企业发展的障碍**

企业产融结合的发展同样需要政府对相关企业进行政策性支持与引导,这里的支持与引导主要包括维护市场的公平、对战略性新兴产业进行政策支持等,而政策性支持和引导的关键就是解决产融结合过程中的体制性障碍。

从长远来看,要从根本上清除制约企业在产融结合过程中的体制性障碍,出路在于深化金融体系改革。著名经济学家 J. P. 斯蒂格利茨指出:金融对于经济发展具有本质作用,改革金融体系能够导致高增长,并且减少危机发生的可能性和严重性。因此,金融改革的深远意义毋庸置疑。从短期来看,要发挥政府在解决企业产融结合中的作用首先需要从实际出发,实事求是地分析问题产生的根源,并对政府在解决这些问题上所能发挥的作用有一个清醒的认识。政府在清除企业发展障碍方面的作用应该包括以下几个方面(图7.4):

**图7.4　政府需要为企业创造的条件**

市场导向作用是政府以经济手段对金融机构的信贷投向进行宏观间接调控的一种比较温和的方式。政府不再直接通过粗暴的行政干预手段来干预市场的运行和企业的运营,而是更多地运用间接的手段,利用企业盈利的本质来实现自己的目的,引导企业发生政府期望的行为,实现整个经济更加稳定和谐地运行。比如,我国政府可以对那些把资金投向民营中小企业的银行实行优惠利率政策和税收政策倾斜。几年前,中国人民银行制定了针对中小企业贷款的利率浮动政策,使银行向中小企业贷款有更大的定价空间,以价格手段激励银行向中小企业进行贷款倾斜。实际上,这项政策还可以做进一步的改进,甚至可以放开中小企业贷款定价,实行协商定价机制。在税收方面,如果银行向中小企业贷款项目能够获得税收减免,可能这样的激励作用会更大。但是,到目前为止,这方面的税收倾斜政策还是空白。

有限支持是指以政府掌握的资金资源作为杠杆,通过一定数量的政府资金来吸引金融机构的配套资金,从而发挥政府资金的杠杆效应,促进金融机构对相关企业的贷款投放。比如,政府可以通过设计战略行业发展基金来进一步充实和扩大对战略性新兴行业的投资,或者基金与投资银行共同承担投资的风险等,建立证券投资基金也是政府参与产融结合、为实体企业提供支持的途径之一。

企业产融结合中最需要政府支持的是它的弱小阶段,就像小孩需要保姆关照一样。为了促进民营经济发展,政府需要调整其"抓大放小"的政策,转变为抓小扶弱:从促进公平竞争的需要出发,对大企业实行垄断抑制(反垄断)政策,而不是像过去那样一味地"抓",这种所谓"抓大"实际上反而促进了大企业的垄断;对小企业实行成长扶持政策,而不是像过去那样简单地"放",简单的"放小"无异于置那些还没有具备生存能力的中小企业于死地。市场经济发达国家的政府从来不去主动扶持强势的大企业,相反对小企业却关爱有加,这是值得我们的政府借鉴的。

在市场经济中,政府被认为是能够给市场带来公平的一种力量。在企业产融结合问题上也是这样。完全市场选择的结果,就可能发生弱肉强食现象。在这种情况下,民营中小企业就可能会面临一个极端恶劣的生存环境,相反,国有企业将会得到来自政府方面的更多支持而具有某些先天的优势。显然,政府如果把自己置于不同体制的企业竞争之中就会有可能失去正确判断的理智,也会因此而丧失公平的力量。要恢复市场的公平竞争,政府就应该始终站在公平的旗帜下,发挥市场裁判员的作用。

影响产融结合的最重要的环境就是信用环境,政府只有站在公平的位置上才能够营造出市场经济正常运行所需要的信用环境。所以我们理想的政府作用是作为一个市场监管者和秩序维护者,而不是作为参与者在市场中发挥作用,这违背了市场经济公平正义的应有之义。

政府在产融结合问题上的体制创新不是简单地把原来的国有金融体制做一些信贷权限上的重新划分和人员与机构的加加减减,而是要跳出这样一种体制,从社会资金能够最方便、最安全、最快捷地实现融通目的的需要出发,设计新的产融结合体制。从这个意义上说,比如,针对我国的大型企业的产融结合问题,可以鼓励企业通过可分离交易可转债、可转换公司债券等新型手段进行融资,甚至应当鼓励这些企业通过多种方式发展成为产融型企业集团来打造商业帝国,进而推动我们大型企业的竞争力。

**案例:战略性新兴产业的发展**

战略性新兴产业的特征与一般金融供给模式对应的服务对象具有明显的不匹配性,主要表现在:一是目前战略性新兴产业中企业的知识产权等"软资产"多,固定资产等传统抵押品少。节能环保、生物、新材料等新兴产业中的多数企业普遍拥有专利权等无形资产,而银行容易接受的房地产、大宗原材料、存货等固定资产或实物资产普遍较少。二是战略性新兴产业领域中小企业多,大型垄断企业少。整个战略性新兴产业中 75% 以上的企业是中小企业,在生物、新材料等部分新兴产业领域中小企业所占比重更高。银行传统的"贷大、贷集中"的客户授信主导发展模式并不适应战略性新兴产业"小、散、专"的行业主体结构。三是影响战略性新兴产业发展的不确定性因素多,银行开展此类业务的政策支持保障少。战略性新兴产业具有新兴产业的典型特征,即在技术、市场和组织方面都存在很大的不确定性,同时技术专用性强、业务集中度高,银行参与这类产业发展需要设计合理的授信方案和风险缓释措施。当前银行在支持战略性新兴产业发展过程中还缺乏银政合作的政策扶持和资金支持,相关外部激励和风险分担机制多为空白。因此,尽管目前金融业通过各种创新在支持战略性新兴产业发展上取得了一定成效,但由于战略性新兴产业与占据主导地位的金融供给模式存在模式、风险以及期限上的错配,一般性的金融供给者缺乏足够动力去满足战略性新兴产业的金融需求,导致金融业在支持战略性新兴产业发展上仍然存在一些问题和不足。

也就是说,在没有政策性支持的情况下,战略性新兴产业难以通过传统的产融结合的方式来推动自身的发展,而在一定的条件下政府可以通过采取以下的一些政策来引导新兴产业产融结合的发展:

(1)创造新的盈亏平衡关系,提升金融机构服务战略性新兴产业发展的内生动力,引导商业银行加大对战略性新兴产业进行实质性支持的力度。

(2)加快建立多层次的资本市场和风险投资市场,推动各种融资方式进行组合,拓展战略性新兴产业的融资渠道。

(3)进一步创新金融供给模式,加大政策性支持力度,完善风险分摊机制,优化金融生态环境。

(4)完善扶持战略性新兴产业发展的政策措施体系,加强宏观政策协调,促进产业政策与金融政策的协调和融合。

我们认为这些政策性的支持,无疑都是对产融结合的一种外部引导,而这些政策性的支持也确实都为产融结合的发展提供了潜在的动力。

## 7.2.2　产融结合的监管

### 一、产融结合监管的目标

对于产融结合的监管来说有三个核心目标:保护产融双方的利益,确保产融结合市场环境的公平、高效、透明,降低系统风险。

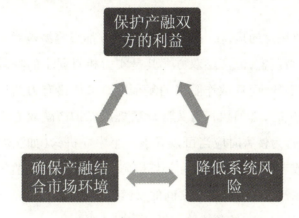

**图 7.5　产融结合监管的核心目标**

这三个目标是紧密相关的,在某些方面有重叠。许多有助于确保产融结合市场环境的公平、高效、透明的要求也能起到保护产融双方利益、降低系统风险的作用,同样许多降低系统风险的措施也有利于保护产融双方的利益。更进一步,很多的做法,如全面的监管对程序的遵守、有效的实施等,对于上述三个目标的实现都是必需的。

1.保护产融双方的利益

产融双方应当受到保护以免被误导、操纵或被欺诈,包括内幕交易、插队交易和滥用客户资产等。首先,为了享受权利,产融双方应该尽到一些必要的义务,比如充分披露对产融双方决策具有重要意义的信息,这是保护产

融双方,尤其是保护处于弱势地位的个人投资者和中小企业的最重要的方法,产融双方因此能够更好地评价潜在的风险和投资收益,通过进一步研究产融结合的必要性,做出最有利于自身的决策以保护自身的利益。

其次,只有经过严格审核的投资机构才能被允许从公众或者私人手中募集资金,同时只有经过批准和授权的人才能进行投资业务。同样,对产融结合中的融资方也应进行严格的备案和审查,以防止投资者的利益受到侵害。

最后,需要注意的是,在市场中的产融双方都很容易被对方或者其他参与者的违法行为侵害,但产融双方尤其是实力相对弱小的参与者能采取行动的能力是有限的,而且欺诈阴谋的复杂性要求严格有力的执法能力。当有违法事件发生时,必须执行有关法律法规以保护产融双方的利益。产融双方受到不良行为侵害时应当可以寻求一个中立机构(如法院或者其他仲裁机构)维权或者采取其他补救和补偿措施。另外,有效的监管和执法还依赖于国内、国际各方面监管机构之间的紧密合作。

2. 确保产融结合市场环境的公平、高效、透明

市场的特性与保护产融双方的利益,特别是与禁止不当交易紧密相关。首先,市场结构的不合理会出现一些产融结合的参与方与另外一些参与方被不公平地对待等现象。因此,对市场的监管应发现、阻止并处罚市场操纵或其他不公平交易行为。监管活动应当确保投资者公平地利用市场设施和交易信息。其次,应当促进市场中公平的指令处理和可靠的交易过程能够高效地运转。在一个有效的市场中,有关产融双方的信息的发布是及时和广泛的,并且反映在交易形成的过程中,因此监管活动应当提高市场效率。最后,市场的透明度也是保证产融双方顺利结合的关键,透明度可以被定义为产融结合双方的真实可靠的信息被公众获知的程度,越是透明的市场,越不容易出现私密行为,整个市场的风气也就越是朝着健康方向发展。

### 3.降低系统风险

虽然监管本身并不能阻止市场产融结合关系的破产,但监管活动应致力于减少产融结合的失败的发生,一旦产融结合真的失败,那么监管活动就应力求降低它的影响,特别是应努力隔离这种风险。因此,监管方有必要制定产融结合过程中的谨慎性规定,产融结合双方的参与者必须严格遵守每种产融结合方式下对应的谨慎性要求。

承担风险对于一个活跃的市场来说是必不可少的,监管活动不应不必要地遏制合理的风险承担,相反监管当局应当促进对风险的有效管理,相关的谨慎性要求应足以保证合理的风险承担,能消化一部分损失并检查过度的风险。另外,一个有利于监管、运用有效风险管理工具的高效准确的会计过程也是极为重要的。处理违约行为必须有一个有效的、法律上安全的制度安排,这已经超越了一般的监管条款而牵涉到一国司法制度中的民法条款。发生在其他某个或某几个司法管辖区域的事件可能会导致本国市场的不稳定,因此面对市场动荡,各监管机构应当加强合作和信息共享,努力谋求本国和全球市场的稳定。

### 二、产融结合监管的原则

所谓产融结合的监管原则,即在监管当局的监管活动中,始终应当遵循的价值追求和最低行为准则。产融结合的监管应坚持以下基本原则(表7.1):

| 依法监管原则 |
| --- |
| 公开、公正原则 |
| 效率原则 |
| 监管主体独立性原则 |
| 协调性原则 |
| 充分的权力和适当的资源 |

**表7.1 产融结合监管原则**

1. 依法监管原则

依法监管原则又称合法性原则,是指监管机构必须依据法律、法规进行。监管主体、监管职责权限、监管措施等均由监管法规和相关行政法律、法规规定,监管活动应依法进行。

2. 公开、公正原则

监管活动应最大限度地提高透明度。同时,监管当局应公正执法、平等对待所有市场参与者,做到实体公正和程序公正。

3. 效率原则

效率原则是指监管当局应当提高产融结合体系的整体效率,不得压制创新与竞争。同时,监管当局应合理配置和利用监管资源以降低成本,减少社会支出,从而节约社会公共资源。

4. 监管主体独立性原则

监督管理机构及其从事监督管理工作的人员依法履行监督管理职责,受法律保护,地方政府、各级政府部门、社会团体和个人不得干涉。

5. 协调性原则

监管主体之间职责分明、分工合理、相互配合,可以节约监管成本,提高监管的效率。

6. 充分的权力和适当的资源

监管当局应当拥有充分的权力、适当的资源以及发挥功能和运用权力的能力。

**三、产融结合监管的价值**

产融结合的安全和创新,是监管制度一向追求的两大价值,监管目标、监管措施和监管机构的功能就要符合该价值。其实,创新和安全是相互冲突的价值,监管则按照市场的变化,寻找两个价值之间的平衡点。这几年来,产融结合的进程一直在推进金融开放、规模竞争政策,创新的价值一直领先于安全的价值;2008 年金融危机后,安全就成为最重要的监管价值。

按照产融结合风险状况的不同,目前市场运行可分为安全、基本安全、不安全、危险四种态势。监管制度的设计取决于风险和市场环境。风险和市场环境是不断变动的,监管制度却是稳定的。监管制度确保自身能够遏制风险的发生,同时要满足于创新等市场的要求。在安全情形下,监管制度的价值取向是以创新为首要价值的,使监管机构发挥一定的自由裁量权而寻找两大价值的均衡。当市场发生变化时,监管机关可以较灵活地采取有效的监管措施,保障产融结合的安全。

任何创新都会带来一些风险,当然,通过创新带来的教训和失误也会给市场逐步成熟和制度完善的机会。美国产融结合几百年的发展史中,无数次渡过了危机,美国政府坚持尊重市场行为主体的自决权,强化市场纪律,及时正确地总结纠正,使美国成为目前世界上产融结合深度和广度都位居榜首的国家。次贷危机的发生,亦给美国和世界金融体系都带来了巨大、艰苦的考验,这些风险唤起了人们对监管与市场的新思考。

但 2008 年美国次贷危机的根源不是创新本身,而是创新和监管偏离了银行信贷的基本原则:(1)信贷过度介入房地产会酿成泡沫;(2)不注重基础产品的风险而发展信用衍生产品,就是把大厦建在了沙滩上;(3)对信贷产品证券化不能完全移出资产负债表外,也应有资本约束;(4)任何衍生产品只能分散风险而不可能减少风险,没有风险承担者就不会有市场,但对投机者要限制杠杆率,这是监管的责任;(5)衍生产品违背了让客户充分了解风险的原则,致使风险无限积累,超出了市场参与者可承受的范围。

最终导致危机的不是创新或开放本身,而是监管不到位,导致创新的业务所累积的风险,传播到了传统领域。创新是一种激烈的竞争中引致的、利润驱动的现象,创新是不确定性的,易于迅速扩散并允许模仿、改进和分化的。创新以及同时发生的放松管制广泛地突破了机构之间的界限和"俱乐部规则"，并引起工具和组织的广泛融合。创新扩大了资产、组织的内涵，使机构有充分的空间调整产品组合，分散风险，改善产品流动性和安全性从而使其管理更好地体现了规模效益。再说，危机的发生原因在于与创新一起发生的放松管制上，再加上机构的贪婪。因此目前的发展的重大课题为：在推动创新的同时如何强化监管。这是一个十分复杂的问题，因为产融结合的发展都依靠资金流通的自由，假如监管牢牢地约束资金流动，会影响产融结合的创新，尤其是对仍保留管制色彩的中国产融结合而言更甚。学者和政策制定者必须找出创新与监管的平衡点。另外，在市场参与者的行为方面也要监管，在一个由消费者有自主决策的市场经济制度下，消费者应当承担自己抉择的后果。当适当的管制与充分的市场竞争，使善意的参与者得到合法活动的空间，并打击恶意的参与者，处置犯罪，市场才能健康发展。

### 四、产融结合的监管模式

产融结合的监管模式主要是针对金融业的监管，对产融结合中"产"的监管还明显不足。本部分主要是从对金融业的监管来论述各国对产融结合的监管的。

目前，金融业混业经营体制的发展、金融监管的国际标准和范围的变化引发了各国关于监管体制及结构的争论，并对监管机构传统的划分提出了挑战。国际经验表明各国的金融监管体制相去甚远，各国不同的监管体制反映了多种因素：历史演变、金融体制结构、政治体制结构、传统、文化、法律及国家和金融业规模大小。

（一）统一监管模式

统一监管模式是指对不同的金融行业、金融机构和金融业务均由一个统一的监管机构负责监管，这个监管主体可以是中央银行或其他机构。这种监管模式有以下优势：

**图 7.6　产融结合监管模式**

（1）成本优势。统一监管不仅能节约人力和技术投入,更重要的是它可以大大地降低信息成本,改善信息质量,获得规模效益。

（2）改善监管环境。这种改善表现在三个方面:提供统一公平的监管制度,避免不同金融机构由不同的监管者监管时,由于监管者水平和监管强度的不同,不同的金融机构或业务面临不同的监管制度约束;被监管者可以避免不同监管机构之间的监管重复、监管分歧和信息要求上的不一致性,降低成本;对于一般消费者,明确的监管机构使他们在利益受到损害时,能便利地进行投诉,解决问题,降低相关信息的搜寻费用。

（3）适应性强。随着技术的进步和人们对金融工具多样化要求的不断提高,金融业务创新日益加快。统一监管能迅速适应新的金融业务,一方面可以避免监管真空,降低金融创新形式的新的系统性风险;另一方面可以避免多重监管,降低不适宜的制度安排对创新形式的阻碍。

（4）责任明确。由于所有的监管对象被置于一个监管者的监管之下,监管者的责任认定非常明确。

这种监管模式的缺陷也很明显,即缺乏监管竞争,易导致官僚主义。因此,为达到监管目标,就必须建立一个能够使其潜在优势(规模经济等)得以最大化的内部结构,同时要防止潜在的风险。

早在 20 世纪 80 年代后期,北欧的挪威、丹麦和瑞典就已经开始将分散的监管机构合并,成立混业性的金融监管机构,实行统一监管模式。1996 年

后,日本和韩国也开始了关于转向统一监管模式的讨论。似乎统一监管模式成为时尚。实际上,截至1999年,在73个国家中,真正实行统一监管的仅有13个国家,包括瑞典、挪威、丹麦、冰岛、英国、日本、韩国、奥地利等。

**案例:英国传统的监管体系**

20世纪80年代以前,英国传统的监管体系也是多元化体制,不同的监管机构有不同的监管分工。然而随着本国金融业的持续变革,银行、证券、保险等金融各业相互渗透、日益融合,原来的多元化监管体系显示出职责不清晰且监管效率低下的缺点。

2000年英国议会通过《金融服务与市场法》,金融服务监管局正式成立,将之前由英国九个金融监管机构分担的监管职能聚于一身。金融服务监管局从而成为世界上监管范围最广的金融管理者:它不仅监管包括银行、证券和保险在内的各种金融业务,而且负责各类审慎监管和业务行为监管。为了应对本轮金融危机,2009年的银行业法案又增加了英格兰银行"保持金融稳定"的法定目标,以防止特定领域的问题导致整个金融系统的崩溃。

**(二) 分业监管模式**

分业监管模式的基本框架是:将金融机构和金融市场按照银行、证券、保险,划分为三个领域。在每个领域,分别设立一个专业的监管机构,负责全面监管(包括审慎监管和业务监管)。较为典型的国家有德国、美国、波兰、中国等。这种监管模式的优点在于:一是有监管专业化优势,每个监管机构只负责相关监管事务。这种专业化监管分工有利于细分每项监管工作。二是有监管竞争优势。每个监管机构之间尽管监管对象不同,但相互之间也存在竞争压力。这种监管模式的缺点:各监管机构之间协作性差,容易出现监管真空地带;各监管机构之间难以统一,不可避免地产生摩擦,机构庞大,监管成本较高;如果针对混业经营体制而实行分业监管,容易产生重复监管。

国际上对统一监管模式和分业监管模式的争论很多。赞同统一监管模式的主要观点有:(1)从规模经济角度考虑,统一监管模式既可减少监管者和被监管者双方的成本,也可更为有效集中地利用有限的技术(现在普遍缺乏监管技术)。(2)统一监管机构更具有一致性和协调性,可更有效地利用监管资源(如统一的数据库和统一的标准程度)监管被监管者所有的经营业务,更好地察觉其风险所在。(3)统一监管可避免多重机构监管体制容易引发的不公平竞争、不一致性、重复或交叉监管和多种分歧等问题。(4)统一监管机构职责明确固定,可防止不同机构之间互相推卸责任。

反对统一监管模式的观点主要有:(1)在实践中,统一的全能的监管机构并不一定比目标明确的特定监管机构更为有效。因为由统一的机构监管所有类型的金融机构,容易出现重大的文化差异冲突。(2)尽管金融机构日益多样化、传统的职能已经消失。但是在现在,和可预见的将来,银行业、证券业和保险业仍将保持重要的区别,三者风险的性质不同。统一的或全能的监管机构不可能有明确的目标和合理的监管,也不可能在不同类型的机构和业务之间制定必要的区别。(3)更危险的是统一监管机构权力巨大,极易出现极端的官僚主义,可能导致损失潜在的有价值的信息,对潜在问题反应迟缓。实际上,多样化的分业监管机构和不同程度的竞争更具有优势。

（三）不完全统一监管模式

这是在金融业混业经营体制发展下,对完全统一监管和完全分业监管的一种改进型模式。这种模式可按监管机构不完全统一和监管目标不完全统一划分。具体形式有:

(1)牵头监管模式,指的是在实行分业监管的同时,为了适应随着金融业混业经营的发展可能存在一些业务处于监管真空或相互交叉的需要,几个主要监管机构建立及时磋商协调机制相互交换信息,为防止监管机构之间扯皮,指定某一监管机构为主或作为牵头监管机构,负责协调工作。巴西

是较典型的牵头监管模式。国家货币委员会是牵头监管者,负责协调中央银行、证券和外汇管理委员会、私营保险监理署和补充养老金秘书局分别对商业银行、证券公司和保险公司进行监管。

(2)"双峰式"监管模式,是指根据监管目标设立两类监管机构,一类负责对所有的金融机构进行审慎监管,控制金融体系的系统性风险。另一类机构是对不同金融业务的经营进行监管。澳大利亚是"双峰式"监管模式的典型。澳大利亚历史上由中央银行负责银行业的审慎监管。自 1998 年开始不完全统一监管模式的改革。新成立的澳大利亚审慎监管局负责所有金融机构的审慎监管,证券投资委员会负责对证券业、银行业和保险业的经营监管。

**小案例 1:**

美国的金融监管是在联邦层面和州层面同时存在的一个复杂的混合体。在"大萧条"之后的罗斯福新政中,美国于 1933 年通过了银行法案,也即《格拉斯—斯蒂格尔法案》,将金融市场和金融机构区分为特定的部门,银行、证券和保险彼此分割、相互独立,也分别由彼此独立的监管机构进行监管。为适应 20 世纪 70 年代以来的金融创新和全球化浪潮,美国于 1999 年通过《1999 年金融现代化法案》。该法案模糊了分业监管结构下不同金融市场的边界,允许成立"金融持股公司"或"银行持股公司",这类公司能够从事包括保险和证券在内的任何金融活动,是美国从分业经营转向混业经营的标志。

然而,1999 年的金融现代化法案并没有完全废除 1933 年的银行法案建立的分业监管体系,也没有在实际中建立起一个体现功能监管的监管结构,功能监管的原则并没有得到彻底的执行。结果是,美国的金融监管更像一个机构型监管和功能型监管的混合体。但监管当局根据金融部门(无论基于金融机构还是基于金融行为)被分割开来,都有多个监管者,因而可被称为"多元监管者"或者"部门监管"模式。随着美国金融证券化的发展和金融风险结构的演变,这种部门监管模式越来越体现出与金融结构的不匹配。针对于此,2010 年 7 月 21 日奥巴马签署了金融监管改革法案——《多德—弗兰克法案》,尽管这份改革法案能在一定程度上缓解美国金融监管体系的固有缺陷,但改革并未从根本上改变美国的"多元监管者"或者"部门监管"的模式。

**小案例 2:**

澳大利亚的金融监管体系是居于多元和一元之间的一种模式。1997 年的沃利斯(Wallis)报告检查了澳大利亚金融创新和现代化的结果,认为传统的基于部门的金融监管已经不再有效,建议成立一个由两个监管者构成的监管框架。其一是澳大利亚证券和投资委员会,负责对银行、证券和保险等金融业务行为的监管。它具有多个角色:公司监管者、金融市场监管者和金融消费者保护者。其二是澳大利亚审慎监管局,负责整个金融体系的审慎监管,保证所有金融机构的稳健运行。由于澳大利亚监管机构由以上两个单独的具有不同权限的监管者组成,它们分别负责审慎监管和业务行为监管,所以可形象地称之为"双峰监管"或者"基于目标的监管"模式。

不完全监管模式的优势是:与统一监管模式相比,一是在一定程度上保持了监管机构之间的竞争与制约作用;二是各监管主体在其监管领域内保持了监管规则的一致性,既可发挥各个机构的优势,还可将多重机构的不利最小化。与完全分业监管模式相比,这种模式降低了多重监管机构之间互相协调的成本和难度。同时,对审慎监管和业务监管分别进行,避免出现监管真空或交叉及重复监管。另外,具有分业监管模式的优点。其最大优势是通过牵头监管机构的定期磋商协调,相互交换信息和密切配合,降低监管成本,提高监管效率。

| 金融经营体制与监管体制 | 国家或地区 |
|---|---|
| 混业经营，统一监管 | 英国、瑞典、新加坡、日本 |
| 混业经营，分业监管（包括不完全统一监管） | 美国、法国、德国、香港、波兰 |
| 分业经营，统一监管（包括不完全统一监管） | 澳大利亚、巴西、韩国、墨西哥 |
| 分业经营，分业监管 | 中国、印度 |

**表7.2　金融经营体制与监管体制的组合**

### 五、中国监管模式的发展历程和发展趋势

我国的金融监管也经历了一个发展变化的过程，以时间的先后和金融监管职能的变化，大致经历了以下过程。

中国人民银行成立于1948年12月1日，而一直到1979年，我国基本实行的是由中国人民银行统揽一切金融业务的"大一统"金融体制，这时候的中国人民银行是名副其实的"全能银行"，然而随着改革开放的不断深入，"全能银行"不仅在业务上成立了四大行、政策性银行、保险公司等，在监管上也形成了当前"一行三会"的金融监管格局。

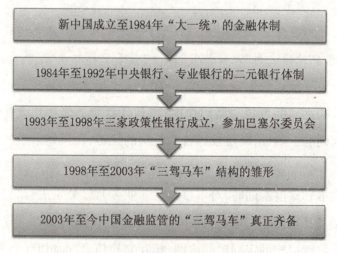

**图7.7　我国金融体制的发展**

1. 新中国成立以来到 1984 年

新中国成立以来到 1984 年,我国实行的是"大一统"的金融体制,当时没有监管当局,没有监管对象,也没有监管法律法规。这一阶段金融监管的基本特征是抑制性,表现为对市场准入的抑制、对金融创新的抑制,监管内容主要是对货币发行和金融的高度集中性、计划性进行管理,监管手段以行政手段为主。

2. 从 1984 年至 1992 年年底

从 1984 年开始,我国形成中央银行、专业银行的二元银行体制,中国人民银行行使中央银行职能,履行对银行业、证券业、保险业、信托业的综合监管。这期间的监管主要围绕市场准入,重点是审批银行新的业务机构。

1986 年国务院发布《中华人民共和国银行管理暂行条例》,使中国银行业监管向法制化方向迈出了第一步。但直到 1993 年年底,中国的银行监管仍处于探索阶段,还算不上是规范的市场化监管,仍带有鲜明的计划性、行政性金融管理的特点。

1992 年 10 月,国务院证券委员会和中国证监会宣告成立,标志着中国证券市场统一监管体制开始形成。证监会的成立迈出了我国金融业"分业经营、分业监管"的第一步。

伴随着经济体制改革的进一步深化和金融业的迅猛发展,1993 年 12 月 25 日,国务院发布了《关于金融体制改革的决定》,明确了中国人民银行制定并实施货币政策和实施金融监管的两大职能。

3. 从 1993 年到 1998 年

1994 年,三家政策性银行成立,这为中国人民银行对商业银行进行市场化监管奠定了基础。这一年在市场化监管方面取得了进展,首次召开了全国金融机构的监管工作会议,也将金融监管作为中国人民银行的重要职能之一提到重要的地位上来。

1995 年 3 月以来,以《中国人民银行法》、《商业银行法》、《票据法》、《担保法》的颁布为标志,中国银行业监管进入了一个新的历史时期,开始向法制化、规范化迈进。

1996 年我国加入国际清算银行并参加巴塞尔委员会,在规范现场检查、境外稽核、加强对商业银行的内部控制指导和推行以风险为基础的贷款分类制度方面,取得了长足的进展。

4. 从 1998 年到 2003 年

1997 年金融危机以罕见的速度在亚洲迅速蔓延,在这种情况下,1997 年 11 月中央决定召开一次专门讨论金融工作的全国性会议。会议提出,用三年左右的时间,建立适应社会主义市场经济的现代金融组织体系、金融市场体系和金融调控监管体系。这次会议形成的《中共中央国务院关于深化金融改革,整顿金融秩序,防范金融风险的通知》,是指导中国金融业改革发展的纲领性文件。中国的金融体系从 1998 年起进行了结构性调整。

中国人民银行在短期内进行了大规模的组织机构调整,设立了跨行政区级分行,撤销了省级分行建制,并强化了对商业银行、合作金融机构等各类金融机构的监管和清理整顿。

1998 年 4 月,原国务院证券委员会与原中国证监会(副部级)合并为正部级的中国证监会。同年 11 月,国务院批准设立中国保监会(当时为副部级),专司对保险业进行监管,而中国人民银行主要负责对银行、信托业的监管,这是今天"三驾马车"结构的雏形。

2002 年 2 月中国加入 WTO 之后不久,中共中央、国务院召开第二次全国金融工作会议,商讨中国金融业如何应对入世的挑战,会议提出金融监管是金融工作的重中之重;银行业全面实行贷款质量五级分类制度;中国人民银行牵头制定监管体制、国有独资商业银行综合改革、农村信用社改革等监管方案。

5. 银监会成立至今

2003 年 4 月 28 日,中国银监会正式对外挂牌,履行审批、监督管理银行、金融资产管理公司、信托投资公司及其他存款类金融机构等相关职责。同年 12 月 27 日,《中华人民共和国银行业监督管理法》颁布,成为我国第一部关于银行业监督管理的专门法律。

至此,中国金融监管的"三驾马车"真正齐备,银监会、证监会和保监会分工明确、互相协调的金融分工监管体制形成。

在"三驾马车"分设之后,中国人民银行 50 多年来集货币政策和银行监管于一身的"大一统"时代也宣告结束,正向一个独立的中央银行迈进,作为专注于货币政策的中央银行,中国人民银行的独立性也大大提高。

而随着金融混业经营的出现和发展,银监会、证监会和保监会正在积极努力寻求合作,银监会、证监会、保监会第一次监管联席会议于 2003 年 9 月 18 日召开,并通过了《银监会、证监会、保监会在金融监管方面分工合作的备忘录》。"一行三会"的金融监管格局正在积极寻求合作和发展。

**案例:我国目前的监管现状**

目前的监管格局和监管政策并不完善。我国金融业为分业经营,金融央企由财政部主管,实业央企由国资委主管,央行、银监会、证监会、保监会的"一行三会"监管模式并存。这些机构间没有一个协同机制,主管部门及监管部门之间的管理边界划定与协调矛盾肯定会出现,监管上也容易产生漏洞,比如资本金重复计算等。实际上,我国分业经营的监管体制已经打破了,在这种情况下,监管部门应从金融的系统性风险方面考虑,根据现实情况,完善监管体制。具体来说,国有资产管理部门在产融结合方面应该关注核心竞争力、治理结构、风险控制机制、混业经营相应的出资人管理制度和监管制度、如何避免产融结合造成的企业内部管理体制僵化、产融结合对宏观经济可能带来的一些结构上的影响等方面。"一行三会"则应该关注五个问题:一是是否允许不同行业的金融机构以子公司方式实行跨行业兼并;在风险责任自负和监管平行的前提下,是否允许金融机构选择自己的业务范围。二是通过制定统一的产业投资金融控股比例上限,加强对金融业的市场准入监管,避免企业集团盲目扩张。三是加强对资本充足率和资产负债率的管理,避免资本的重复计算,金融监管部门应尝试加强对"产融结合"企业的监管。四是对内部交易和信息披露的监管。五是加强完善监管联合,目前的国内监管体制如何应对央企"产融结合"已经形成的格局是巨大挑战。

——国务院发展研究中心企业研究所所长赵昌文

6. 我国金融监管体制未来的发展趋势

近年来随着金融综合经营和跨业经营在我国的快速发展,对我国现行金融纵向业别监管体制的批评之声不绝于耳,要求金融监管一体化的呼声一浪高过一浪。其实,伴随着欧美日韩澳诸国金融一体化监管体制的逐步确立,它必然影响到我国金融监管体制的改革方向。确实,我国现行金融业别纵向监管模式所导致的金融监管画地为牢、监管重叠与空白、规则冲突、市场混乱以及损害金融消费者利益等情形有愈演愈烈的趋势,我们必须突破现有制度樊篱,尽可能为金融市场提供公平合理的规则以及基于此规则的有效监管。

目前关于金融国资委的成立正在广泛的讨论中。"金融国资委"机构拟由国务院直属,中央汇金公司将脱离中投公司归属该机构。同时,财政部金融司也将被归并进来。这样,以前由中央汇金公司、财政部金融司以及银监会和央行等机构对于金融企业的管理权限,将集中起来统一归并到"金融国资委"。2012年3月,"金融国资委"的组建草案获得国务院的批准,有关部门对此事正在进一步调查研究中。

可以说关于金融国资委的成立是我国有效迈向金融横向一体化监管的

重要一步,准确说也是未来一体化金融监管模式发展的必然。通过各监管部门协力推进金融监管的协调和整合,加强危机处理和跨境监管合作,未来建立统一的金融监管机构势在必行。

中央汇金公司、财政部金融司以及银监会和央行等机构对于金融企业的管理权限也将集中起来统一归并到"金融国资委",财政部金融司将会被撤并,金融司的一些职能将划归"金融国资委",使其在金融机构基本制度建立、财务管理等方面实行统一管理。它的成立表明我们在金融监管方面已经越来越职能化,越来越专业化。将直接投资者和监管部门分开,将多头监管进行统一,这样就能在制度设计上避免既充当投资者又充当监管者所带来的监管不足和权力寻租等弊病,也使得我们原先混乱的监管体系归于统一,使得资本市场有章可循,有案可依。这对于产融结合是个非常重大的利好,因为一旦金融国资委成立之后,资本市场的进入将会口径一致,企业进入资本市场也会变得容易些,使得以前一些部门同意而另外一些部门不同意进入的现象得到充分的解决,能够使监管部门真正地从企业和社会国家的角度进行考虑,将会大大提高资本市场的效率,必将大大地促进产融结合等业务的发展。

## 7.2.3　产融结合的外部治理

### 一、产融结合的外部修复

尽管产融结合的大部分风险可以通过内外部的监管和内部的协调处理来避免,但产融结合的严重不足或者过度行为依然会发生。通常情况下产融双方会通过自发性的产融分拆来规避产融结合中出现的严重问题,或者会直接导致产融双方的倒闭。政府一般不需要直接干预正常的产融结合与分拆等行为,但如果产融结合的问题严重到影响整个市场的健康,或者说产融双方影响太大,任由其发展的话其破坏性会通过自身已建立的产融结合

网链关系传播到整个经济环境当中,政府就不得不出面对这种已经出了问题的现象进行产融结合的外部修复。这种具有破坏性的产融结合问题通常表现为金融危机,而政府的为外部修复则可以认为是有形的手对市场的维护。

我们以2008年爆发的美国次贷危机为例:

2008年9月次贷危机恶化升级之后,美国面临金融危机深化和经济危机初现的双危机挑战。美国政府继美联储提供流动性后,开始采取紧急援助一揽子行动。2008年9月7日,美国财政部宣布计划向美国两大住房抵押贷款公司房利美和房地美提供多达2,000亿美元的资金,并提高其信贷额度。同时"两房"的监管机构联邦住房金融局(FHFA)宣布接管两家公司的管理。2008年9月16日,美国财政部联合美联储救助大型保险公司——美国国际集团(AIG)。这两大事件标志着美国财政部对金融危机做出反应,开始了紧急援助行动,也标志了美国政府对产融结合过程中的问题开始了全面的修复。

此后,美国财政部的紧急援助行动不断。这些援助行动主要是通过7,000亿美元的救市方案,采取三管齐下的办法来实施的。

(1)实施强制性银行注资计划。2008年10月14日,时任美国总统布什宣布联邦政府将动用7,000亿美元"问题资产救助计划"(TARP)中的2,500亿美元购买金融机构的优先股,以帮助银行缓解信贷紧缩局面;10月26日,美国财政部与花旗集团等九家主要银行签订协议,陆续注资1,250亿美元,并通过购买优先股的方式向第一资本金融公司等19家地区性金融机构注资350亿美元;10月底,美国财政部表示将向非上市银行和寿险公司提供资金援助;11月10日,美国财政部公布救助AIG的新计划,将9月提供的两年期的850亿美元贷款换为5年期的600亿美元贷款,并下调了贷款利率。此外,从7,000亿美元"问题资产救助计划"中拿出400亿美元购买AIG的优先股,并提供500亿美元的注资。2009年1月6日,美国财政部再次向花旗集团注资200亿美元;1月16日,美国财政部联合联邦存款保险公司宣布将动用TARP资金向美国银行注资200亿美元;2月10日,美国财政部公布金融稳定计划,该计划包括对银行进行压力测试并进一步注资、启动TALF以激活信贷市场、利用政府资源动员私人投资者的资金设立公私合营投资基金以清除银行有毒资产三大内容;6月17日,美国财政部发放更多TARP资金,并上调美国国家金融服务公司的救助资金上限。

(2)多方位提供政府担保,扩大政府保险范围。2008年9月19日,美国财政部宣布大规模的货币市场基金救助计划。根据这项计划,美国财政部将动用约500亿美元的外汇平准基金为投资者持有的、符合要求的公开发行货币市场基金提供担保。2008年10月14日,按照TARP,美国联邦存款保险公司出台临时性担保计划,一是为银行在2009年6月30日之前发行的优先支付的无担保债务提供为期三年的担保,二是临时性地为大多数银行及储蓄机构新发行的短期债券提供担保。同日,按照TARP,美国联邦存款保险公司也宣布将联邦存款保险覆盖面扩大至所有无息存款账户,并取消无息存款账户的保额上限至2009年,以帮助小型企业满足日常运营需要。2009年1月16日,美国财政部为美国银行和花旗集团超过4,000亿美元的资产提供亏损担保。2009年3月17日,美国财政部宣布将小型企业的联邦贷款担保额度从75%—80%提高到90%,还给予借款人所需支付费用最多达到7.5万美元的减免。2009年6月,通用汽车金融服务公司(GMAC)根据美国联邦存款保险公司的临时流动性担保计划(TLGP)发行完全由美国政府担保的债券。

(3)为美联储推出的流动性工具提供支持。2008年10月,美国财政部在纽约联邦储备银行存入特别存款以支持美联储推出的商业票据融资工具(CPFF);11月,美国财政部从TARP第一笔资金中的剩余部分中分离了200

亿美元专门用于支持美联储推出的定期资产抵押证券贷款工具(TALF)。

因为2008年9月后金融危机迅速扩散,美国政府无暇考虑其行动在主流理论中是否有合理解释,是否存在什么风险,凭借国会授予的特殊自由裁量权,采取了一揽子行动。可以说,行动在某种程度上也是"即兴"的,而且与美联储注入流动性措施的"即兴"相同,美国政府的紧急援助一揽子行动背后也存在着清晰的逻辑性,这就是通过注资金融机构和多方位提供政府担保来救助濒临倒闭的金融机构,阻止金融危机进一步蔓延,恢复公众对金融系统的信心。

可以说在危机的过程中,没有政府在期间的外部修复作用,危机的影响将会比现在更为深刻,也间接地证明了政府这只有形的手在产融结合过程中不可替代的调控作用。

**二、强制性产融分拆**

强制性产融分拆是与上文提到的诱致性产融分拆相对的一种产融分拆,即通过产融双方以外的第三方,为了解决结合后的负效果,施行相应的强制性措施,将原来结合的产融双方分开。强制性产融分拆可以认为是产融结合外部修复的进一步延伸,即在产融结合修复无效或者说在修复的成本过高的情况下,政府将会通过采取强制性产融分拆的方式来使危机的影响降到最小。

1929—1933年间"大萧条"导致了分离商业银行和投资银行的1933年《格拉斯—斯蒂格尔法》的出台,奠定了分业经营的基本格局,可以认为就是强制性产融分拆的重要表现。法案规定了商业银行只能从事中短期贷款、存款和买卖政府债券,不能从事发行、买卖有价证券等投资银行业务。这样使得商业银行业务与投资银行业务分开,阻碍了商业银行对其他产业的渗透和控制,从此以后一段时期产融结合业务进入低谷。

强制性产融分拆可以认为是产融结合的外部规制的最后的手段,也应该是条件成熟使用最果断的手段,只要政府觉得必要,就可以采用强制性的方式使产融分拆,避免结合不当造成的损失和风险的扩大,防止由于时间拖得越久导致产融结合风险通过杠杆效应和其他财务传染途径传导和扩散,对经济造成更大更深的伤害。

# 第八章 产融结合的主导模式

产融结合的主导模式,就是指在产融结合过程中起主导作用的机构或者制度(具体定义和描述我们将在下文具体论述)。传统产融结合的书籍中,将产融结合的主导模式主要分为三种,市场主导模式、政府主导模式和银行主导模式。简单来说,市场主导模式就是在产融结合中市场是主要的决定因素,它决定着是否要进行产融结合,如何进行,等等;政府主导模式就是在产融结合中政府是主要的决定因素;银行主导模式就是指在产融结合中银行起主要作用的模式。我们知道,市场和政府一直是经济学界区分不同经济制度的因素,因为它们代表着完全不同的两种决策方式,而银行则不同,一方面,银行是市场的一部分,银行主导有着很大的市场主导的影子,另一方面,银行由于其在经济发展中的特殊性,又被赋予了太多的政府角色,所以,我们认为,银行主导模式其实是一种处于政府主导和市场主导的中间模式,是一种过渡,最终将不可避免地褪去政府角色,成为一个更加纯粹的市场参与者。

本章我们依据新产融结合的定义和规律,分别从合约这一本质角度剖析这三种主导模式,指出三种模式实现的前提条件及其优劣势,并且对三种模式之间的关系进行了分析。同时,基于银行主导模式的启发,我们大胆探索了非银行类金融机构主导的产融结合模式。最后,我们探究了我国产融结合的模式,为我们新型产融结合的研究提供历史借鉴,为我国实行新型产融结合提供了理论依据。

# 8.1 市场主导

## 8.1.1 市场主导的认识

所谓市场主导,是指金融市场(包括货币市场和资本市场)在产融结合的过程中起着基础性和决定性的作用。市场中的所有主体都是产融结合的积极参与者,都有可能推进产融结合的发生和演变,但是任何一种类型的主体都不存在明显的法律制度优势或者资本优势,都不能在产融结合过程中占据绝对的主导地位,所有主体都遵循着市场规律进行各自的经济活动。换言之,产业部门在发展过程中的资本需求将通过多种渠道和技术来得到满足,不存在对某一融资方式和中介机构的严重依赖。我们可以看出,在市场主导模式下,产融结合合约有着五花八门的形式,它们可能是产业资本和金融资本双方直接签订的,比如一个金融性质的企业在金融市场购买生产企业的股票,就是通过金融市场直接进行的产融结合;也可能是通过金融中介来进行的。但是在产融结合各种合约的形成和执行中起主导作用的是由所有参与者组成的金融市场,市场为合约的产生提供了供给与需求,在竞价过程中提供了价格和收益率,通过信用和制度的制约保证合约双方对于合约的执行和信任。市场成为了一个最方便的桥梁和中介,在这种模式下合约的签订和执行有着最小的信息成本,并最能够体现公允的价值。

## 8.1.2 市场主导合约层面的探讨

从合约层面来看市场主导模式对于我们更好地理解市场主导的运行机

理和本质提供了一个非常好的途径和角度。我们就从合约的层面来描述一下市场主导的主要特征。

合约就是企业与企业之间进行经济交往赖以凭借的纽带,有了合约,企业之间的权利义务才能更清楚地进行界定和规范,双方才能按照既定的约定来进行经济交往,做出理性的经济决策以利于实现自己的利润最大化目标。在市场主导的模式下,我们认为是市场因素在产融结合合约的缔结与执行的过程中起着基础性的和关键的作用,决定着合约的性质和双方的权利义务分配。而市场因素,最重要的就是市场调节经济运行的方式,即利用企业追求自身利润最大化的动机,让市场上所有的利润最大化目标体进行集体协商和决策,得到一个各方都能接受,也就是各方的经济利益划分比较公正的结果。

合约层面结合包含着各种不同的因素,有结合主体,合约性质和合约选择,结合方式,结合的驱动力。每一项的不同都可能是一系列的外部原因引起的。而市场主导就是结合的主体是市场中自由的经济体,合约结合的方式不是强制性的,或者说不是符合各方利益的方式,而是按照市场运行规律,结合主体自行选择适合的方式,结合的驱动力不是由外部而来,而是市场中的经济体之间相互选择,对自己有利的一种结果,而合约的设计和权利的归集都是按照市场方式进行的。从上面的分析中可以看出,市场主导是一种完全的逐利性行为,是互利性的,不存在其他任何的目的。

### 8.1.3　市场主导的条件

市场主导的形成需要政府对于产融结合活动不予干预或者只进行很少量必要的干预,让金融市场根据经济规律自由地作为产融结合的中介,为产融结合提供资金和服务,保证有效率的产融结合都能够顺利进行。

从组织层面来看,市场主导的条件体现在以下几个方面:

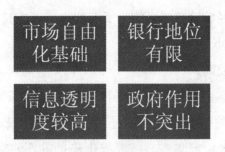

**图 8.1　市场主导的条件**

1. 市场自由化基础

以市场自由化为基础,银企之间的产权约束弱,企业的股权结构较为分散。自由化是市场主导的基础,没有市场自由来确认市场的地位,市场主导无从谈起。银企之间的产权约束比较弱,那么银行就不能对企业的经营决策产生太大的影响,保证企业的各项决策都是基于自己的最优化选择而不是屈从于银行的压力,保证了企业的经营自主性。企业的股权结构较为分散,任何一个股东都无法单独影响或者操纵企业的运营决策,企业的经营策略由广大的小股东自己投票决定,保证了大部分人的利益,小股东也不会因为某些股东一股独大而侵害自己的合法权益。

2. 银行地位有限

银行在产融结合中的地位并不突出,但众多分散的市场投资者可以通过资本市场的交易来影响企业的治理。企业经营得当,业绩突出,自然能够得到投资者的认可,投资者通过购买并且持有企业的股票来表示对企业未来的信心;反之,如果企业经营得不好,业绩不佳,投资者就会选择用脚投票,抛售企业的股票。企业管理层就会面临很大的压力,企业股票价格下降可能会导致股东大会对管理层的问责或者解聘,如果企业股票价格下降过大那么企业还面临着可能会被恶意收购的风险。所以,基于资本市场的压力,企业的管理层依然会选择能够最大化企业价值的策略来经营企业。但

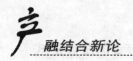

是这也导致企业的经营管理者可能为了获取投资者支持而发展一些短期化的项目,忽视了企业长远发展的需要。

### 3. 信息透明度较高

因为企业的资本主要来源于市场投资者,所以企业必须及时地披露企业生产经营各方面的信息。这样就有助于市场主体及时地规避和控制风险。企业在资本市场中筹集资金需要提供经过审计的财务报告,向财务报告的使用者提供企业财务状况、经营成果和现金流量等有关的会计信息,反映企业管理层的受托责任履行情况。

### 4. 政府作用不突出

政府在企业运行中起到的作用较小,不直接干预企业的营运,而本国经济的发展也主要依赖于私人企业的发展。政府在整个市场中起着辅助和监督的作用,并不会直接干预产融结合的进程。这样既能够让企业最大限度地发挥自主权和能动性来选择适合自己的产融结合方式和途径,也可以通过必要的引导和监督来发挥产融结合的优势,避免企业在产融结合的过程中走入歧途。有了充分的自主权,企业才能够发挥自己的创造性,创造出既符合市场要求,又不违背监管原则的新型产融结合方式,有利于产融结合的实务创新。这样也才能够带动经济结构的转型和升级,促进经济结构的优化,实现科学发展、可持续发展的战略目标。

从资产的层面来看,市场主导模式主要的特征就是资产都是通过金融追逐利润的动机进行结合和转化的,市场中任何经济行为背后都有着利润的动机。产融结合涉及的资产交易与转化也不例外,在利润最大化的动力驱使下,各种资产以金融市场作为平台参与交易,组成了产融结合的一个个基础环节。

## 8.1.4　市场主导的优劣势

市场主导的优势在于：首先，资本市场的高效为企业降低交易费用、降低资金使用成本提供了便利；其次，在高度市场化的融资体系中，企业可以融资渠道多样化，有利于企业优化资本结构，减少对银行的依赖；再次，在公开市场下进行的产融结合，需要企业提高信息披露的透明度，这不仅有利于提高金融资本的使用效率，还有利于企业规避和分散风险。

市场主导的成功与其存在的市场条件是密不可分的，首先需要利率形成机制比较健全，因为利率是决定资产价格的基础，也是衡量资本市场运作效率的重要指标。健全的利率形成机制可以促使合理的资产价格形成，从而引导金融资产的流动配置。其次是中央银行具有较强的货币控制能力，可以保证货币政策的独立性和持续性，维持宏观调控的稳定性，为产融结合创造良好的金融环境。

市场主导的典型代表就是美国。美国产融结合的发展历史划分为三个发展阶段：第一阶段为 19 世纪 20 年代至 20 世纪 30 年代初，在自由竞争的市场经济制度下，美国基本上未对产业资本和银行资本的流动做过多的限制，产融结合在宽松的金融政策下初步形成。第二阶段为美国经济危机爆发至 20 世纪 70 年代末，产融结合在金融分业管理的背景下持续发展。受经济危机的影响，垄断和混业经营遭到质疑，于是美国政府出台一系列的法律，严格禁止商业银行投资工商业，限制垄断行为。第三阶段为 20 世纪 80 年代以来至今，美国反思经济危机产生的原因，认为取消分业管制反而可以促进金融业的稳定，于是陆续出台了放松金融管制、实行金融自由化的政策。这样，美国企业产融结合的范围得到延伸，渗透到银行业、证券业、保险业、房地产融资等各个领域。产业资本和金融资本实现了更紧密的结合。

美国的股权结构较分散，持股法人对公司的直接控制和管理能力非常

弱。这就决定了美国的产融结合主要是以资本市场为基础的外部结合,金融资本的定价和配置由市场决定,投资者借助资本市场的证券交易、兼并与收购和监管机制来间接控制产业资本,产融结合具有较高的透明度和约束力。在这种模式下,高度发达的资本市场不仅为金融资本的需求者提供了一个获得低成本资金的供给平台,而且资本市场通过证券交易、并购等途径和公开信息披露机制促进了金融资本使用的效率,有助于实现产业资本和金融资本的有效配置。即便是在分业管制严格的阶段,政府也仅仅是对商业银行对工商业的投资做了限制,并没有直接干预产融结合的其他进程和活动,在产融结合过程中起主导作用的依然是金融市场。

**案例:美国 20 世纪末发展回顾**

自 1962 年以来,美国企业内部积累比率(内部积累/总资本)一直在50% 以上,80 年代以来甚至达 80% 以上,这主要跟大企业普遍实行公司制和注重内部积累以应付外部竞争压力和市场不确定性有关。在外源融资中,向银行贷款和在金融市场上发行债券或股票基本上是平衡的。但 80 年代后期,因为受兼并浪潮的影响,企业纷纷举债回购本公司股票以抵御被收购,致使公司的资产负债率上升。但总的来说,美国的商业银行不像其他国家那样占据绝对的信用主导地位。在信贷资金的配置方面,银行与企业的投融资决策都以经济效益为原则,很少受非经济因素的干扰,属于典型的金融交易关系,被称作"保持距离型"融资(Arm's-length financing)。在企业长短期外部资金的来源上,存在比较明确的分工。商业银行主要为企业提供流动资金贷款和少量的中长期贷款,企业长期资本更多地依靠股票市场来筹集。资本市场由于较少管制而具有相对成本优势,需要长期资本的企业通过发行商业本票、债券、股票或其他证券从资本市场筹集营运资本。1992 年美国的平均股权融资占总资本的比重为 35.78%。并且,在资本市场外部融资中,非银行金融机构的地位和作用日渐突出。保险公司和养老基金吸收了大量长期资本,投资于公司股票和债券,投资银行在发起、承销和分配新证券以及作为产业企业投融资顾问方面发挥领导作用。20 世纪 80 年代以来,美国投资银行控制的股票量已超过保险公司;信托公司通过把它们的信托业务与证券投资、产业投资结合起来,也成为企业长期资本筹集的重要源泉。

# 8.2 政府主导

## 8.2.1 政府主导的认识

与市场主导相对应的是政府主导,虽然政府主导是一种不成熟的模式,或者说是不成熟市场下的最优选择,但它毕竟为好多欠发达国家的腾飞作出了巨大的贡献。尤其是在东亚国家中的作用特别明显,其中韩国尤为突出。

政府主导模式就是政府在金融资源配置的过程中发挥主导作用,以此促进储蓄向投资的有效转换。政府主导是在市场配置不完善、资金稀缺的情况下一种不得已的选择,可以通过政府的主导来引导资金的流向或者影响资源配置的过程,从而使得资源流向高效率的行业或者流向政府意图振兴的行业。政府在主导的过程中并不是直接通过财政拨款来直接实现的,而是通过政府对于市场机构的控制或者干预来实现自己的意志。主要可以体现为两个方面:一是,政府通过对金融机构的直接控制和间接控制或者对金融机构的影响来传递自己的意志,从而对于金融机构的决策产生影响,尤其是通过对银行的有效控制来影响银行的决策,从而对金融市场产生作用;二是,政府通过产业政策的导向作用,将资金引导至政府所要扶持的行业和

企业,从而实现产业结构调整和升级,以促进经济的增长。

**案例:韩国政府在经济中的作用**

自20世纪60年代以后,韩国政府加强了对国内金融机构的控制,银行基本上没有自主贷款的余地,政府通过信贷分配与倾斜制度,向目标产业的投资者提供保险单贷款(即政策优惠贷款)。在政府的信贷扶持下,生活日用品、轻工制造业、重化工业等产业部门和相关企业先后获得了长足发展。但信贷配给也带来了一系列的负面影响,主要表现为企业负债率高,投资项目的效益低下,中小企业融资依然困难,银行资产质量的下降等。70年代以后,韩国政府为了克服过度干预资源配置而产生的严重后果,开始推进金融自由化改革,在融资制度上则实行信用控制以扼制大企业集团过度负债经营的状况,改善公司的资本结构以增强自我发展能力,主要措施是对韩国前50家最大的企业集团执行"一揽子信用控制"计划,包括对总贷款规模、使用用途等都有明确的规定,并由大企业的主体交易银行来具体履行这些监控职能。

从政府主导产融结合模式下的企业治理状况看,由于银行部门的人事任命权、经营自主权和利率决定权长期被政府剥夺,银行实际成了政府实施产业政策的金融工具,银企之间不存在市场经济中的金融交易关系,并且除了政府担保下的信贷关系外没有任何人事上的联系。20世纪80年代前后,出于改善大企业资本结构、扼制经济权力的过于集中等目的,韩国政府通过了一系列的法令建立了信用控制体系,赋予部分大银行以主体交易银行的资格,由它们负责对前50家大企业集团财务经营状况的监控。

从企业的融资制度看,韩国企业内部资金的比重不高,企业自我融资能力不强,而对外部资金的依赖性较强。1985年以前,企业主要通过银行及其他金融机构借款的方式来筹集资本,但1985年以后证券融资的比重显著上升,甚至超过信贷融资成为企业对外筹资不可缺少的重要途径。这与韩国政府审时度势,有意实行企业信用控制和推进证券市场的发展有着密切的联系。韩国的银行与企业之间以债权融资作为主要的信用方式,尽管法律上银行被允许以可流通交易的证券形式持有100%的自有资本,但主体交易银行很少持有其客户的股份(即使持股也仅仅出于资产管理的目的,跟日本主办银行存在明显的不同),其原因是韩国的主体交易银行已被政府赋予监控大企业集团的职能,以执行"一揽子信用控制"计划,它无须通过持股就可以获得企业内部信息,从而克服信息不对称问题。

　　从放贷机制看,主体交易银行的许多贷款都是按照政府的意志来发放的,只要有足够的担保品,银行就没有充分的激励去监控企业。另一方面,韩国的大企业也很少向银行部门参股,因为政府掌握了银行的实际控制权(如信贷政策制定和银行高级管理人员的任命),大股东并不能产生任何影响力,主体交易银行某种程度上是政府的下属监管机构。在这些情况下,保持债权关系而不是股权关系是主体交易银行和企业双方的一种理性选择。在主体交易银行与企业存在金融交易以外,非主体交易银行(如韩国发展银行)也与企业存在较为频繁的业务关系,并且还扮演着与日本主银行极其相似的角色——作为企业长期资本尤其是国外资本的唯一提供机构,特别是韩国发展银行的贷款不仅利率低而且不受信用控制的限制,使企业与韩国发展银行保持了远比主体交易银行更为紧密的关系。在以下两种情况下,韩国发展银行可以提供股权融资:一是如果某一投资项目对经济发展特别重要而所需资本又超过私人企业的承受力时;二是当客户企业面临严重的财务困难时,韩国发展银行会投资于新企业和将贷款转化为股权以缓解财务负担。从投融资决策方面看,政府实行了一系列的"金融抑制"抑或"金融约束"政策来保证稀缺的储蓄资源能够配置到符合产业导向的那些领域或项目中。

### 8.2.2 政府主导合约层面的探讨

一般情况下对于政府主导的产融模式都是侧重于从组织层面分析,但是合约层面更能清楚地看到这种模式下的产融结合是怎么运作的,更能把握其本质。

政府主导下的产融结合其实涉及的合约是产业资本合约和金融资本合约,政府并不代表合约,产业资本合约的组织形式是实体企业,金融资本合约的组织形式是金融机构,比如银行、基金等。最终的结合也是产业资本合约与金融资本合约进行结合。而政府在中间不参与任何的决策或者利益分配,政府只是起到牵线搭桥的作用,更重要的是起到引导和规范的作用。政府通过一些政策或经济手段促使银行金融资本合约与符合政府利益的产业资本合约融合,从而完成政府目标。这个过程中政府只能是以第三方的身份参与,虽然其具有银行作用,但是并不直接参与产融结合。

图8.2 政府在产融结合中的定位

### 8.2.3 政府主导的条件

不是任何国家任何时段都可以实行政府主导的产融模式,这需要一定的条件:首先,拥有不完善的金融市场,金融工具种类不多,企业很难通过丰富的渠道进行融资。正是金融市场的不完善,才使得完全依靠市场无法完成有效资源配置,因此需要政府的参与和帮助。也就是说政府主导是这种情况下不得已的行为,也是最优选择。其次,政府对市场可以形成有效的控制,这种控制可以是对以银行为代表的金融机构的控制,也可以是对市场的导向作用明显,只有政府具备这种能力的时候才能将自身的意志反应到市场上;还有,各行业发展并不均衡,有些产业处于比较低级的状态,这时候就需要一定的外界推力迅速实现产业结构调整和升级的目的。再次,市场中拥有很大的不确定风险。市场中拥有很大的风险,才使得投资者对资本有着非常高的预期报酬率,如果仅靠市场进行融资,那么对企业而言是一个非常大的负担,甚至一些新兴行业因为巨大的财务成本不得不放弃新产品的研发和结构升级,这时候就需要政府通过一些手段向一些重点发展的行业和企业进行注资,从而实现经济目标。最后,市场监管不太完善,市场监管的缺失使得信息不对称度增加,不仅会增加融资成本,而且使得道德风险、投机风险等大大增加,必须通过政府的正确引导才能降低风险,降低成本。

正是由于政府主导必须具备以上的条件才能达到,而我们可以发现这些条件都是经济落后的发展中国家才能具备的。尤其是东亚,由于传统地缘特征使得在这些条件上更适合政府主导下的产融结合,所以只能将政府主导的产融模式看作一种不成熟经济体制下的最优选择,而一旦经济发展到某种程度,市场完善之后,政府主导的效果大大降低甚至会阻挠市场发展。

要想搞清楚政府主导的产融模式条件,我们可以以韩国为出发点。韩国是实行政府主导模式最为典型的国家,自从战争结束以来,韩国政府作为资源配置的主导力量,经过短短几十年间,就从一个落后的传统农业国家转变为中等发达国家,这是世界经济史上的一个奇迹,也是政府主导下产融结合的一个最有说服力的实证。

战后的韩国,工业还比较薄弱,现代意义上的金融市场还没建成,而企业只能通过银行这个单一的机构来筹措资金。经济对银行的依赖性比较强,同时社会上的资金也大量集中在银行,只有通过这一方式才能实现储蓄—投资的有效转换。这同时也说明只要控制银行的经营决策就能通过资金流动来影响产业的发展。而此时,韩国的各行各业也处于起步状态,各行各业都需要大量的资金来进行建设和发展,但是在社会资本有限的条件下根本不可能同时实现这么多行业的同时同步发展。而且,每个行业所处产业链的位置是不一样的,只有将一部分的行业优先发展,才能实现其他行业的发展,这就需要根据实际情况作出一个长远的战略规划,但是这种规划远远不是市场自身能够完成的,必须通过政府来进行长远的规划与执行。目前来看也没有哪个国家完全通过市场自身的发展就能实现经济的复兴,只有依靠政府的力量,政府制定一套规划,然后利用自身行政权力引导资金配置,从而对产业发展、产业结构调整、产业结构升级产生巨大的作用,以此实现自身的意志,完成经济的复兴。拥有了前两个条件还是远远不够的,这有一个关键因素就是政府必须拥有能够对市场和金融机构有效的控制力,否则任何政策都是无法很好地实行下去,而韩国等传统的东亚国家,政府拥有绝对的权力,在这个方面完全不成问题。

### 8.2.4 政府主导的优劣势

政府主导具有以下几个优势:一是,能够弥补市场的缺陷。由于市场具有不对称性,政府能够通过交易性银行的方式解决银企信息不对称的关系,通过政策性的引导,引导资金流向需要优先发展的行业;二是,可以通过政府主导来完善金融市场的机制,推进金融自由化改革,从而推动了金融市场的建设和完善,为金融市场更好地发挥作用提供了基础;三是,实现产业结构调整和升级,实现经济的复苏,政府可以通过一系列的政策调整实现各行业的均衡发展,最终实现经济又快又好的发展。

但同时我们也不能否认政府主导的几个劣势:一是,政府主导的力度不易控制,政府有可能并不了解经济需要调控的力度,或者不能准确地控制调控力度,可能由于用力过度使得一些企业的负债率特别高,从而使企业处于较高的财务风险之中;二是,政府的政策经常会出现迟滞现象,由于政府的政策只有等出现市场效果之后才能看出来,所以当政府开始修订政策的时候市场上的问题已经积累得比较明显了,政府无法时时刻刻跟着市场的反应而变化政策,只是一种阶段式的变化调整,甚至当一些问题根深蒂固后政府才开始思考对策,已经为时已晚;三是,政府主导并不全面,有可能干扰正常的市场秩序。政府实施自身的政策的时候可能对其他行业进行干扰,甚至当市场上已经不需要这种政策的时候一些优惠政策构成了变相的低效的补贴,而且政府永远无法替代市场的角色,永远不会像市场那么完善,总会在得到利益的同时产生一些弊端。

总的来说,政府主导下的产融模式不是一种最为理想的产融模式,这只是在一种特定状态下的不得已的最优选择,而当市场逐渐成熟,经济逐步提升之后政府主导就不太合适,此时就应该逐步向市场主导靠拢。而向市场过渡的过程中出现了一种介于两者中间的模式——银行主导模式。

我们可以从韩国的产融结合历史中了解产融结合模式的优劣势:韩国政府对市场的主导主要是通过银行机制来完成的,韩国实行的是主体交易银行制,政府长期剥夺银行的人事任命权、经营自主权、利率决定权,并赋予一些主体交易银行监控大企业的职能,以执行"一揽子信用控制"计划,使得银行无须持股就可以获得企业内部信息,克服不对称性。在正常情况下,主体交易银行可以对企业提供长期资本,在企业面临财务危机的情况下,银行又可以通过债转股化解企业财务危机。

韩国政府在不同的时期实行了不同的政策。20世纪60年代以后,政府

加强了对国内金融机构的控制,银行基本上没有自主贷款的余地,政府通过信贷分配与倾斜制度,向目标产业的投资者提供保险单贷款(即政策优惠贷款)。在政府的信贷扶持下,生活日用品、轻工制造业、重化工业等产业部门和相关企业先后获得了长足发展。但信贷配给也带来了一系列的负面影响,主要表现为企业负债率高,投资项目的效益低下,中小企业融资依然困难,银行资产质量的下降等。70 年代以后,韩国政府为了克服过度干预资源配置而产生的严重后果,开始推进金融自由化改革,在融资制度上则实行信用控制以扼制大企业集团过度负债经营的状况,改善公司的资本结构以增强自我发展能力,主要措施是对韩国前 50 家最大的企业集团执行"一揽子信用控制"计划,包括对总贷款规模、使用用途等都有明确的规定,并由大企业的主体交易银行来具体履行这些监控职能。80 年代前后,出于改善大企业资本结构、扼制经济权力的过于集中等目的,韩国政府通过了一系列的法令建立了信用控制体系,赋予部分大银行以主体交易银行的资格,由它们负责对前 50 家大企业集团财务经营状况的监控。

## 8.3 银行主导

### 8.3.1 银行主导的认识

银行主导下的产融结合模式是政府主导向市场主导过渡下的产物,真正完善的市场应该是市场主导,但是在经济发展的某个阶段,还达不到市场主导的条件,但是政府主导又不合适的时候就需要一种中间的主导模式来起决定性的作用,这样既有市场化的特点,又具有高度的组织性,甚至能够在某种程度上反映政府的意志。

　　银行主导下的产融模式就是资本的流向主要是以银行为中介,银行通过债权和股权等金融工具调整资金的流向,成为社会资金循环的中心,并根据市场信息指标所反映的资本供求状况来进行资源配置。在社会储蓄转向投资的过程中起到主导作用。银行通过债权和股权工具一般能够参与到企业的经营决策中,甚至能够在企业中派驻自己的人员。世界上典型的银行主导型的产融结合模式主要分为两种类型:一种是德国的全能银行制,一种是日本的主办银行制。这两种制度安排主要是在银行和企业之间的结合环节不太一样,全能银行更多的是以股权形式结合,而主办银行更侧重于以债权结合,但是它们最终都能达到产融结合的目的和效果。全能银行制就是银行可以混业经营,可以进行投资银行业务,可以通过持股来直接参与到企业的经营中去,从而形成紧密的产融关系;而主办银行是对企业来说拥有一家关系稳定,也对企业承担主要监督责任的银行,对企业来说在资金筹措和运用方面容量最大,并且通过持有企业股票、人员派遣等方式进行紧密融合。与全能银行不同的是主办银行可以通过股权结合,但是更多的是一种制度安排来维持,有的银行在企业中没有持股但是还能对其负有主要监督责任。可以说全能银行拥有着比主办银行更高的紧密度,它是以股权的方式进行产融结合,股权之下透露着人事决策、经营决策、财务决策等方面,代表了两者利益在某种程度上的一致性,甚至当持股控制达到一定程度后,完全将企业作为自己的一个子公司,一个附属企业,为自身的战略规划而布局。这种方式下企业很可能会失去一些自主性,必须听从和受制于银行,如果银行过度强势,那么对于企业的发展可能会起到一定的限制作用。但是只要将企业的自主权保留在一定的范围内,对于企业发展还是比较有利的,不仅能够自主决策,而且能够将银行的资源用为己有,银行也能让企业为自身战略服务。主办银行的结合程度一般比全能银行的结合程度弱,主办银行更多的功能不是去主导企业的决策规划和战略目标,而是去监督企业,降

低企业的风险,它不会派驻更多人员参与企业的比较基础的生产管理,而是更多地参与到企业的监督以及投资中去,比如更多地往监事会中派驻人员,国家也正是希望主办银行能够对银行的信用和风险进行全面的监督,从而也能使国民经济的风险得到控制,而且随时能够进行评价。

## 8.3.2　银行主导在合约层面的探讨

同样一般我们分析银行主导都是着眼于组织层面,而对于合约层面的探讨太少,虽然合约层面无法像组织层面那么具体那么明显,但是合约层面的探讨更能从本质上把握这个规律。

合约层面银行主导其实就是两种合约的一种融合,银行是金融资本的一份合约,而企业是产业资本的一份合约,这些合约中汇集了这种资本所对应的权利和义务,是一种约束集,也明显地具有那些资本的特点。银行主导就是代表银行资本的合约在这份交易中具有主导的地位,这份合约是融合的关键,产业资本合约的权利和义务是根据银行资本合约的而设计的。这两种合约之间没有任何中间的其他主体,而是两种直接接触、融合。

图8.3　合约层面的银行主导

## 8.3.3　银行主导的条件

银行主导主要需要以下几个条件:一是,金融市场相对比较完善,资金循环的阻碍较小。这样才能保证银行能通过市场的反应去了解企业,并对企业的经营决策进行参与;二是,政府对金融机构和金融市场的控制力不太强,否则的话政府完全通过自身对金融机构的控制去影响资金配置情况;三是,社会资本比较缺乏,这样资本和资本之间的竞争性较弱,银行才能对企业拥有较大的话语权;四是,必须要制定完善的法律,否则的话极容易出现金融混乱的现象。

综合来看实行银行主导的许多国家都有一个共同特点,就是都是"二战"的战败国。"二战"之后,这些国家都是工业凋零,国内经济受到重创,社会资本急缺,这些都说明了经济急需复苏,对资金有强烈的渴求,但是同时由于是战败国,它们的政府对于金融机构和市场没有特别强大的控制力,市场相对来说有更大的自由空间,但是在这种资金急缺的情况下,又无法完全通过市场来调节资源配置,必须需要一个强有力的组织来保证资金流向最高效的行业,而银行正好符合了这种要求,政府只需要作出一种制度安排,银行就会主动地去调节资源配置。它们之间还有一个共同的特点,即虽然战后很多工业被摧毁,但是还拥有技术储备,能够迅速复苏起来,而战前它们都是发达国家,拥有比较完善的金融市场,所以在经济复苏的阶段,想要金融市场先发展到一定的程度也不是一件特别困难的事情,这也成为各国实现银行主导的重要基础。

## 8.3.4　银行主导的优劣势

银行主导模式主要有以下几点优势:一是,银企之间消除了信息不对称。由于银企双方紧密的结合,银行是企业主要的监督人,并且对企业的经营决策进行参与,就能从本源上保证两者利益的一致性;二是,为企业的后续发展提供了强大保障。由于有银行的支持,企业相当于获得了长期融资的保障,就可以从更加长远的角度规划企业的发展,可以用较多的资金投入研发、创新、技术储备和升级等,使得企业拥有特别强大的竞争力;三是,降

低了企业的经营风险,由于在企业出现财务或经营困难的时候,银行可以通过债转股或免债免息等方式帮助企业渡过难关,企业拥有更大的抵抗风险的能力;四是,提高资本利用率,银行不会去寻找一些收益低的企业结合,而是寻找有潜力、风险低的企业结合,这样就保证了资本能够流向高效的行业;五是,政府可以适度干预,政府可以通过一些制度安排来体现自身的意志。

当然,银行主办制也不是万能的,也有以下一些缺点:一是,风险极易传导。由于银行是现代金融的核心,一旦银行出现了危机那么风险会成倍扩张,所以如果出现经济萧条等状况的时候,企业的风险可以通过银行成倍地放大,从而对整个经济体系产生强烈的副作用。二是,企业的自主权受到一定的干扰,由于银行是风险厌恶者,那么银行极有可能在参与企业的经营决策的时候选择一些风险较低的方案,这样整体收益也会降低。三是,银行的强势可能会削减其他金融机构的作用。由于银行具有非常强势的作用,可能会对企业的融资进行干预,作出利于自身的决策。四是,不利于自由金融市场的建设,由于银行拥有强大资金支持和资源,在与其他金融机构竞争的时候会拥有特别大的优势,很不利于其他金融机构的发展和金融市场的繁荣。五是,当市场发展到一定成熟度的时候,银行主导下很可能破坏市场的自主性,对市场形成过多的干扰。

综上所述,银行主导相对于政府主导具有更多的自由性,而对市场和资本市场的要求也相对较高,但是还没有达到市场主导的标准,所以可以将银行主导看成是政府主导向市场主导之间的一种过渡状态。这种状态不是主动的,只是随着市场环境和国家环境的变化而变化的,而不是人为主导的。通过银行主导的模式,德国和日本分别从战后万物凋零的状态,变成了今天世界上非常重要的经济体,而且它们的企业在世界上也表现出强大的竞争力和后劲。

### 案例：德国银行制度

德国全能银行制下的融资制度是一种介于关系型与非关系型融资之间的混合融资制度，企业内部融资在资本结构中的比重较高，外部融资主要由商业银行提供，而直接通过资本市场筹资的比重极小。这种融资制度的形成，有其历史和现实的重要原因。在德国战后重建时代，银行通过为企业提供流动资金和中长期贷款、认购企业债券和风险资本，并帮助企业承销债券和股票而确立起在德国投融资体系中的核心地位。现实地看，全能银行的服务使企业发行股票筹资不如从银行贷款简单易行又节约交易费用，此外法律限制工商企业在银行以外的国内国际资本市场上融资。从 1977 年起，德国政府实行新的法人税——对企业增收服务税和股东所得税，这种双重课税制度减弱了企业的股票融资动力。商业银行对企业的信贷决策完全建立在资金的安全性、流动性和收益性基础上，通常银行要对申请贷款的企业进行严格的审核，包括自有资本比率（不低于 20%）、项目投资效益、公司财务状况等，当企业出现暂时性财务困难时，银行会召集其他债权人给予救助，或者把债权转为股权从而直接接管控制企业。据 1990 年末德国企业资产负债情况分析，企业依靠发行有价证券筹资 580 亿马克，仅占其资本总额的 12.2%，而向银行所借长期和短期贷款高达 15,940 亿马克，大大超过了企业自有资本 4,750 亿马克，占其资本总额的比重为 61.5%。所以，企业对银行贷款的依赖仍然很深。

据对德国 100 家最大企业的调查表明，96% 的监事、14% 的监事会主席均由银行挂名，尽管银行只持有上市公司不到 10% 的股权，但其投票权高达 50% 左右。监事会中至少有一名银行代表的公司占 83.6%，银行总表决权超过 75% 的占公司数的 29.8%，在 50%—75% 之间的占 15.8%，而低于 10% 的仅占 29.8%。德国公司治理结构的一个特征是所谓的"双委员会制度"，即由管理董事会和独立的监事会组成。监事会有权任命和解聘管理人员,管理层负责企业的日常经营。无论董事会还是监事会都不具有绝对的权力,公司治理结构具有复杂的制衡机制,即"共同决策"机制。监事会和管理董事会的成员被视为所有在企业中拥有风险投资的代理人。在共同决策制下,职工代表占据半数席位,因此全能银行对公司治理结构的影响必须考虑与职工代表的协调。在这样的公司治理结构框架下,德国的全能银行主要通过监事会对公司治理施加影响。全能银行直接持股和拥有代理股票权的份额,决定了它们在监事会中席位的多少。另外,三大银行还通过有效控制股票交易,加强其在公司监事会中的地位。全能银行依据自己所掌握的投票权,通过股东大会确定监事会和管理董事会的人选,影响经理阶层的决策行为,使之符合大股东的利益。同时,银行的参与还阻止了外部对公司的敌意接管。因为接管公司必须持有75%的股份,而银行的存在使外部接管者难以达到这个份额;另一方面一个拥有25%股权的股东就可以对公司的任何决定拥有否决权,而银行实际掌握的投票权远超过这个份额,从而也形成了银行对公司的有效控制。当然,银行参与大公司的监事会还起着咨询、指导、协助企业管理的作用,而且这种参与还是维持和促进商业关系的一个环节,并能降低所有权与经营权分离造成的代理成本。

## 8.4 市场主导、政府主导、银行类主导三者的关系

在产融结合的进程中能够发挥作用的主要是政府和市场这两个方面,也就是说,产融结合具有政府性和市场性。政府性和市场性一直存在于产融结合的整个进程当中,产融结合一方面具有政府性,政府可能会促进产融结合的发起也可能禁止产融结合的进行,在产融结合的范围和方式上政府

图 8.4　市场、政府、银行三者关系

可能也会有不同的限制;另一方面,产融结合具有市场性,市场为产融结合的进行提供了中介和途径。在政府主导的产融结合过程中,产融结合的政府性大于市场性;在市场主导的产融结合过程中,产融结合的市场性大于政府性。由于事物的性质是由事物的主要矛盾决定的,因此我们知道在政府主导的产融结合中,政府性决定了市场的性质;在市场主导的产融结合中,市场决定了市场的性质。

世界各国的经济发展形势表明,经济体制总是由政府主导逐渐转向市场主导的,在成熟的经济体中,只有市场才是整个经济行为的最主要的决定因素。政府主导是在经济金融体制不完备的情况下由政府代替市场发挥职能,但是在政府主导的情况下,政府为了获得经济的具体情况并且做出决策可能会发生非常大的信息成本,而且政府的指令总是迟滞于现实经济的发展,所以会发生资源浪费的情况,经济效率低下。所以,政府并不是理想的经济调控手段,只有完善市场结构,健全市场体制,把调控经济的职能尽早归还市场,才能使经济运行更加健康有效率。

银行主导,就是在产融结合由政府主导转变成市场主导的过程中出现的一种过渡状态,银行主导的产融结合既有明显的政府特征,又有明显的市

场特征。一方面,银行是政府调控和治理经济的重要手段。政府通过银行来实行自己的利率政策和其他金融政策,政府通过对利率的调节控制可以影响企业融资的成本和银行借款的收益,从而进一步影响企业的投融资决策和生产经营活动。由于银行是货币的创造者,通过调节存款准备金率政府可以直接控制经济中流通的货币的规模,并且可以根据经济的变化随时进行调整,在越来越敏感的金融市场中,银行作为政府调节经济的一个非常有效的工具存在。另一方面,由于银行也是经济主体,也可以根据经济情形的变化和自身的需要与其他企业进行产融结合活动。工商企业可以参股控股商业银行来分享金融业的高额利润,并且利用这种参股行为获得商业银行的其他金融服务。商业银行也可以参股一些实体企业,优化自己的资本结构和风险水平,调整自己的经营战略,发挥经营和财务协同效应,分享产融结合产生的超额收益。在这种情况下,银行是作为产融结合的参与者出现的。所以,银行主导的产融结合兼有政府性和市场性,是政府和市场的交叉,更是一种过渡,随着金融体制的更加完善,政府的角色进一步弱化,市场的地位逐渐增强,产融结合的政府性也会进一步减少,市场性进一步增加,银行主导的产融结合也会演变为市场主导的产融结合。

## 8.5 中国的主导模式

在当今,我国的产融结合模式不能用单纯的市场主导、银行主导,或是政府主导来概括,而是在这三个方面都有所表现,即包含市场性、政府性、银行性三方面的性质。

我国产融的结合混合主导模式既是我国当今经济发展的现状,也是我国产融结合发展的必然。我国自从改革开放以来,就没有停止向社会主义市场经济发展的步伐,但这个过程不是一蹴而就的,既需要政府不断的扶持与帮助,也需要产融双方在自身不断发展的基础上通过发挥自身的主动性寻求最合适的产融结合方式,而我国现在恰恰是在这么一个市场主导不断发展,政府主导逐渐弱化,银行主导处于相对优势期的过渡阶段,这也就导致了我国的产融模式在市场性、政府性和银行性上有着自身独特的特点。

## 8.5.1  市场性

目前我国金融行业具有较大的利润空间,行业利润一直高于社会平均利润水平,对于实业企业做大做强、寻求新的业绩增长点有很强的吸引力。实业企业通过进入金融领域,延伸产业链,不仅可以获得长期稳定的投资收益,还可以避免主营业务所在行业的周期性波动,有效平滑净资产收益率。通过参股或者控股金融机构,企业集团可以获得更多的融资便利和专业化金融服务。目前国内产业资本与金融资本的结合尚处于初级阶段,争取从金融机构获得更多的信贷支持仍然是不少产业资本进入金融领域的主要因素,尤其对于积极实现大规模扩张、投资多元化和资金流量大的集团企业来说融资便利显得十分重要。同时,受制于目前国内金融业的发展水平,大型企业集团通常无法得到专业化的金融服务,通过涉足金融业,可以凭借其自身的专业优势打造个性化金融产品,为企业自身提供专业化金融服务,在获得优质服务和利润不外流方面实现双赢。

另一方面,随着金融体制改革的深入,各类金融机构如雨后春笋般出现在当今金融市场中,外资金融机构也纷纷在中国设立分支机构,想要在中国的金融市场上分享中国经济高速发展的红利。这使得金融机构的压力越来越大,金融机构不得不面临越来越激烈的竞争,要想在这种激烈的竞争中站稳脚跟甚至寻求发展,金融机构需要大幅提高自己的资本金,增加自身的市场份额,通过规模效应和成本优势在竞争中取胜。所以,不少金融机构开始

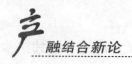

寻求一些优良的实业企业参股,这些企业有着雄厚的资本和充足的现金流,而且有投资的需要,金融机构相对仍然处于高位的资产收益率对实体产业资本来说是一个相当大的吸引。

两方进行产融结合完全是出于双方对于对方资源的需求,金融企业寻求更大的资金规模来拓展自己的市场增加自己的市场份额和竞争力;实体产业为了寻求更高的资产收益率,也可能是为了自己多余的现金流寻找更好的投资机会。总之,双方都有对方想要得到的东西,这时候市场机制就开始发挥作用,双方并没有受政府的行政干预或者命令,而是完全基于自身的意愿进行的产融结合。这时产融结合体现的主要是市场性,是市场主导双方进行产融结合,政府性在其中扮演了次要的角色。

## 8.5.2　政府性

由于我国金融机构很少有离开行政支持而成立和发展的,银行本身又具有很强的行政色彩;而真正能进行产融结合的企业一般又是有较强实力的国有企业,因此,在产融结合中,行政力量的作用是不可低估的。这一点,在产融结合初期,表现为可能形成一种行政推力,但在产融结合中期,可能会因为各种机制不能适应市场的选择,不能接受市场的压力,最后带来行政性结合的失败。

建立企业集团内的财务公司,是我国产融结合的最初尝试。它是我国经济体制改革中出现的一种为企业集团内部成员提供金融服务的非银行金融机构。财务公司紧紧依托集团、服务集团,运用内部结算、筹融资、中介代理等金融手段,积极支持企业集团发展,促进了产融结合,培育了所在集团的金融功能,使企业金融成为我国金融体系的有机组成部分。财务公司具有双重身份、双重地位,它既是企业集团的成员,但又不同于一般的集团成员;它既是金融机构,但在接受中国人民银行领导的同时又接受企业集团的领导。从财务公司这个例子就可以看出在我国进行产融结合过程中政府的角色还是非常重要的。首先,财务公司的设立需要我国金融监管机构的批准,并不是所有的申请都能被允许,只有那些拥有雄厚实力的大型企业集团才能成立财务公司,政府在产融结合的准入上起着筛选的作用。另外,财务公司还需要接受中国人民银行的领导。财务公司不是企业集团的私产,它有着金融机构的限制,由于金融行业在社会经济中的特殊地位,我国政府对公司的财务公司进行监管和领导,目的是为了维护金融系统的稳定,也为了防止财务公司经营法定规定以外的业务。

由于我国的国有资产规模宏大,作为其化身的国企和央企在经济中也扮演着十分重要的角色。在进行产融结合的过程中,行政指令和行政划拨的实例并不鲜见,这也从另一个侧面证明政府在经济领域尤其是产融结合过程中的重大影响力。

## 8.5.3　银行性

这种情况可能在我国多元化主导中占有一个很重要的部分,而且也是改革过程中一个很重要的过渡。刚开始我国银行国有控制比较厉害的时候,银行的高管和信贷政策由政府任命和制定。银行利率也由政府决定,银行更多地执行的是政府的政策,这时候更多反映出的是政府主导性,这个在国有政策性银行上反映更为明显。当我国市场逐步完善,金融市场进一步发展,政府放松对市场的控制的时候,银行就拥有更大的自主权,不再是单纯地执行政府的政策,而是考虑自身的经营状况和发展规划,尤其是股份制改革以后,银行脱离行政体系,拥有更大的经营自主权和人事任命权,随后各个商业银行和城市商业银行甚至各地农商行雨后春笋般地涌现出来。不仅造就了金融市场的繁荣,而且能够使大量的社会闲置资金通过这个体系转换成投资,这样一来银行在储蓄—投资转换环节中具有非常大的作用,同

时政府对银行干预较少，甚至在某种程度上只提供指导性的意见，利率在一定范围内也可以由银行根据供需关系自由决定，这样就造就了银行在这个金融体系中拥有更大的话语权，也就是说银行对于市场具有更大的主导性。比如在房地产泡沫增大的时候银行会限制资金流向房地产行业，这是大部分银行的理性选择，而不需要通过政府的行政命令来执行，都是为了自身利益的一种选择，这个选择也远比政府行政命令反应迅速，效果也明显。总的来说，我国银行的国有成分还是比较重的，政府很多不直接参与市场的调控，或者直接干预经济，但是通过银行就可以迅速准确地将自己的意志传导到资本市场，从而传导至产业中。比如央行下调利率之后，很快市场上就会做出反应，而这种反应也正是政府的意志，接着各行各业会因为资本流向和量的问题而随之改变。

所以，目前我国由于各地各行业经济发展层次不同，各个主导性都会存在，只是此消彼长的关系。随着经济的发展和市场的完善，政府主导逐渐会会退出历史舞台，只能变成一种指导而不是主导，银行主导在一段时期内发挥作用后也最终退出历史舞台，而真正发挥作用的应该是市场主导，但是每个层次都受制于经济发展具体状况，不能人为地强制变迁。不光我国是这样的，即便是世界上比较发达的国家也都避免不了这几种模式的同时存在，美国可能是市场化程度最高的，但是在某些特定的情况下，政府还是会进行主导的，比如在金融危机的时候。而美国以前银行可以混业经营的时候，银行主导也辉煌过一段时间。相比而言欧洲的一些老牌发达国家中政府主导的成分较大。所以说不能说是哪种模式在我国应该怎么发展，而应该根据我国的具体情况自行发展，比起20年前，市场主导已经发展了很多，政府主导也退去了很多，这都是根据不同的经济发展水平来决定的，如果人为地强行改变，到最后很可能适得其反，用一句话来总结主导模式的变迁："合适的才是最好的"。

## 8.5.4　产融型金融控股集团模式

我国现阶段产融结合的一个明显趋势是产业企业集团向金融控股公司转化和演进。金融控股公司是金融业实现综合经营的一种组织形式,也是一种追求资本投资最优化、资本利润最大化的资本运作形式,产融型金融控股集团是指产业集团办金融而打造形成的金融控股集团。事实上,金融控股公司在我国早已存在,比如中信集团、光大集团等,各主要央企加大对金融产业的投资,包括创设财务公司、资产管理公司,参股商业银行、保险公司、证券公司、基金公司、信托租赁公司等,各主要央企旗下的金融公司种类也日趋齐全。就投资和管理主体而言,中央企业投资于金融产业主要有三种途径:一种是主要由集团直接进行金融股权投资。典型企业是中石油与中海油。如中海油直接投资于保险和信托,并通过集团层面金融决策委员会负责金融投资决策与金融业务管理政策制定。一种是专设金融控股公司进行投资和管理。由集团公司成立控股平台公司,统一运作和管理金融企业。典型例子是国网英大国际控股集团有限公司,旗下涵盖银行、保险、证券、资产管理等多个板块、多家金融单位,负责系统内金融资产的投资和管理。还有一种是集团与旗下某个金融公司(一般是投资平台公司或信托公司)共同投资和管理。五矿、宝钢均采用了这种模式。如五矿公司的金融投资,主要是由集团和五矿投资公司实施完成的。

企业集团向金融控股公司转化,与一般的企业参股、控股金融机构并非相同,后者主要以即期盈利为目的,向某一类或若干类金融业进行资本参与和渗透;而前者兼顾即期盈利和长远发展,几乎全方位介入金融领域,直至以金融为主业,因此,它是一种经营战略的转型。企业集团向金融控股公司转化与企业集团内部设立财务公司也不相同。它是在产业之外投资并购银行、证券、保险、信托等金融机构,达到参股、控股的目的。金融控股公司的经营特点是集团公司混业、子公司分业,且金融业务占绝对比重。当前的一些企业集团,尽管涉及金融业的范围和程度各异,但基本上都把金融业作为拓展的重点。因此,虽然它们目前还不是真正意义上的金融控股公司,但可以说处于向金融控股公司的发展和转化之中,或者说基本具备了金融控股公司的雏形。

我国产融结合出现国有资本主导的金融控股集团模式,这是符合我国国情,具有中国特色的。我国产融结合受行政影响较大,产融型金融控股公司的设立受惠于政府给予的特殊政策,是对既存的经济体制和法律规定的超越。当前我国的国有经济仍占绝对比重和主导地位,而国有企业和国有商业银行存在产权不清、难以建立科学完善的委托代理机制等问题,受行政干扰一直较大。金融机构很少有离开行政支持而建立和发展的,在经营中也具有很强的行政色彩;真正进行产融结合的工商企业又以实力较强的国有企业为主。因此,在产融结合中,行政力量的作用不可低估。这种影响在产融结合的初期可能形成一种行政推力,但也容易使产融结合的各种机制与市场机制的要求不相适应,最终导致行政性结合的失效或失败,不能实现产融结合模式由政府主导向市场主导的彻底转变。

# 第九章　产融结合的历史考察

前文论述了产融结合的一般规律:产融结合的基本概念、合约选择、主动性、效果、治理及主导模式之后,有必要对产融结合一般规律进行历史总结和检验,即使用一般规律去解析产融结合的历史发展过程。

首先,要整体把握产融结合历史,从产融的本源及第一次分离开始,到后来的再结合,再到结合出现瓶颈,最后到现在的二次结合浪潮。本章试图探求产融的分离与结合历史,并伴随着分析每次结合的问题与原因,为未来产融结合的发展趋势做出引导。

其次,由于金融合约与金融机构在产融结合中的重要地位,有必要对其发展历史进行归纳与总结。

最后,依据各个国家的不同特点对其产融结合历史进行论述并产生全新的认识,主要涉及的国家有美国、日本、德国、韩国及中国。

## 9.1　产融结合历史的总体概况

产融结合的历史过程其实就是"产"和"融"由一体到分离,结合,再分离,再结合不断循环往复的过程。"产"和"融"的分离与结合主要是根据当时当地的经济发展状况来确定的,如果"产"、"融"分离更能适应经济的发展和进步,那么"产"、"融"就会更多地倾向于分离;如果"产"、"融"结合更

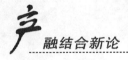

能够促进经济的发展,那么产融结合就会成为一个经济体更优先的选择和偏向。具体来说,产融结合的历史经历了由产融一体到产融分离、到产融再结合及大发展、产融结合的曲折及治理、产融二次结合浪潮与暂时危机等阶段。如图所示。下面的章节我们就来对各个阶段进行具体阐述。

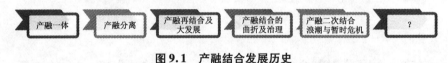

图9.1 产融结合发展历史

## 9.1.1 产融一体化

在最初的社会和经济形态下,"产"和"融"是没有进行区分的,即产融一体化,在漫长的经济活动中,"产"和"融"是随着社会生产力的提高,经济的逐步发展,剩余产品的出现,交换的产生和发展才逐渐区分和演变成现在这种结构和格局。经济的发展和社会生产力的提高导致了剩余产品的出现,从而使得当时的人们有了交换的需要;而社会的专业化和分工使得人们难以自给自足,必须借助社会其他成员的交换才能保持和提高自己的生活和消费水平。交换的产生,是"产"、"融"分离的基础,有了交换的需要,人们才会逐步发现哪些物品能够更好地促进交换,更好地方便自己和他人,人们发现并且改造了这些物品,这便是"融"的萌芽和雏形。

**案例:交换的产生**

社会成员 A 一天出去打猎,由于当天天气比较好,驯鹿们成群地出来晒太阳,正好被 A 遇见,辅以还不错的箭法,A 猎杀了三头驯鹿,由于当时天气比较炎热,又没有阴凉的地方可以存放,A 预计如果当天不能将这些鹿肉吃完,第二天可能就会腐烂。回家的路上 A 一直在想应该怎么样才能避免当天的猎物由于吃不完而浪费掉,恰巧遇见了社会成员 B,B 也是一家之主,负责寻找家庭生活需要的食物,B当天出来一整天,没有捉到任何动物,也没有发现其他可以充饥的东西,但是在一个山腰上发现了一把弓箭和一把箭镞,可能是某个猎人打猎的时候被一群动物围攻吃掉了。A和B两个人在回家的路上相遇了,通过交谈他们了解到,A的猎物太多吃不完会烂掉,但是打猎的时候把弓箭弄坏了,B当天没有找到猎物但是捡到了一把对自己没什么用处的弓箭,因为自己前一天刚做了一个。A提议用一头驯鹿交换B捡到的那把弓箭,B觉得这个主意非常不错,两人一拍即合,各自得到了自己想要的东西。这就是一种物物交换,但是这种交换是偶然的,是限于当时当地交换双方各自拥有的多余的东西成为对方需要的东西时,交换才会发生,但是这种交换是不可复制的,即使是同样的两个人,他们下次可能也不会发生同样的交换。这时候还不存在大家都认可的可以用来交换其他货物的东西,所有资产的流动性是相似而且是比较低的。

### 一、自然分工与物物交换

自然分工是人们在劳动中按性别、年龄进行的分工,出现于原始社会,是人类分工的起点。如成年男子从事捕猎等劳动,妇女从事采集和原始种植等劳动,老年人指导生产,小孩帮助妇女劳动。在近代农业和手工业中,也存在自然分工,是与社会分工相对应的一个范畴。这种最简单的分工形式,发挥个人的身体特长,使劳动生产率有所提高。

自然分工的出现伴随着原始物物交换的产生,因为只有在分工明确,生产力有所提高的基础上,才能伴随着剩余来进行物物交换。在物物交换时代,人们使用以物易物的方式,交换自己所需要的物资,比如一头羊换一把石斧。而这种最原始的物物交换,逐步引出了"产"和"融"概念。

在原始社会,由于受到低下生产力的局限,人们的生产一般是以满足自己和家庭或者氏族公社的需要为目的进行的,并不是为了交换和储蓄。我们认为这时候所有的资产都是"产",经济中并没有"融"的踪迹。随着时间

的推移,社会生产力进一步提高,人们的生产在满足了自己家庭的需要之后,还有一些剩余,这时候就会有交换的需要,开始的时候只是偶然的物物交换,即参与者的双方同时拥有对方需要的东西,这时候交换便产生了。

**二、一般等价物的出现**

物物交换的出现虽然在一定程度上满足了原始的需求,但是有时受到用于交换的物资种类的限制。所以,人们不得不寻找一种能被交换双方接受的物品,这种物品就是最原始的一般等价物。牲畜、盐、稀有的贝壳、珍稀鸟类羽毛、宝石、沙金、石头等不容易大量获取的物品都曾经作为一般等价物使用过。一般等价物是能被大家普遍接受的,比如贝壳,用一头牛可以换到 100 个贝壳,然后用 100 个贝壳换取一头羊和一匹马——这说明了贝壳充当了一般等价物,即贝壳可以代表实实在在的物资,每种能够用来交换的物资都拥有明确的标价。严格来说,一般等价物是从商品中分离出来的充当其他一切商品的统一价值表现的商品,它的出现,是商品生产和交换发展的必然结果。历史上,一般等价物曾由一些特殊的商品承担,随着社会的进步,黄金和白银成了最适合执行一般等价物职能的货币。货币是从商品中分离出来固定充当一般等价物的特殊商品,这时候就出现了"产"和"融"的区分。

在人类发展的历史当中,出现一般等价物是"融"的最早形态,随着社会的发展,"融"的概念越来越深化,越来越被人们所接受,这是"融"形态的发展期。不过,此时"融"还没有完全与"产"分离,"融"还依附于"产",这就是最原始的产融一体化形态。此时的"融"还是一种一般等价物,即作为"物"概念,"产"更是理解为一般的实物形态,总之,这一阶段的"产"、"融"还是作为一种"物"的概念而显得混沌不清的。

通常意义上,我们所说的"融"就是指金融,将金融理解为"货币流通和信用活动以及与之相联系的经济活动的总称",广义的金融泛指"一切与信用货币的发行、保管、兑换、结算、融通有关的经济活动,甚至包括金银的买卖"。狭义的金融专指"信用货币的融通"。但是这只说明了"融"的表面现象,即实际操作层面的金融,并没有深刻阐释金融的本质。从上面简略的起源分析中我们可以得出以下结论:"融"起源于"产"的稀缺;"融"和"产"发生了一定程度的分离;"融"金的本质是"融"物。

**案例:战俘营里的货币**

"二战"期间,在纳粹的战俘集中营中流通着一种特殊的商品货币:香烟。当时的红十字会设法向战俘营提供了各种人道主义物品,如食物、香烟、衣服等。由于数量有限,这些物品只能根据某种平均主义的原则在战俘之间进行分配,而无法顾及每个战俘的特定爱好。但是人与人之间的偏好显然是会有所不同的,有人喜欢巧克力,有人喜欢奶酪,还有人则可能更想得到一包香烟。因此这种分配显然是缺乏效率的,战俘们有进行交换的需要。

但是即使在战俘营这样一个狭小的范围内,物物交换也显得非常不方便,因为它要求交易双方恰巧都想要对方的东西,也就是所谓的"需求的双重巧合"。为了使交换能够更加顺利地进行,需要有一种充当交易媒介的商品,即货币。那么,在战俘营中,究竟哪一种物品适合做交易媒介呢?许多战俘营都不约而同地选择香烟来扮演这一角色。战俘们用香烟来进行计价和交易,如一根香肠值10根香烟,一件衬衣值80根香烟,替别人洗一件衣服则可以换得两根香烟。有了这样一种记账单位和交易媒介之后,战俘之间的交换就方便多了。

香烟之所以会成为战俘营中流行的"货币",是和它自身的特点分不开的。它容易标准化,而且具有可分性,同时也不易变质。这些正是和作为"货币"的要求相一致的。当然,并不是所有的战俘都吸烟,但是,只要香烟成了一种通用的交易媒介,用它可以换自己想要的东西,自己吸不吸烟又有

什么关系呢？我们现在愿意接受别人付给我们的钞票，也并不是因为我们对这些钞票本身有什么偏好，而仅仅是因为我们相信，当我们用这来买东西时，别人也愿意接受。而这种大家都愿意接受某种商品的意愿，就促使了香烟这种一般等价物的出现。

## 9.1.2 "产"、"融"分离

"产"和"融"本是一体，随着社会分工和专业化的愈演愈烈，"产"与"融"也有了分工和专业化的因子。社会分工和专业化是人类社会发展中的重大事件，其推动了整个人类社会文明程度的提高。我们看到的独立经营的企业组织和金融组织，这些都是产融分离的表象，是分工与专业化的内在经济性促使的结果。产融分离更加明晰了二者之间静态条件下的区别与联系。

### 一、社会分工与专业化及其经济性

社会分工和专业化对社会经济的发展起到了积极的作用。社会分工是指人类从事各种劳动的社会划分及其独立化、专业化，是人类文明的标志之一，也是商品经济发展的基础。可以进一步理解为，分工就是两个或者两个以上的个人或者组织将原来一个人或组织的生产活动中所包含的不同职能的操作分开进行，而专业化就是一个人或者组织减少其生产活动中的不同职能的操作种类，或者说，将生产活动集中于较少的不同职能操作上。可见，生产的社会分工和专业化是一个事物的两个方面，这两方面越是发展，一个人或组织的生产活动就越能集中于不同的职能操作上。

人类历史发展的事实证明，社会分工和专业化，无论在广度上还是深度上，都是不断发展的。从广度看，今天社会分工和专业化的规模不仅在一国范围内的各个地区、各行各业间展开，还在世界范围内发生。各种各样的产品不但在不同地区，不同工厂产生，甚至同一产品的不同零配件也会在不同的国家的专业化工厂生产。例如,一些飞机上的零部件,有的在这个地区生产,有的在那个国家制造,然后在一个国家总装,这看起来会增加运输费用,实际上由于有了更细的专业化分工,不但提高了效率,节省了成本,还大大提高了产品质量。再从深度看,现代社会的分工越来越细,越来越专业化,生产部门越来越多,大门类中有小门类,小门类中还有小门类。显然,社会越是向前发展,社会分工的程度必然是越深化、细化。

**案例:人力资源外包促使社会分工进一步细化**

2003 年 9 月,宝洁与 IBM 签订了为期 10 年、价值约 5 亿美元的人力资源外包合同。从 2004 年 1 月起,宝洁全球各地的 800 名人力资源部门员工转入 IBM,协同 IBM 原有员工一起为全球的宝洁员工提供包括工资管理、津贴管理、补偿计划、移居国外和相关的安置服务、差旅和相关费用的管理以及人力资源数据管理在内的服务。IBM 还将利用宝洁公司现有的全球 SAP 系统和员工门户网站,为宝洁的人力资源系统提供应用开发和管理服务。

通过外包,宝洁成功实现了业务转型,集中精力专注于产品的配送和公司资源的重组上,把更充足的资源放在开发核心业务上。IBM 专业的外包服务使宝洁公司通过流程改造、技术集成和最佳实践来改进服务和减少人力资源成本,为高层管理人员提供统一、精确和标准化的实时员工报告,进一步改善决策质量;此外,还能够以更加实时、灵活和随需应变的方式提供各种员工服务。

为什么社会越是向前发展,社会分工越来越细? 这深层次的机理还是需要从人们从事的经济活动的成本和收益中去寻找。在市场经济中,追求自己的利益乃是人的本性,具有如此本性的人在从事任何一个经济活动时,都会比较从事这项活动付出的成本和所能获得的收益,只有收益大于成本,才会进行此活动。人类在分工中,一面要付出各种成本,一面会获得诸种利

益,正是利益大于成本才推动分工和专业化不断发展和深化。实际上,世上所有分工现象的产生,都受趋利避害倾向所引导。如果我们剖析一下各种各样的国际分工和国际贸易理论,无不包含成本—收益分析的原理。

越来越发达的分工,既符合每个人的微观利益,也符合社会进步的宏观利益。众所周知,社会生产力要能不断发展,就要求人们技术水平不断提高,而人们技术水平的提高,离不开越来越精细的分工。分工能够提高技术水平的根本原因在于,任何人获取、掌握和钻研技术的精力和能力总是有限的,在每人有限精力和能力的限制下,人们能够掌握的技术水平的高低,就自然与他所能掌握的技术种类的多少成反比,而分工可减少每个人掌握的技术种类,使每个人有更多精力专心致志于某一技术的钻研。因此,越来越细的分工与专业化能不断促进社会生产力提高。

## 二、交易与交换

交易是指双方以货币为媒介的价值的交换,因为它是以货币为媒介的,一般情况下物物交换不能算在内。而交换是指人们相互交换活动或交换劳动产品的过程,主要包括人们在生产中发生的各种活动和能力的交换,以及一般产品和商品的交换。

"交换"比"交易"的概念更为古老,传统的交换概念甚至可以追溯到原始社会中最初的物物交换的概念,而在近代的商品经济意义下,交换活动不仅仅是物质本身的运动形式,排他性的所有权是交换的前提,所有权的有偿让渡是交换行为的实质内容。在一般的经济学意义上,交换比交易有着更为深刻的含义:交换是社会再生产过程的不可缺少的一个环节,是连接生产及由生产决定的分配和消费的桥梁。在社会再生产过程中,交换的性质、深度、广度和方式都是由生产的性质、发展水平和结构决定的。例如,以生产资料私有制为基础的生产,决定了交换也必然是私人之间的商品交换;生产的发展水平比较低,决定了交换的方式也比较简单。但是,交换对生产也具有反作用,它会促进或阻碍生产的发展。鉴于此,在下文的论述中,我们一般用交换来包含交易的过程。

### 三、交换的专业化与产融分离

在经济学中,我们认为价值的产生不仅仅在于生产阶段的劳动,还来自于交换时的劳动。也就是说,单纯的物质交换本身就能产生价值。对于理解这一点,我们首先要明确的是价值绝不等价于物质,资源交换从来就不是等值交换,如果是的话交换就不会发生了,交换双方的合作都得到了获得更大价值的机会。对交换行为本身进行交换,就能够从交换行为本身中获取好处,而且使得交换双方各自的和共同的单位交易费用下降。

从长期看,进行交换活动时间越长,交换能力越强,单位交易费用越低,随着交换活动越来越深入的进行,当交易能力提高到足以使边际交易费用低于边际生产费用,完全放弃生产活动而进行交易活动的市场参与者——商人就出现了。而商人的出现就是交换专业化的开始。自此,交换活动获得了专业化带来的好处,商人之间也出现了分工,分化为商人、金融家、零售商、中间商、外贸商等。交换越是专业化,商人之间的交易越多,而商人间的交易也是有费用的,当将这些交易被企业内部化之后,如果企业内的交易费用低于市场的交易费用,按照科斯的理论,贸易企业就诞生了。

近代以来,货币与信用的发展使两者不可分割地联系起来,金融开始作为一支相对独立的力量在经济活动中发挥重要的作用,而现代商业银行等金融机构的出现则逐步将金融在经济当中的作用表现得淋漓尽致。除银行外,现代金融业中还包括各种互助合作性金融组织(如合作银行、互助银行、信用合作社或信用组合等)、财务公司(或称商人银行)、贴现公司、保险公司、证券公司、金融咨询公司、专门的储蓄汇兑机构(储金局、邮政储汇局等)、典当业、金融交易所(证券交易所、黄金交易所、外汇调剂市场等)和资信评估公司等。现代金融业的经营手段已十分现代化,电子计算机和自动

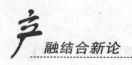

化服务已相当普及。

总之,伴随着现代金融业的形成与发展,现代工商企业也开始形成与发展。金融业逐步从产业部门中分离出来,开始出现了金融业和工商业并列的局面,"产"、"融"分离也便成为现实,并且"产"、"融"分离也从一个早期模糊的状态逐步发展成为现代经济的基石。

### 9.1.3 产融的再结合及大发展

随着交换与交易的日益频繁和密集,"产"、"融"发生了分离,但这种分离只是暂时的,产融的分离是为了下一次的结合。随着金融的萌芽,为了满足经济发展中"产"对"融"的各种需求,"产"与"融"又发生了再结合。当然,这也是"融"的需求,因为"融"也需要真正地依附于"产"。归根到底,"产"与"融"的再结合是一个提高资源配置率,满足资本逐利性的自然历史选择的过程。

在19世纪30年代以前,欧美各国实行的是自由放任、自由竞争的市场经济制度。与此相应,政府对金融业和产业的融合方式,也基本上采取放任自流的政策,就是说,基本上不存在对工商企业和金融机构之间相互持股和跨业经营的限制。由于在这个时期,欧美各国从自由竞争的资本主义走向了垄断竞争的资本主义,所以,产融的自由结合也大致可分为自由结合和垄断结合两个阶段。

1. 产融自由结合

这个阶段发生于19世纪70年代前的很长一段时间内,产融结合的主要特点有三个:

(1)对金融部门的定义基本局限在银行等间接金融部门,不论是政府部门还是企业部门都认为只有通过银行等间接金融机构所进行的融资活动,才是金融活动;而工商企业间的直接借贷活动,包括股票、债券、商业票据等有价证券的发行和交易,是工商企业正常的业务活动,不属金融范畴。因此,各国的立法和金融管理,主要着眼于银行等间接融资机构。在美国,1791 年美国第一国民银行的成立标志着联邦政府管理银行注册工作的开始,但一直到 1862 年"国民银行条例"通过,联邦政府对金融业的管理仅限于审查银行的设立条件和有关业务活动,对工商企业的直接融资活动未作任何限制。在英国,虽然于 1694 年建立了英格兰银行,1844 年通过"皮尔条例",但政府对金融部门的管理基本局限于登记注册上。

(2)银行等间接融资机构基本由工商业部门投资创立,其主要功能在于增强投资者(工商企业)的融资能力、解决工商企业发展过程中的短期资金融通问题。

(3)发行股票等直接融资活动,被看作工商企业的自主行为,由工商企业自由选择决定,不列入金融管理的范围。虽然英国在 1720 年发生了南海事件,导致了禁止企业自行发售股票的"气泡法案"的出台,但这一法案终因不合潮流而于 1825 年被废止。同时,虽然股票的交易逐渐由自发走向集中,但其管理则一直遵循自律原则。在美国,股票、公司债券的发行同样被视为工商企业的自主行为,其交易也逐步走向集中,但也以自律管理为特色。通过发行股票,这些国家快速地集中了大量资本,产业规模和企业规模也迅速扩大。1863—1867 年的 4 年间,英国新设的股份有限公司达 3400 家,资本总额近 6 亿英镑;1850—1870 年间,德国新设股份公司 295 家,资本总额达 24 亿马克;1815—1830 年间,法国的有价证券总额从 15 亿法郎增至 48.5 亿法郎。对于股票和股份公司的作用,马克思曾经有过精辟的论述,他指出:"若无股票和股份公司,铁路至今也不会诞生,生产的社会化也不可能达到如今的程度。"因此,在这个阶段除了银行以外的产融结合行为在大部分情况下是不受监管的,这就极大地促进了非银行参与的产融结合行为,是产融再结合与大发展的开端。

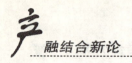

### 2. 产融的垄断结合

第二个阶段发生于 19 世纪 70 年代至 20 世纪 20 年代末,此时产融结合的主要特点有三个:(1)在生产由集中走向垄断的同时,发生了产业资本与银行资本的融合,出现了列宁说的"金融资本"和"金融寡头"。在资本融合和相互持股的基础上,银行业和工商业在人事方面也相互渗透。例如,在德国,柏林 6 家大银行的董事和经理在 751 家公司中担任了董事、监事、高级管理人员等职。少数垄断企业通过层层控股,逐步控制了国民经济主要部门的绝大部分资本和生产能力。(2)银行等间接融资机构,积极介入股票、公司债券等有价证券的发行和交易活动,并成为直接融资的重要参与者和资金的重要供给者,出现了间接融资与直接融资混合的现象。到 1910 年,全球发行的有价证券近 6,000 亿法郎,其中,4,790 亿法郎集中在英、美、法、德四国。这些有价证券的绝大部分由银行机构承销,同时,一些专门从事的业务,如有价证券的发行策划、承销、交易代理等业务的机构,也开始从商业银行中分离出来或新设创立,从而形成了一个独立的行业。(3)由产业界和金融界资本结合所形成的大型垄断企业,以家族资本为基础,以家族人事渗入为纽带,具有明显的家族特征。如美国的摩根财团、洛克菲勒财团;日本的三菱财团、三井财团、住友财团;英国的巴克莱财团;德国的德意志银行财团;法国的康采恩等。由此可见,这个阶段表现出了"产"与"融"的高度结合,达到了"产"、"融"分离后再结合的最高潮。

经过第一个阶段的铺垫和第二个阶段的加强,产融的再结合达到了前所未有的程度,极大地带动了经济的发展,但是由于产融结合的过度,各种危机也蕴含其中,于是产融结合就进入了下面的曲折发展阶段。

## 9.1.4 产融结合的曲折与治理

随着一次重大危机的出现,产融结合出现了暂时性的萎靡。这个时期的产融结合主要包括两个阶段,第一个阶段是产融结合的分业治理,第二个阶段是产融结合的曲折前进。

1. 产融结合的危机与分业治理

1929年10月,美国纽约证券交易所的股价暴跌,引发了长达4年之久的全球性经济危机。当时人们普遍认为,造成这次经济大危机的主要原因有二:一是垄断,二是间接融资与直接融资的混合。鉴此,1933年以后,美国先后出台了《格拉斯—斯蒂格尔法(1933)》、《证券交易法(1934)》等法律,限制垄断行为的发生,并实行银行业与证券业的分业。此后,产融结合就进入了以金融业分业管理为主的时期。世界其他国家也大都追随了美国的模式。

在银行业和证券业分业管理的背景下,美国的产融结合主要有两个特点:(1)以发达的资本市场为依托,产业资本可以自由进入金融市场筹资,但银行、非银行金融机构与工商企业之间的市场准入、相互持股和投资存在着严格的限制;(2)虽然对银行业(特别是商业银行)有诸多限制,但银行还是创造出银行持股公司的形式,大规模地参与了金融市场的融资活动。可以说,在美国分业管理的背景下,产融结合主要是以金融市场为中介的。

日本在战后也实行了金融分业管理,但与美国不同的是,它们不仅高度依赖于银行体系,而且产融结合也以银行为主,这与日本的国情直接相关。1945年战败后,日本的经济变革迫在眉睫,为了实现经济复兴,缩小与先进工业国家的差距,需要大量的投资资金。但当时资本市场并未充分发展,通过储蓄来积累资金,数量也非常有限。因此,解决资金不足的主要选择就只能是依靠银行信用。按照美国占领军的命令,不仅解散殖民地银行势在必行,就连日本兴业银行、日本劝业银行等特殊银行也纷纷解散或转为普通银行。这样,原本经营短期存款业务的普通银行不得不提供长期信贷,从而出现了大量"超贷"、"超借"现象。与此同时,为了满足大企业的资金需求,停止了对中小企业的融资。50年代中期至70年代初期,日本展开了大幅度的

改革,确立了以分业经营、专业管理为基础的金融制度。主要有以下几个措施:(1)按照资金的类型和用途划分金融市场,根据各个金融市场的特点分别设立专门的金融机构。一方面将金融业分为银行业、证券业、信托业等部门,禁止业务交叉;另一方面,又将银行业务分为长期业务和短期业务,建立地区金融专门机构。(2)分别限定各金融市场的利率(包括公司债券的发行利率)上限,根据信用长短、风险大小的不同,人为地决定脱离市场供求关系的利率体系,由此发生了贷款资金市场的资金经常不能满足需求的现象。为了解决这一问题,根据融资规则,采取有侧重地对重点产业实行"资金分配"的政策,并成为一种经常性措施。(3)对国际金融交易,长期根据外汇管理法实行严格的限制,在大多数场合,要将交易中取得的外汇收入全部汇集到外汇集中账户,再由政府分配给重点产业。(4)在民间金融机构难以涉足的领域,设置了一系列公共金融机构,以支持中小企业、农业、基础设施等领域的发展。

与美国、日本不同,欧洲大陆的联邦德国、法国等国在金融领域中继续奉行自由主义经济政策,实行以银行为中心的间接融资与直接融资混合的机制。与此相应,产融结合也继续表现出银行业、证券业和产业部门自由结合的状态。1949—1952年,在联邦德国的固定资产投资中,通过资本市场获得的资金在22%左右,产业部门自筹资金在35%左右,政府部门的投资在33%左右。但1953年以后,从资本市场获得的资金逐步减少,逐步减弱了资本市场的直接融资功能。

表9.1反映了在产融分业结合时期,美国、英国、法国、联邦德国、日本等国的大体情况,从中可以看出:(1)在各国中,公司内部资金都占相当高的比重(其中,最高为美国的69.4%,最低为日本的40%);公司内部资金的主要来源是折旧金和利润,而它们又以前期的资本投入为基础。(2)在美国、英国两国中,公司部门通过证券发行所得到的资金量明显大于通过银行贷

款所得到的资金量;在法国、联邦德国两国中,公司部门通过贷款得到的资金量则明显大于通过证券发行得到的资金量。这反映了这些国家资本市场的发展规模和发达程度的差异,也反映出了这些国家产融结合的不同特点。例如,美国、英国的产融结合更多地表现为产业部门与直接融资部门的结合,而法国、联邦德国、日本的产融结合更多地表现为产业部门与银行部门的结合。

| 国　　别 | 内部资金 | 外部资金 | 其中:贷款 | 证券发行 | 总计 |
|---|---|---|---|---|---|
| 美　　国 | 69.4% | 30.6% | 12.4% | 18.2% | 100% |
| 英　　国 | 51.4% | 48.6% | 10.3% | 38.3% | 100% |
| 法　　国 | 65% | 35% | 27.4% | 7.6% | 100% |
| 联邦德国 | 63.1% | 36.9% | 29.6% | 7.3% | 100% |
| 日　　本 | 40% | 60% | 49 | 11% | 100% |

**表9.1　主要发达国家公司部门资金构成表(1966—1970)**

值得指出的是,自20世纪30年代"反垄断法"和新的银行法实施以后,各国垄断财团的内部关系发生了重要变化,即作为垄断财团核心组织的大银行,受银行法关于"限制向股东贷款数额"规定的制约,已不可能像30年代以前那样,运用大量资金支持本财团的企业竞争和发展。因此,虽然一些大银行从历史渊源上说属于某个财团,但事实上,已演变为社会性金融机构,其业务已能公平地对待所有客户。另一方面,大部分垄断财团在股权分割、股份社会化过程中,逐步丧失家族性质而成为社会性公司,大大弱化了家族财团的色彩。

2. 产融结合的曲折前行时期(20世纪80年代至20世纪末)

进入70年代以后,以美国为代表的西方国家普遍发生了经济滞胀。在经济增长停滞而通货膨胀居高不下的条件下,经济结构的调整和运用新的科技成果发展经济,成为产融结合的新动向。在此背景下,有关放松金融管制、实行金融自由化的政策主张迅速兴起,金融创新成为这一时期学术界和实业界热议的话题。但是在这个时期里,日本泡沫经济的形成及其破灭,给

日本和其他国家以深刻的教训,所以把这个阶段定名为产融结合的曲折前行时期。

从80年代开始,美国对金融管理制度和金融体系作了一系列重大调整、主要内容包括:(1)重新认识30年代经济大萧条的成因,反思分业管理模式,得出了取消管理制可以促进金融制度的稳定性(而不是相反)的新结论,从而为80年代以后的金融改革提供了必要的理论基础。(2)以1980年《放松存款机构管制和货币管理法》(简称为DIDMCA)为契机,放松金融管制,实行金融自由化政策,在利率、存款机构的资金来源、资金运用和金融工具创新等方面解除或减少了限制。(3)金融创新层出不穷,商业银行业和投资银行业在金融创新中相互渗透,分业经营的模式逐渐被改变。(4)银行业在金融业中占有的份额下降,投资银行(证券公司)、投资基金和各类其他非银行金融机构在金融市场上开始占据主导地位。(5)资产证券化和商业银行"非间接融资化"的趋势增强,非利息收入成为商业银行新增利润的主要来源并在全部收入中占据主要地位。

与这些变化相适应,美国传统的分业管理模式和产融结合的途径也发生一些重大变化。(1)包括银行持股公司在内的传统商业银行已经不再是产融结合的主体,投资银行和各类投资基金成为产融结合的主导力量。(2)产融结合的范围由传统的证券市场扩展到包括养老基金、风险资本等在内的各种投资基金,并通过避开现有法律的限制,渗透到银行业、证券业、保险业、租赁业、房地产融资等各个领域。(3)商业银行与投资银行、存贷款业务与证券业务的界限逐渐模糊,银行持股公司和各类投资银行可以通过自己的分支机构或金融创新渗透到彼此的行业,而传统的金融企业与非金融企业的界限也开始淡化,从而为产业资本直接进入金融业提供了便利条件。(4)虽然对商业银行直接从事工商企业购并活动的限制仍然存在,但商业银行通过资本市场提供的渠道,积极介入企业购并之中,同时,金融业尤其是银行业本身的购并活动也为这种介入提供了便利条件。

对日本来说,这一时期的变化表现为:(1)随着经济增长速度放慢,民间投资减少,政府部门开始大量发行国债。为保障国债的顺利发行,逐步建立了国债交易市场,并以此为中心带动了各种债券市场的发展。同时,引进了商业票据、大额可转让定期存单等非限制利率的新型金融产品,从而促进了利率的自由化。(2)1980 年修改了"外汇法",改变对企业海外筹资的禁止性原则,实行以企业自由抉择为主的原则;1984 年"日美日元、美元委员会"成立以后,根据美国对互享"国民待遇"的要求,又逐步放松对外国金融机构进入日本市场的限制。(3)从 80 年代中期起,开始研究并逐步实施金融制度的全面改革。基本思路是:改变分业经营、专业管理的模式,建立高效、灵活、能够适应环境变化的新金融制度。为此,撤销了不符合这一改革思路的种种限制。《金融改革法》准许不同行业的金融机构以子公司方式实行跨行业兼营,并在责任自负前提下,允许金融机构选择自己的业务范围。(4)1997 年 5 月,日本通过了全面进行金融体制改革的法案,强调要大力发展资本市场和直接融资,以促进产业部门的结构调整和资产重组。与此同时,欧洲大陆各国继续坚持银行和证券业混业经营的模式。

不同的是,这些国家的发展趋势是增大直接融资的比重,并加强了直接融资和间接融资之间的交流。

这些变化,可以从企业资金来源结构的变化上明显看出来。见下表。

|  | 美国 | 加拿大 | 法国 | 德国 | 意大利 | 日本 | 英国 |
|---|---|---|---|---|---|---|---|
| 内部资金 | 75% | 54% | 46% | 62% | 44% | 34% | 75% |
| 来自金融市场 | 13% | 19% | 13% | 3% | 13% | 7% | 8% |
| 来自金融机构 | 12% | 21% | 46% | 23% | 39% | 59% | 24% |
| 其他 | 0 | 6% | −5% | 12% | 4% | 0 | −7% |

表9.2　主要发达国家企业资金来源结构

### 9.1.5 产融结合的新浪潮与暂时危机

全世界的产融结合在经历了曲折与治理阶段后,进入 21 世纪以来产融结合出现了第二次蓬勃发展时期。进入新的世纪,全球经济蓬勃发展,金融创新完全从理论走入实践,金融衍生产品令人眼花缭乱,产融结合多样化发展,融合的程度也呈现出各种形态。

伴随着① 2008 年金融危机的爆发,产融结合又进入了新的暂时性危机。危机的爆发实际上除了华尔街的贪婪与违法操作这一根本原因以外,产融结合的过度是其最重要的原因。产融结合链的延长使得资产转换发生困难,导致流动性不足引发了危机。这次的金融危机源于房地产金融的失控。房地产金融是产融结合的一个分支。从整个事件来看,是从房地产到证券的产融结合过程。从每个环节来看,每一次的交换都伴随着产融结合的发生。因此,无论从整体看还是某个环节看,金融危机的根源与传导都是与产融结合紧密相关的。

这个危机正好说明了产融结合不是一帆风顺的,会在反复中前进,更说明了产融结合从不是一个稳定的状态,可能此时的产融均衡,在彼时会表现为产融过度或者产融不足,归根结底是产融合约的不合适,包括合约组成、合约设计、合约对权利义务的规范等已经和新出现的情况不太相符。这就需要根据新的经济情况或企业本身的情况来判断产融结合是否合适,要时时刻刻去检验,防患于未然。所以,产融正如一剂良药,贵在未卜先知,贵在预防,而不是挽救。

---

① 鉴于对金融危机的相关研究很多,本书中不做具体阐述。

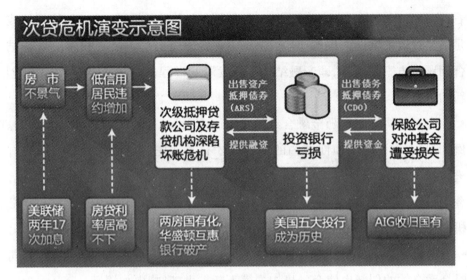

图 9.2 次贷危机演变图①

# 9.2 金融合约与金融机构的演变与发展

在上一节,我们对产融结合的一般性的历史发展规律进行了全面而全新的探讨,我们注意到"产"是随着社会发展而持续出现的,而"融"则是在社会发展到一定程度时从"产"中分离出来的,"产""融"分离,不仅是我们讨论产融"结合"的起点,也是开启现代意义经济发展的起点,自此以后,"融"得到迅猛发展并反作用于"产",尤其是近现代以来,金融合约、金融机构的发展推动了近现代的产融结合发展。所以,我们有必要对金融合约与金融机构发展进行单独的历史回顾。

产融结合的发展历史,是产融结合局限性不断暴露的过程,从本质上

---

① 资料来源:中国经济网财经部,2008 年 12 月 26 日。

看,产融局限性表现在产融双方的流动性转换出现了渠道不通畅、堵塞抑或是转换过度的问题。同时,产融结合的发展历史也是不断寻找解决产融结合问题新方案的过程,即产融结合创新发展的过程,本质为金融合约不断创新的过程。

金融机构则是伴随金融合约的发展而不断发展的,两者是相辅相成的。例如,只有在诞生了债性合约的基础上才有了钱庄、银行等的发展,而只有进一步依附于银行等金融机构,债性合约的功能才能发挥得更好。可以说,金融机构是金融合约执行和生效的推动者,许多金融合约的创新都是金融机构首创并使用的。这一方面是由于金融机构集中了许多优秀的人才,另一方面也是由于自身拥有大量的资本,为追求更大利益而创造金融合约,同时金融合约的创新也使金融机构规模不断扩大,影响更加深远。

## 9.2.1　金融合约的演变

### 一、基础金融合约的起源与发展

古代人与人之间签订的欠债契约是最早一种债性金融合约,而人与人合伙做生意时签的契约是一种股性金融合约,这些应该算金融合约的萌芽。金融合约的出现和发展完全是为了促成产融结合的顺利进行,前文中我们提到"产"和"融"的本质是合约,"金融合约"也就是"融"的本质,起到了辅佐"产"发展,促进"产"与"融"的结合等作用,金融合约的形态不一,比较典型的有纸币、债券、股票、保单等,我们分别从融资手段和风险规避手段两个方面来分析金融合约的起源阶段。

（一）从金融作为融资手段的性质来看

1. 纸币的出现

纸币是代替金属货币执行流通手段的、由国家（或某些地区）发行的强制使用的价值符号。纸币不是货币,纸币只是货币符号,不能直接行使货币的一切职能。纸币的发行量必须以流通中所需要的货币量为限度。纸币的制作成本低，更易于保管、携带和运输，避免了铸币在流通中的磨损。纸币是当今世界各国普遍使用的货币形式，而世界上最早出现的纸币，是中国北宋时期四川成都的"交子"。中国是世界上最早使用纸币的国家。纸币代表了流动性，是作为流动性转换的重要连接方而出现的。纸币这一金融合约，极大地促进了价值交换，提高了流动性，是产融结合本质——流动性转换过程中的重要媒介。

2. 债券的出现

在证券中，债券的历史比股票要悠久，其中最早的债券形式就是在奴隶制时代产生的公债券。据文献记载，希腊和罗马在公元前4世纪就开始出现国家向商人、高利贷者和寺院借债的情况。进入封建社会之后，公债就得到进一步的发展，许多封建主、帝王和共和国每当遇到财政困难，特别是发生战争时便发行公债。12世纪末期，在当时经济最发达的意大利城市佛罗伦萨，政府曾向金融业者募集公债。其后热那亚、威尼斯等城市相继仿效。15世纪末16世纪初，美洲新大陆被发现，欧洲和印度之间的航路开通，贸易进一步扩大。为争夺海外市场而进行的战争使得荷兰、英国等竞相发行公债，筹措资金。英国在1600年设立的东印度公司，是历史上最古老的股份公司，它除了发行股票之外，还发行短期债券，并进行买卖交易。美国在独立战争时期，也曾发行多种中期债券和临时债券，战争结束后，各类战争债、州政府债、社区债种类繁多，支付货币五花八门，整个金融市场一片混乱，1790年，33岁的财政部长汉密尔顿向国会递交了一份债务重组计划，宣布在1788年宪法通过之前美国发行的所有债务，包括联邦与地方政府发行的各种战争债、独立战争中军队签的各种借条，全部按原条款一分一文由联邦政府全额兑换。为了实现承诺，政府发行三只新债券，简化了新国家的债务局面，随后这些债券与次年推出的"美国银行"股票的发行和交易便形成了

美国最初的证券市场。债券市场起源于战争融资需要,先于其他证券市场发展。19 世纪 30 年代后,美国各州大量发行州际债券。19 世纪 40—50 年代由政府担保的铁路债券迅速增长,有力地推动了美国的铁路建设。

### 3. 股票的出现

股票至今已有将近 400 年的历史,它伴随着股份公司的出现而出现。随着企业经营规模扩大与资本不足要求一种方式来让公司获得大量的资本金,于是产生了以股份公司形态出现的,股东共同出资经营的企业组织。股份公司的变化和发展产生了股票形态的融资活动;股票融资的发展产生了股票交易的需求;股票的交易需求促成了股票市场的形成和发展;而股票市场的发展最终又促进了股票融资活动和股份公司的完善和发展。股票最早出现于资本主义国家。

世界上最早的股份有限公司制度诞生于 1602 年在荷兰成立的东印度公司。股份公司这种企业组织形态出现以后,很快为资本主义国家广泛利用,成为资本主义国家企业组织的重要形式之一。伴随着股份公司的诞生和发展,以股票形式集资入股的方式也得到发展,并且产生了买卖交易转让股票的需求。这样,就带动了股票市场的出现和形成,并促使股票市场完善和发展。1611 年东印度公司的股东们在阿姆斯特丹股票交易所就进行着股票交易,并且后来有了专门的经纪人撮合交易。阿姆斯特丹股票交易所形成了世界上第一个股票市场。股份有限公司已经成为最基本的企业组织形式之一;股票已经成为大企业筹资的重要渠道和方式,亦是投资者投资的基本选择方式;股票市场(包括股票的发行和交易)与债券市场成为证券市场的重要基本内容。

(二) 从金融作为风险规避手段的性质来看

1384 年,在佛罗伦萨诞生了世界上第一份具有现代意义的保险单。这张保单承保一批货物从法国南部阿尔兹安全运抵意大利的比萨。在这张保单中有明确的保险标的,明确的保险责任,如"海难事故,其中包括船舶破损、搁浅、火灾或沉没造成的损失或伤害事故"。在其他责任方面,也列明了"海盗、抛弃、捕捉、报复、突袭"等所带来的船舶及货物的损失。15世纪以后,新航线的开辟使大部分西欧商品不再经过地中海,而是取道大西洋。16世纪时,英国商人从外国商人手里夺回了海外贸易权,积极发展贸易及保险业务。到16世纪下半叶,经英国女王特许在伦敦皇家交易所内建立了保险商会,专门办理保险单的登记事宜。1720年经政府批准,英国的"皇家交易"和"伦敦"两家保险公司正式成为经营海上保险的专业公司。不过最早的保障制度,可以追溯到我国春秋时期齐国的"耕三余一"制度。我国最早的保险制度可以说是"镖局"制度。

保单的诞生最早是为了规避风险,而这里面也存在着现金流,流动性转换仍然使这类金融合约具有产融结合的本质。流动性转换的同时存在着风险的转移,这也是产融结合的一种作用,通过产融结合,使得风险得以分散,而不再集中,这样避免了风险出现时带来巨大损失,由此我们可以看出,金融合约的萌芽不仅仅是满足融资需求,而产融结合同样也不仅是基于融资的需要。

**二、金融衍生品的产生**

1865年,芝加哥谷物交易所推出了一种被称为"期货合约"的标准化协议,取代1851年以来沿用的远期合同,成为人类历史上最早开发出来的金融衍生品。期货市场早期的参与者,主要是以对冲远期风险为目的的套期保值者。事实上,目前以期货、期权、远期、互换等为代表的金融衍生品,已经成为了能够有效管理和降低市场参与者风险的工具。

**(一)期权的产生**

在许多人的心目中,期权交易是20世纪70年代后才出现的一种金融创新工具。但事实上,具有期权性质的交易可以追溯到很久很久以前。

早在公元前3500年,古罗马人和腓尼基人在货物交易的合同中就已经使用了与期权相类似的条款。不过,有史料记载的期权交易是由古希腊的哲学家萨勒斯进行的。在冬天,萨勒斯运用占星术对星象进行了研究,他预测到橄榄在来年春天会有一个好的收成。因此,他与农户进行协商,得到来年春天以特定的价格使用榨油机的权利。果然不出所料,第二年橄榄大丰收,丰收的橄榄使得榨油机供不应求。于是,萨勒斯行使自己的权利,用特定的价格获得了榨油机的使用权;然后,他以更高的价格将这种权利卖了出去,从中赚取了可观的利润。

不过只是到了近代期权才真正地发展起来。在期权发展史上,我们不能不提到在17世纪荷兰郁金香热中期权的广泛运用。当时,郁金香的交易商与种植者之间进行合同交易的做法十分流行。这种合同实际上是在未来某一时刻以特定的价格买入或卖出某一种郁金香的买权或卖权的合同,交易的目的是避免郁金香价格变化可能会给交易双方带来的损失。具体而言,郁金香交易商买入买权,以避免价格上涨的风险;而郁金香的种植者则买入卖权,以避免到时郁金香价格下跌带来的风险。同时,郁金香交易合同的二级市场也应运而生,越来越多的投机者开始根据合同的价格波动来进行郁金香合同的交易,而不再是出于防范风险的目的。

不过在欧洲早期的期权交易非常混乱。期权的声誉也很差,仅被人们看做是一种纯粹的投机工具。与欧洲国家一样,期权在美国也长期表现为个人的私下交易。从19世纪90年代纽约证券交易所成立以后,投资者便开始考虑建立有组织的期权交易场所的问题,华尔街的金融投资机构也不断提出有关期权交易的建议,但一直没有取得什么进展。

到了19世纪后期,期权的店头交易市场才开始出现。当时,有一位叫萨奇的铁路大投机商对期权交易策略很有研究,他被后人称为"期权之父"。他所提出的"转换"和"逆转换"的期权交易策略,至今仍被人们广泛运用。

不过,在这一阶段,期权市场的规模仍然很小。而且,期权大多被用来作为套利工具,它在公众心目中树立的形象并不是很好,甚至 20 世纪初在美国险些被禁止,但在一位伟大的期权交易商费尔特的努力之后,在加强了监管的前提下,美国的期权业得以继续生存和发展。

(二) 期货的产生

一般认为,期货交易最早产生于美国,1848 年美国芝加哥期货交易所的成立,标志着期货交易的开始。期货交易的产生,不是偶然的,是在现货远期合约交易发展的基础上,基于广大商品生产者、贸易商和加工商的广泛商业实践而产生的。1833 年,芝加哥已成为美国国内外贸易的一个中心,南北战争之后,芝加哥由于其优越的地理位置而发展成为一个交通枢纽。到了 19 世纪中叶,芝加哥发展成为重要的农产品集散地和加工中心,大量的农产品在芝加哥进行买卖,人们沿袭古老的交易方式在大街上面对面讨价还价进行交易。这样,价格波动异常剧烈,在收获季节农场主都运粮到芝加哥,市场供过于求导致价格暴跌,使农场主常常连运费都收不回来,而到了第二年春天谷物匮乏,加工商和消费者难以买到谷物,价格飞涨。实践提出了需要建立一种有效的市场机制以防止价格的暴涨暴跌,需要建立更多的储运设施。

为了解决这个问题,谷物生产地的经销商应运而生。当地经销商设立了商行,修建起仓库,收购农场主的谷物,等到谷物湿度达到规定标准后再出售运出。当地经销商通过现货远期合约交易的方式收购农场主的谷物,先储存起来,然后分批上市。当地经销商在贸易实践中存在着两个问题:他既要向银行贷款以便从农场主手中购买谷物储存,又要在储存过程中承担着谷物过冬的巨大的价格风险。价格波动有可能使当地经销商无利可图甚至血本无归。解决这两个问题的最好的办法是"未买先卖",以远期合约的方式与芝加哥的贸易商和加工商联系,以转移价格风险和获得贷款,这样,现货远期合约交易便成为一种普遍的交易方式。

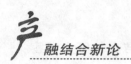

然而,芝加哥的贸易商和加工商同样也面临着当地经销商所面临的问题,所以,他们只肯按比他们估计的交割时的远期价格还要低的价格支付给当地经销商,以避免交割期的价格下跌的风险。由于芝加哥贸易商和加工商的买价太低,到芝加哥去商谈远期合约的当地经销商为了自身利益不得不去寻找更广泛的买家,为他们的谷物讨个好价。一些非谷物商认为有利可图,就先买进远期合约,到交割期临近再卖出,从中盈利。这样,购买远期合约的渐渐增加,改善了当地经销商的收入,当地经销商支付给农场主的收入也有所增加。

1848 年 3 月 13 日,第一个近代期货交易所——芝加哥期货交易所(CBOT)成立,芝加哥期货交易所成立之初,还不是一个真正现代意义上的期货交易所,还只是一个集中进行现货交易和现货中远期合约转让的场所。

在期货交易发展过程中,出现了两次堪称革命的变革,一是合约的标准化,二是结算制度的建立。1865 年,芝加哥期货交易所实现了合约标准化,推出了第一批标准期货合约。合约标准化包括合约中品质、数量、交货时间、交货地点以及付款条件等的标准化。标准化的期货合约反映了最普遍的商业惯例,使得市场参与者能够非常方便地转让期货合约,同时,使生产经营者能够通过对冲平仓来解除自己的履约责任,也使市场制造者能够方便地参与交易,大大提高了期货交易的市场流动性。芝加哥期货交易所在合约标准化的同时,还规定了按合约总价值的 10% 缴纳交易保证金。

随着期货交易的发展,结算出现了较大的困难。芝加哥期货交易所起初采用的结算方法是环形结算法,但这种结算方法既烦琐又困难。1891 年,明尼阿波利斯谷物交易所第一个成立了结算所,随后,芝加哥交易所也成立了结算所。直到现代结算所的成立,真正意义上的期货交易才算产生,期货市场才算完整地建立起来。因此,现代期货交易的产生和现代期货市场的诞生,是商品经济发展的必然结果,是社会生产力发展和生产社会化的内在要求。

### 三、"二战"后多样的金融合约创新

（一）20世纪50、60年代——避管性金融合约创新

50年代末、60年代期间,各国经济处于战后恢复增长阶段,西方发达国家遵守以布雷顿森林体系为主体的国际金融秩序,实行比较严格的金融管制。严格的金融管制阻碍了微观金融机构利润目标的实现,致使大量以逃避管制为目的的金融创新合约得以涌现,其中具有代表性的金融创新合约有欧洲美元(1958,国际银行机构)、欧洲债券(1959,国际银行机构)、平行贷款(1959,国际银行机构)、自动转账(1961,英国)和混合账户(60年代末,英国)。

表9.3　20世纪50、60年代金融合约创新活动一览表

| 创新时间 | 创新内容 | 创新目的 | 创新者 |
|---|---|---|---|
| 50年代末 | 外币掉期 | 转嫁风险 | 国际银行机构 |
| 1958年 | 欧洲债券 | 突破管制 | 国际银行机构 |
| 1959年 | 欧洲美元 | 突破管制 | 国际银行机构 |
| 60年代初 | 银团贷款 | 分散风险 | 国际银行机构 |
|  | 出口信用 | 转嫁风险 | 国际银行机构 |
| 1959 | 平行贷款 | 突破管制 | 国际银行机构 |
|  | 可转换债券 | 转嫁风险 | 美国 |
| 1961 | 自动转账 | 突破管制 | 英国 |
| 1960年 | 可赎回债券 | 增强流动性 | 英国 |
| 1961年 | 可转让存单 | 增强流动性 | 英国 |
| 1961年 | 负债管理 | 创造信用 | 英国 |
| 60年代末 | 混合账户 | 突破管制 | 英国 |
| 60年代末 | 出售应收账款 | 转嫁风险 | 英国 |
| 60年代末 | 福费廷 | 转嫁风险 | 国际银行机构 |

这些金融合约的产生有着明显的时代印记,是为了规避金融管制而诞生的。同时,不同理论学派也百家争鸣,争相从不同角度来解释上述这些金融产品创新的原因。比如,从供给方面探讨金融产品创新根本原因的约束诱致型创新理论认为:内部和外部存在的对金融业的约束因素导致了金融

产品创新;规避管制理论认为:诱发金融机构进行创新的主要动因是政府管制;从金融需求角度出发的财富增长理论认为:经济发展带来了财富增长,加大了人们对金融资产和金融交易的需求,因此促发了金融创新以满足这种需求。制度改革理论认为,创新是一种与经济制度相互影响、互为因果的制度改革。据此观点,金融领域内发生的任何因制度改革而引起的适应性改变都可以视为金融创新。

（二） 20 世纪 70 年代——转嫁风险的金融合约创新

70 年代,布雷顿森林体系完全崩溃与两次石油危机促成的防范和转嫁风险是此时期金融合约创新的主旋律。具有代表性的金融产品创新合约有:浮动利率票据(1970,国际银行机构)、联邦住宅抵押贷款(1970,美国)、外汇期货(1972,美国)、外汇远期(1973,国际银行机构)、浮动利率债券(1974,美国)和利率期货(1975,美国)等。

| 创新时间 | 创新内容 | 创新目的 | 创新者 |
|---|---|---|---|
| 1970 年 | 浮动利率票据(FRN) | 转嫁利率风险 | 国际银行机构 |
| | 特别提款权(SDR) | 创造信用 | 国际货币基金组织 |
| 1970 年 | 联邦住宅抵押贷款 | 信用风险转嫁 | 美国 |
| 1971 年 | 证券交易商自动报价系统 | 新技术运用 | 美国 |
| 1972 年 | 外汇期货 | 转嫁汇率风险 | 美国 |
| | 可转让支付账户命令(NOW) | 突破管制 | 美国 |
| | 货币市场互助基金(MMMF) | 突破管制 | 美国 |
| 1973 年 | 外汇远期 | 转嫁信用风险和利率风险 | 国际银行机构 |
| 1974 年 | 浮动利率债券 | 转嫁利率风险 | 美国 |
| 70 年代中期 | 与物价指数挂钩之公债 | 转嫁通胀风险 | 美国 |
| 1975 年 | 利率期货 | 转嫁利率风险 | 美国 |
| 1978 年 | 货币市场存款账户(MMDA) | 突破管制 | 美国 |
| | 自动转账服务(ATS) | 突破管制 | 美国 |
| 70 年代 | 全球性资产负债管理 | 防范经营风险 | 国际银行机构 |

表 9.4　20 世纪 70 年代金融合约创新活动一览表

这一阶段的金融合约创新的主要目的是转嫁风险,即通过流动性转换来获得风险补偿,最终达到流动性与风险平衡。由此发展而来的金融创新动因理论有货币促成理论、技术推进理论与需求推动理论。

(三) 20世纪80年代——金融合约创新的自由化

80年代初,世界爆发了债务危机,西欧各国普遍放松管制,金融自由化显著增强。在此背景下,金融合约创新除了承接70年代的转嫁风险创新外,更多地体现为融资方式的创新,还有创造信用和产生股权的创新。此阶段金融创新产品大多以银行表外业务的形式出现,具有代表性的金融创新产品有货币互换(1980,美国)、利率互换(1981,美国)、票据发行便利(1981,美国)、期权交易(1982,美国)、期货交易(1982,美国)、可变期限债券(1985,美国)、汽车贷款证券化(1985,美国)等。

这个时期的金融合约创新虽然较难从广义上区分合约的债性或股性的性质,但实质上有力地增强了产融结合的紧密度,拓宽了产融结合的渠道。

| 创新时间 | 创新内容 | 创新目的 | 创新者 |
|---|---|---|---|
| 1980 年 | 债务保证债券 | 防范信用风险 | 瑞士 |
| 1980 年 | 货币互换 | 防范汇率风险 | 美国 |
| 1981 年 | 零息债券 | 转嫁利率风险 | 美国 |
| | 双重货币债券 | 防范汇率风险 | 国际银行机构 |
| 1981 年 | 利率互换 | 防范利率风险 | 美国 |
| 1981 年 | 票据发行便利 | 创造信用 | 美国 |
| 1982 年 | 期权交易 | 防范市场风险 | 美国 |
| 1982 年 | 期指期货 | 防范市场风险 | 美国 |
| 1982 年 | 可调利率优先股 | 防范市场风险 | 美国 |
| 1983 年 | 动产抵押债券 | 防范信用风险 | 美国 |
| 1984 年 | 远期利率协议 | 转嫁利率风险 | 美国 |
| | 欧洲美元期货期权 | 转嫁利率风险 | 美国 |
| 1985 年 | 汽车贷款证券化 | 创造风险 | 美国 |
| 1985 年 | 可变期限债券 | 创造信用 | 美国 |

表9.5 20世纪80年代金融合约创新活动一览表

（四）20世纪90年代至今——金融合约创新的空前繁荣

进入90年代以后，在世界经济呈现区域化、集团化和国际金融市场全球一体化的发展趋势下，金融合约创新产品在更加激烈的竞争环境中持续发展，使创新的市场规模不断扩大。此阶段发展的重点是80年代金融创新产品的进一步推广和运用，具有代表性的金融创新产品是金融产品的组合创新、金融产品与非金融产品的组合创新和银证、银保、银证保业务资产证券化。

综合上述四个阶段的金融合约创新，如果我们把产融结合中的合约创新看做因变量，那么特定的经济发展阶段、金融环境、技术条件、市场需求等因素则是自变量，在这些外部因素制约或诱使下，产融结合的合约创新表现出不同的内在动力机制。政府管制的放松、制度创新、技术发展、市场需求拉动等因素为90年代产融结合的空前繁荣创造了条件。然而，无论是出于规避管制、转嫁风险的目的的金融合约创新，还是技术推动、需求推动或制度推动的合约创新，其内在根本动因都是："产"的内在需求与"融"的逐利动机。

## 9.2.2　金融机构的演变

金融合约的出现早于金融机构的形成，而金融机构又创造了新的金融合约。产融结合的历史，不仅仅是金融合约不断创新不断发展的历史，也是与金融机构的发展历史密切相连的，只有金融机构的不断创新发展，才有了组织层面的产融结合。因此，我们将从金融机构的发展历史角度来考察产融结合的历史。

**一、银行的演变**

（一）商业银行

目前对商业银行的起源主要有两种学说：一种学说认为银行是起源于

古代的货币兑换业;另一种银行起源学说认为银行是从金匠业中演化而来的。

货币兑换业起源说主要是依据意大利的银行产生历史而提出的。中世纪,各国的商人均云集于意大利的威尼斯进行商品交易。由于各国货币的成色有较大的差别,客观上需要有一种专门的从事各国货币间的兑换的机构来经营这项业务,意大利的货币兑换也就应运而生了。这一期间所成立的银行中最有代表性的就是威尼斯银行,它是全球较早出现的比较具有近代意义的银行。

金匠业起源说主要是根据英国金匠业的演变史而提出的。英国金匠业在最初的时候主要是从事提供融资服务、经营债券融资、办理贴现等业务。后来在本国经济发展的内在要求下,它们就开始在以前业务的基础上以自己的信用为担保发行一定量信用票据来代替金属货币,由于英国的金匠业在本国拥有较高的信用度,因此它所发行的信用票据得到了人们的广泛接受,从而具有了流通价值。这时金匠业就已经转变为了银行业。

不管哪种起源说法成立,银行的产生大体上分为三个阶段:

第一阶段:出现了货币兑换业和兑换商。

第二阶段:增加了货币保管和收付业务即由货币兑换业演变成货币经营业。

第三阶段:兼营货币保管、收付、结算、放贷等业务,这时货币兑换业便发展为银行业。前文中我们提到,兑换货币是一种流动性转换,流动性是产融结合的本质。因此,银行的诞生是为了解决流动性转换的问题,也大大地促进了产融的结合。不过商业银行发展到现在已经拥有远远不止其最早建立时所用的那些功能,今天的商业银行已被赋予更广泛、更深刻的内涵。特别是第二次世界大战以来,随着社会经济的发展,银行业竞争的加剧,商业银行的业务范围不断扩大,逐渐成为多功能、综合性的"金融百货公司"。

（二）中央银行

英国出现的第一家具有近代银行特征的银行是英格兰银行。英格兰银行 1694 年根据英王特许成立，股本 120 万镑，向社会募集。成立之初即取得不超过资本总额的钞票发行权，主要目的是为政府垫款。到 1833 年英格兰银行取得钞票无限法偿的资格。1844 年，英国国会通过《银行特许条例》（即《比尔条例》），规定英格兰银行分为发行部与银行部；发行部负责以 1,400 万镑的证券及营业上不必要的金属贮藏的总和发行等额的银行券；其他已取得发行权的银行的发行定额也规定下来。此后，英格兰银行逐渐垄断了全国的货币发行权，至 1928 年成为英国唯一的发行银行。与此同时，英格兰银行凭其日益提高的地位承担商业银行间债权债务关系的划拨冲销、票据交换的最后清偿等业务，在经济繁荣之时接受商业银行的票据再贴现，而在经济危机的打击中则充当商业银行的"最后贷款人"，由此取得了商业银行的信任，并最终确立了"银行的银行"的地位。随着伦敦成为世界金融中心，因实际需要，英格兰银行形成了有伸缩性的再贴现政策和公开市场活动等调节措施，成为近代中央银行理论和业务的样板及基础。

中央银行作为"银行的银行"，它的作用对于整个国家来说至关重要，在整个产融结合的过程中，也起到了中介的作用，有效地解决了流动性转换的种种困难。

**二、投资银行的演变**

投资银行是主要从事证券发行、承销、交易、企业重组、兼并与收购、投资分析、风险投资、项目融资等业务的非银行金融机构，是资本市场上的主要金融中介。

投资银行的历史就是工业化发展的历史，这在美国和欧洲的一些西方主要工业化国家尤其如此。在美国，1933 年前，商业银行也参与证券承销业务，但投资银行从不开展储蓄业务。1865 年美国南北战争结束前，商业银行业务范围主要是地方性的商业往来,通过发放短期贷款,支持地方商业发展。但随着工业化的发展,全国性的铁路、公路和能源等大项目开始出现,小的商业银行无法满足需要,投资银行随之产生。投资银行通过发行证券筹集项目资金的方式创造资本市场,成为影响经济长期增长的主要因素。

投资银行最初的主要业务是债券发行,债券是公司而不是投资银行的债务,公司保证在未来一定期限内给投资者固定回报,而股票则是公司权益的一部分。在公司破产时,债券持有人有比股票持有人优先的偿还权。股票持有人可以通过投票权参与公司管理。美国很多大型项目是通过债券融资,而不是股票。实际上,在南北战争时,北方军就通过投资银行出售美国国债融资以支持军费支出。

1929 年 10 月,华尔街股市暴跌,人们第一次意识到商业银行投机活动对股票市场的影响。商业银行当时将自有资金投入证券市场,同时利用各种方法促使其客户认购其承销的证券。为防止商业银行活动影响资本市场,美国在 1933 年和 1934 年通过一系列立法,从根本上改变了美国金融业的面貌。1933 年通过《格拉斯—斯蒂格尔法》,要求银行在商业银行和投资银行业务之间作出选择,商业银行只能进行存款、信贷业务,投资银行只能进行证券承销。这就在商业银行和投资银行间设立了一条不可逾越的长城。1933 年通过《证券法》和 1934 年通过《证券交易法》,为美国政府对市场经纪和投资银行进行管理和监督奠定了法律基础。投资银行业发展进入了完全不同的阶段。

**三、基金的演变**

从起源上看,基金是社会专业化分工的产物。世界上第一只基金是 1822 年荷兰国王威廉一世创立的私人基金。

证券投资基金作为一种以信托关系为基础的资金组织形式起源于英国。当时许多富裕起来的英国人希望投资海外市场以谋取更高的回报。但自行投资风险很高,钱财被骗的情况屡屡发生。为保障投资安全,并实现资金的保值增值,人们开始寻找值得信赖的专业投资管理者,委托专业人士代为处理海外投资事宜、分散风险,从而产生了投资人与代理投资人之间的信托契约。1868 年 11 月,英国组建了"海外和殖民地政府信托基金",受到了中小投资者的欢迎。

1921 年 4 月,美国引进了英国的投资基金制度,1924 年,美国出现了第一只开放式基金。随后,美国出台了一系列保护中小投资者权益的监管法规,培养了人们对证券投资基金的信任。

1933 年美国公布了《证券法》,第二年又公布了《证券交易法》,1940 年公布了《投资公司法》。这些法律明确地规范了投资基金的组成及管理的要件,为投资者提供了完整的法律保护,从而奠定了投资基金健全发展的法律基础。

在基金品种中增加低风险的货币市场基金和债券型基金,再加上养老保险制度的变化,20 世纪 90 年代起,美国基金业进入了大发展时期。2005年年底,美国开放式基金中的个人持有比例高达 87.55%,近一半的美国家庭持有基金。

**四、信托的演变**

所谓信托,是指委托人基于对受托人的信任,将其财产权委托给受托人,受托人按委托人的意愿以自己的名义,为受益人的利益或者特定目的,进行管理或者处分的行为。简单地说,信托即为信用委托,其核心是"受人之托,代人理财"。

从历史上考察,信托的雏形是古埃及的"遗嘱托孤",其目的在于委托他人执行遗嘱、处理财产并使继承人受益。到了古罗马时代,这种遗嘱信托通过《罗马法》中的信托遗赠制度固定下来,首次以法律的形式阐明了较为完整的信托概念。但它仍然属于民事信托范畴,并不具备经济意义。

比较完全意义上的信托行为和信托制度是英国的 USE 制度。由于在英国的封建社会,人们普遍信奉宗教,并在死后将持有的土地捐献给教会,而教会占有的土地可豁免捐税,这样,就触犯了君主的利益,于是英王在 13 世纪初颁布了《没收条件》,规定未经君主和诸侯许可而捐献给教会的土地将被没收。为摆脱这一限制,USE 制度应运而生。它用将土地转让给第三方的办法代之以向教会捐献土地,由接受人替教会管理土地,并将土地产生的收益交给教会。同时要求转让人与接受人之间必须信任,对此人们称之为信托(TRUST),其为信托一词的起源。

之后,USE 制度经过数百年的演变,被普遍地加以应用。但其特点是得到法律许可的个人承办的非营利性事业。直到 19 世纪初法人信托在美国的出现,现代信托才产生了。

**五、证券交易所的演变**

随着股份有限公司的发展和股票发行数量的日益增多,证券交易所也在逐步发展。1773 年,股票商在伦敦的新乔纳咖啡馆正式成立了英国第一家证券交易所(现伦敦证券交易所的前身),并在 1802 年获得英国政府的正式批准和承认。它最初经营政府债券,其后是公司债券和矿山、运河股票。到 19 世纪中叶,一些非正式的地方性证券市场也在英国兴起。

美国的证券市场从费城、纽约到芝加哥、波士顿等大城市开始出现,逐步形成全国范围的证券交易局面。这些证券市场开始经营政府债券,继而是各种公司股票。1790 年美国的第一个证券交易所——费城证券交易所诞生,1792 年纽约的 24 名经纪人在华尔街 11 号共同组织了"纽约证券交易会",这就是后来闻名于世的"纽约证券交易所"。随着股票交易的发展,在 1884 年,美国的道和琼斯发明了反映股票行情变化的股票价格指数雏形——道琼斯股票价格平均数。

# 9.3 各国产融结合的历史实践与评价

产融结合历史在组织层面受到了各国历史背景、文化、监管环境、外部发展环境等多方面的影响,呈现出多样化的特点。具体来说,我们可以认为在全球化日益加深的今天,产融结合合约层面的创新已经不再是一个国家独有的特征,而是这种金融创新的成果可以迅速地被各国复制与共享。各国在运用哪些合约工具方面的差距不大,但各国在如何选择搭配合约工具的使用方面则集中表现为各国组织层面的产融结合发展的差异性。

本节选择了美国、日本、德国、韩国几个典型国家来展开对产融结合历史实践组织层面的探讨,我们结合了各国的实践、特征等内容,运用本书全新的产融结合理论体系对各国的产融结合历史进行诠释、评价,并得出对我们的启示。

## 9.3.1 美国产融结合的历史与分析

纵观世界产融结合的发展历史,美国的产融结合由于其金融手段的多样化、对企业发展的显著促进作用而独树一帜。

**一、美国产融结合的发展**

根据美国金融管制政策的变化,美国产融结合的发展历史划分为三个发展阶段:第一阶段为 19 世纪 70 年代至 20 世纪 30 年代初,自由竞争的市场经济制度下,美国基本上未对产业资本和银行资本的流动做过多的限制,产融结合在宽松的金融政策下初步形成。第二阶段为美国经济危机爆发至 20 世纪 70 年代末,产融结合在金融分业管理的背景下持续发展。受经济危机的影响,垄断和混业经营遭到质疑,于是美国政府出台一系列的法律,严格禁止商业银行投资工商业,限制垄断行为。产融结合随之发生了新的变化:①创造出了独特的银行持股公司;②企业内部成立新的金融机构;③大商业银行成立信托部,利用受托基金购买大公司的股票,实现对产业资本的控制。第三阶段为20世纪80年代至今,美国反思经济危机产生的原因,认为取消分业管制反而可以促进金融业的稳定,于是陆续出台了放松金融管制、实行金融自由化的政策。这样,美国产融结合的范围得到延伸,渗透到银行业、证券业、保险业、房地产融资等各个领域。产业资本和金融资本实现了更紧密的结合。

**二、美国产融结合的特点**

具体来看,美国产融结合的特点主要有如下几点:

(1)制度变迁一直是美国产融结合变化与发展的一个重要原因。新制度经济学认为,在制度变迁中存在着报酬递增和自我强化的机制,这种机制往往是诱发一个企业乃至一个社会进行转型的重要原因。从美国产融结合的历史可以看到,产融结合经历了"双向—单向—双向"的发展曲线,利益相关方也适时地改变自己的行为模式,具有鲜明的制度变迁的烙印。金融分业监管时期,《格拉斯—斯蒂格尔法》规定商业银行不能从事投资业务,于是一些大企业就在内部成立新的金融机构,分而治之。20世纪80年代后,美国的金融业进入混业经营时代,许多企业集团借机开展了多样的金融业务,如美国的通用电气公司(以下简称GE)就由过去主要为母公司提供消费信贷服务转向投资领域。

(2)美国的产融结合模式主要是以自由市场为基础的市场主导性模式。美国的股权结构较分散,持股法人对公司的直接控制和管理能力非常弱。这就决定了美国的产融结合主要是以资本市场为基础的外部结合,金融资本的定价和配置由市场决定,投资者借助资本市场的证券交易、兼并、监管机制来间接控制产业资本,产融结合具有较高的透明度和约束力。在这种模式下,高度发达的资本市场不仅为金融资本的需求者提供了一个获得低成本资金的供给平台,而且资本市场通过证券交易、并购等途径和公开信息披露机制促进了金融资本使用的效率,有助于实现产业资本和金融资本的有效配置。

(3)金融创新不断涌现。美国产融结合的金融创新主要表现在:第一,金融机构的创新。20世纪50年代,为了冲破单一银行制的限制,美国创造了独特的金融机构——银行持股公司。银行持股公司一方面为金融机构进入或控制工商企业提供了条件,另一方面它可通过收购和建立工商企业进行有关的金融活动,为产业与金融在内部的融合打下了基础;第二,金融业务的创新。早期的金融业务主要是为客户提供信贷,服务比较单一,现在,美国的金融业务已取得了突飞猛进的发展,如,GE公司旗下的GE金融服务公司业务范围就包括汽车金融服务、商用设备融资、统一金融保险、消费信用服务以及工商咨询业务等27个各有侧重点的业务,其中有19个是以两位数的速度增长,为GE公司的发展做出了巨大的贡献。

(4)实现了"产"和"融"在集团内部的有效整合,提高了集团的核心竞争能力,能够产生竞争优势的资源为战略性资源,对于企业的快速发展有不可替代的作用。金融资产是一种战略资源,但金融资产必须以产业为依托才能产生巨大的威力。我们仍以GE公司为例,GE金融的业务占到了GE公司利润的40%以上,但立足于实业的GE并未一味地膨胀金融业务,而是一直把金融和产业的收入比例协调在4∶6左右。GE金融主要是为公司的主营业务提供相关的金融服务,比如客户信贷、发行商业票据等。GE公司的产业资本得到了金融资本的支持,反过来又促进了金融资本的增值,双方实现了有效整合,为GE公司创造出了持续发展的核心竞争力。

**三、美国产融结合经验给予的启示**

美国产融结合的历史就是对产融结合近一百多年历史的最重要印证,

从其发展的动因来看,无不透露出"产"对流动性的渴求及"融"对逐利性的需求,二者共同表现为制度变迁的需求。对于美国,我们很难区分是"产"主动还是"融"主动的问题,因为美国的主要特点是市场经济的自由发展,而在这个环境之下,产融双方自由发展,可谓是共同主动的典范。但正是同样是这种自由发展,却在紧密性上体现出结合的方式越来越深入、越来越紧密的特征,当然这种紧密性在推动美国快速发展的同时,也导致金融危机,带来灾难性的蔓延,可谓是双刃剑。

根据我国国情和产融结合发展的现实情况,我们从美国产融结合的经验中得到如下启发:

(1)要深化金融管理体制的改革,为产融结合创造一个良好的制度环境和完善的市场条件。从美国的经验来看,制度变迁是促进产融结合的关键,市场机制对于资本的配置作用也已得到充分的验证。因此,政府应发挥制度供给上的规模和垄断优势,为产融结合的发展创造一个良好的体制基础。在当前世界经济一体化、资本流动国际化、金融全球化的背景之下,我国金融业的分业经营已成为必然的趋势,这要求政府应顺应历史潮流,积极推行金融体制的改革,如放松金融管制、推动金融自由化、完善资本市场等。

(2)实现金融资本和产业资本的有效整合,发挥协同效应,规避内部关联交易风险是我国企业增强核心竞争力的关键。根据企业的资源依赖理论,企业获得持续竞争力优势的途径是有效地配置和整合内部资源以及充分地利用外部资源。因此,我国企业进行产融结合主要基于两点:第一,将外部资本内部化,降低交易费用,在一定程度上降低和消除资本融合生长的摩擦和不确定性,使企业获得更多的融资便利;第二,在产融结合体内部,产业资本和金融资本之间通过共享客户关系、专业人才、生产技术等资源,进行有效的业务整合,发挥协同效应和范围经济,提高核心竞争力。

需要注意的是,内部交易一方面可以为企业带来协同效应,降低成本,

增加利润;另一方面又会带来风险传递及系统性的风险积聚,因此,要发挥好资源的协同效应,必须要合理引导、规范各企业之间的关联交易,严格控制关联交易风险在集团内部的传递,在风险可控的条件下追求资源的协同效应。

(3)从信息披露制度、金融人才储备机制、金融风险预警机制等方面严格控制金融风险,提高信息披露的透明度,实现监管当局、企业、社会公众之间的信息对称,能有效地将企业及各成员单位置于市场的监督之下,便于投资人、债权人和监管当局做出理性的分析,正确判断和区分面临的真实风险。

**四、美国产融结合的评价**

美国市场主导型的产融结合模式因其高度的市场化而被认为是最有效率的模式。美国产融结合模式的效率优势在经济全球化的背景下表现得更为明显。金融企业与工商企业间的平等交易关系使得双方利益相关性较低,因而交易双方具有较高的灵活性,在面对国际经济环境的变化时能迅速做出调整。

美国的市场主导型产融结合模式的微观经济风险大,宏观经济风险小。在美国的产融结合模式中,随着资本市场上的价格波动,银行和企业市场交易行为相对频繁,双方难以全面掌握对方信息,而必须承担较大的逆向选择和道德风险。但是从宏观上看,由于市场机制较健全,一切风险因素都会在价格信号上得到反映,这样有利于市场主体及时地识别、控制和规避风险。

## 9.3.2 日本产融结合的历史与分析

**一、日本产融结合的发展**

日本企业产融的初期结合应追溯到 1945 年前后。当时的日本银行通过投资股票而成为企业的大股东,轻易地取得了对企业经营的控制权,完成了由金融向企业的渗透。与此同时,同系大企业也积极取得银行等金融机构的股份,形成了金融机构和企业法人相互持股的产融结合形式。进入60年代,为防止外资侵入日本市场,日本企业的法人相互持股发展为环状相互持股的方式,即:日本企业不设立控股公司,企业内的成员单位彼此成为对方的大股东,没有最终的控制者和被控制者,但大银行在企业中处于举足轻重的地位。日本每个企业内部处于核心地位的银行,被称为"主银行"。主银行与本集团内的其他金融机构,如,信托银行、人寿保险公司等一起,给予本集团内的成员企业优惠的系列融资。系列融资中的主银行不仅是企业的最大债权人,而且是企业的相互持股人,通过系列融资,主银行与企业之间形成了紧密、长期的交易关系,并为向该企业贷款的其他金融机构进行委托监管;在这个过程中,由主银行建立的监管体系也得以确立,并形成了反映日本银企关系的"主银行体制"。在这种系列融资的产融结合方式下,成员企业从本集团金融机构所融资总额对其所有借款总金额的比率,即"系列融资比率",可高达80%。但20世纪90年代后,日本政府开始了"金融大改革",日本的产融结合也发生较大的变化,具体表现为:

(1)降低相互持股比率。日本亟待恢复活力和满足自有资本比率要求的大银行等金融机构,开始对原有资本结构进行调整,解除了一部分与企业的相互持股关系。

(2)弱化系列融资关系。日本金融机构实行了国际清算银行对银行自有资本比率的规定,使企业融资方式从主要依靠金融机构的系列融资转向通过发行有价证券从资本市场直接融资,主银行制下的系列融资关系弱化。

(3)设立金融控股公司。控股公司是指本身不进行任何实际的经营活动、专门以控制其他公司的股份作为其主要业务的公司。在日本首先出现的金融控股公司,是由控股公司对证券公司、银行、信托机构、保险公司等金融机构中的两个以上子公司实施控股,子公司之间实行分业管理。而后,其他企业的金融机构也纷纷开始运作。从控股公司功能上来看,这种组织可以节省大量支配性资本,而且具有监管上的灵活性,有利于形成协同效应。

二、日本产融结合的特点

日本企业产融结合总体特征表现为主银行主导下的产融结合特征。其具体特点为:

(1)日本的政府规制在产融结合中发挥作用。日本产融结合处处体现出政府行为。无论是日本政府采取限制银行持股企业的比率,还是90年代后政府允许设立控股公司,都体现出政府规制对产融结合的影响。

(2)日本的产融结合模式是以银行间接融资为主的"银行主导模式"。日本企业的主银行不仅是企业的最大债权人,也是企业的重要股东。日本开展的相互持股、系列融资等产融结合形式,都是在企业的主银行主导下进行。企业通过银行取得巨额间接融资,通过与银行共同投资公司使产融结合更加紧密;尽管后来系列融资比率下降、相互持股比率也下降,但由主银行主导的产融结合模式并没有发生根本改变。

(3)产融结合的环状相互持股特征具有"双刃性"。法人相互持股除了具有加强集团内部结合、相互监督、防止外部入侵、实现稳定经营的优势外,还使企业间相互避免风险成为可能。但是,相互持股也具有一定弊端,突出表现在限制竞争。在法人相互持股之下,持股双方互相为对方提供利益,导致控制性交易,削弱了市场对企业的监控;同时,也成为促使风险竞争弱化、增加投机性的重要因素。

(4)金融控股公司开创了日本产融结合的新局面。以企业为代表的由法人相互持股所形成的垄断资本直接促成了日本规模空前的泡沫危机,使产融结合表现出封闭性及与社会生产力发展的不适应性。而金融控股公司开创了日本产融结合的新局面,特别适宜于企业多元化、规模化战略。

### 三、日本产融结合经验给予的启示

日本是发展市场经济较晚的国家,尤其是在经历了"二战"的严重打击之后,可谓百业凋零,但日本一跃成为资本主义国家中的第二经济强国,其中产融结合的作用功不可没。日本的产融结合,可以认为是一种带有"产"主动特征的政府参与型产融结合,具体表现为国内经济亟待发展,国际竞争环境苛刻,"产"需要大力发展,但举步维艰,而政府就通过银行的一些金融手段来支持了"产"的发展。正如我们前面章节所说,越是主动越会在结合中处于较低的位置,而日本的主银行特征就体现了这一特点。

与美国不同,日本的产融结合主要体现的是一种广义上的债性特征,在一般情况下债性的紧密度要小于股性的紧密度,也就是说日本的产融结合紧密度在理论上要小于美国,但在日本的产融结合实际发展过程中,却体现了债的异化的特点,债性合约拥有了股性的特点,这里最重要的表现就是人事参与与相互监管的特征,使得在债性合约的核心之外显露出与股性完全类似的产融结合体,而正是这种特征,使得日本的产融结合的发展有着不输于美国产融结合的动力。

针对我国的产融结合实践,日本产融结合给我们如下启示:

1. 企业的产融结合实践应因地制宜、因时制宜。产融结合是在特定时期、特定经济环境下产生的可促进经济发展的一种重要形态,没有固定模式和一成不变的方式可供各个国家、各个集团套用。从日本产融结合的实践可看出,只要某种产融结合方式能够有利于本国、本集团的资源充分利用和合理配置、有利于化解经营风险,那么,这种产融结合实践就是好的。而且,随着经济发展时期不同,企业所面临的经济环境就会有很大的变化,原先适用的方式可能已不再适宜,企业的产融结合方式也应随之发生改变。

2. 发展产融结合的制度条件是放松金融管制

日本产融结合方式的改变,使我们深刻地认识到:在当前世界经济一体

化、资本流动国际化、金融全球化背景下,政府通过有关法律对企业和金融方面实施过度保护或过度限制已很不适宜。无论哪个国家都必须在保持、发挥传统优势的基础上,更多地吸收世界先进经济原理的要素,进一步实行开放体制、放松金融管制,同时减少其封闭性、排他性等非合理要素,为产融结合创造出一个良好的市场条件和体制基础。

3. 产融结合的新趋势——发展金融控股公司

具有相互持股、系列融资、集团内交易诸多特征的日本企业在新经济环境下已面临着巨大的压力,根据经济的发展来调整集团产融结合的非合理性因素,日本政府允许设立控股公司,这一举措本身揭示出产融结合的新趋势。

金融控股公司综合了分业经营和混业经营的优点。这一制度安排既考虑了金融风险问题,又满足了金融效率的需求。首先,通过构建内部防火墙制度隔离了风险,强调银行、证券、保险等子公司作为独立的机构受相应监管机构的监管,同时子公司的业务、财务各自独立,避免了风险在机构内部的传递。其次,金融控股公司所属子公司可以从事各种金融业务,避免了分业经营可能造成的金融资源的浪费和金融服务效率的降低。最后,这一制度安排通过母公司对各子公司的股权控制,可将各子公司推荐上市或引入新的投资者,有利于壮大控股公司自身资本的实力,构造多元化的产权主体,规范公司内部法人治理结构。

金融控股公司的运作优势可增强公司竞争力。控股公司可通过制订不同期限综合发展计划,调整集团在各个金融行业中的利益分配,形成最大的竞争力。子公司之间可以签订合作协议,实现客户网络、资讯、营销能力等方面的优势互补,共同开发多样化的金融产品,进而降低整体经营成本,加快金融创新。各金融行业子公司既自成专业化发展体系,彼此之间没有利益从属关系,又能互相协作、凝聚竞争力,在一定程度上实现了专业化与多样化的有效统一。此外,通过频繁的并购,金融控股集团的规模更容易突破单个金融机构资金实力不足的局限,向超大型金融集团发展。

金融控股公司依据完整的组织和管理构架,可以推动银行的综合化发展。金融控股公司打破了分业经营的特点,使商业银行借助这种制度形式突破传统银行业务范围,通过金融业的兼并实现对消费者的多元化服务。例如,通过收购投资银行,可以在极短时间内获得投资银行的巨额科技投资和投资银行技术、资产经营业务市场和全球性的机构,从事机构股本融资、定息债权融资等业务,并有效利用投资银行的营业网点,开展银行的多种金融服务,促进商业银行和投资银行的业务渗透并向全能型银行发展。

### 四、日本产融结合的评价

日本的银行主导模式表明,在日本,银行和企业的产融结合不仅要考虑市场因素,还必须考虑政府的经济计划,接受政府的行政指导。产融结合在依据政府意愿调度资金,实现国家产业政策方面有明显的优势。日本的产融结合模式对国内环境的依赖性强,对国际经济环境变化的适应性方面不如美国。

日本的银行主导型产融结合模式的微观经济风险小,宏观经济风险大。日本的银行与企业相互交叉持股,银行作为企业的大股东,不仅关心企业的当前利润,更关心企业的长期稳定发展。企业为了确保资金来源并在不利的环境下能得到银行有效及时的援助,企业也持有银行的股份。与美国和德国相比,日本的政府对企业和银行过度保护,使产融结合微观风险小,银行和企业很少破产。但是内部缺陷是容易造成银行业的垄断和内部交易行为,这会让更多的缺乏效率的企业存在,当其累积到一定程度时必然会引发泡沫经济和金融危机,导致宏观经济风险。

### 9.3.3 德国产融结合的历史与分析

**一、德国产融结合的发展**

在德国产融结合的形成过程中,政府和社会历史背景起到了巨大的推动作用。德国是世界上唯一一个两度达到繁荣、两度发动世界大战又两度经历战败苦楚的国家。这对德国产融结合的发展产生了重要影响。

19 世纪末 20 世纪初,伴随着工业的迅速发展,生产和资本在德国快速集中,德国经济逐渐走向垄断。尽管德国的工业化落后早期工业化国家将近一个世纪,但却最早出现了托拉斯、康采恩、辛迪加等多种垄断组织。世界上第一个卡特尔于 1857 年在德国诞生,成为了企业集团的最初萌芽。1893 年德国又最早出现辛迪加,即莱茵-威斯特伐利亚煤矿辛迪加。1905年,德国的卡特尔组织达到 385 个,大多数卡特尔组织采取了辛迪加、托拉斯、康采恩等形式。在工业部门迅速集中的过程中,银行起了重大作用,其本身也急剧地集中起来,同时银行业与工业之间一直保持密切关系,其相互依赖程度极高。

第一次世界大战期间,垄断组织的势力得到快速膨胀。德国最大的军火商克虏伯、西门子、戴姆勒、史汀纳斯等垄断组织成了战争的最大获利者。史汀纳斯的财产从 9 亿金马克增加到 30 亿,它拥有的不是纸币,而是实物:290 个煤矿和煤田,200 个矿山和矿区,65 个运输公司,190 个发电厂,285 家银行和贸易公司,共计 1220 个厂矿和公司实体,是典型的产融结合。20 世纪 20 年代后,垄断组织的发展进入托拉斯(Trust)时期。之后,在托拉斯的基础上,一种新的垄断组织——康采恩(Konzem)又首先在德国出现。康采恩的特征是以一家巨型企业为核心的企业联合形态,其核心有的是大银行,有的是大工业企业。多数康采恩是典型的产融结合企业集团。

第二次世界大战爆发后,德国产融结合企业集团得到了进一步的发展。

"二战"后,根据波茨坦会议的决定,德国的大型垄断企业集团应予以解散。但由于以美国为首的西方国家的阻挠,这一决定并未得到贯彻。康采恩垄断组织发展很快,到1953年,康采恩在德国各工业部门的股份资本总额中所占的比重为钨煤工业75%、钢铁工业77%、造船工业46%、电气业53%、水泥工业63%、制钾工业61%、硬煤工业82%、金融业65%。在德国股份资本总额195亿马克中,康采恩就控制了112亿马克,占资本总额的57%。其中有以银行为中心的企业,如德意志银行企业,包括西门子、曼特斯曼、克吕克内、赫斯四大康采恩;有以大工业康采恩为中心的垄断企业,如蒂森康采恩企业和法本康采恩企业。

20世纪50年代末到60年代初期,德国生产和资本的集中程度达到并超过战前水平,以金融资本为中心的大康采恩也空前强大起来。1957年,德国50家最大的康采恩和康采恩集团的营业额还只占四万家工业企业全部营业额的29.7%,而到了20世纪80年代已增加到了47.1%。进入20世纪90年代后,德国企业集团又掀起了一系列并购热潮。1997年,德国克虏伯钢铁集团对蒂森钢铁公司进行收购,两家企业的合并形成了世界第三及欧洲第一大钢铁公司。1998年以来,企业集团的兼并收购更是高潮迭起,德国产融结合企业集团的实力得到了极大的增强。

**二、德国产融结合的特点**

德国产融结合的发展是通过相互持股与人事结合来完成的。由于德国银行法并没有对银行设立过多的限制,银行可以在非银行企业中持股,这样,德国商业银行不仅垄断了金融市场上各种有价证券的发行和转让业务,而且对工商企业进行投资参股和控股,并形成了具有德国特色的主持银行模式。大银行不仅通过占有股票控制工商企业,还通过兼任工商企业董事直接参与企业的重要决策。当然,工商企业大公司也广泛参与银行业。"二战"后,德国的产融结合企业集团有的以大银行为核心组成企业,有的以大公司为主体组成企业。这些企业集团在发展过程中形成了自己鲜明的特征：

（1）银行资本与工业资本的紧密结合。在德国发展的历史上,银行资本与工业资本的结合构成了以银行为首的企业,银行与企业紧密地结合在一起。第二次世界大战后仅有德意志银行、德累斯顿银行和商业银行生存下来了,也就是通称的三大银行。三大银行在金融体系中的兼并和营业额增加的速度,超过了工商业垄断集团的兼并和营业额增长的速度。在德国产融结合企业集团形成的过程中,银行与企业的结合方式主要有三种:银行通过掌握股权,直接实现资本参与;通过人事结合,银行资本和工业资本保持密切关系;银行与企业组成企业。

（2）管理方式由家庭管理向多股公司参与管理转变。在德国产融结合企业集团形成的初期,家庭控制的垄断组织是企业集团的主要形式。第二次世界大战后,在新的市场环境中一些历史悠久的家庭企业和垄断集团面临着新的挑战。为适应新的形势和筹措更多资本,股份公司逐渐代替了私人资本和由一个家庭独家经营的公司。一些垄断集团不再单是按家庭或宗族利益组建起来的工商企业和金融组织,而是通过直接资本参与、人事交织和金融联系形成多股控制的公司。德国的产融结合企业集团的股权结构发生了变化,体现在:股东多样化、股权微观分散化和宏观集中化;由纵向垂直持股为主转向横向水平持股为主;个人和家庭持股比重下降,机构持股比重上升;公司间关系由封闭、分割为主变为开放、融合为主;股份持有日益国际化。在这种趋势的整体影响下,企业集团的管理方式实现了从家庭管理向多股公司参与管理的转变。

（3）比较完善和健全的企业管理制度。这是德国组建和发展产融结合企业集团的基本前提和条件。德国企业的基本形式是股份公司,股票作为一种有价证券,可以在有组织的资本市场上买卖。这样,一个企业要想控制另一个企业,通常只要在市场上收购股票,进行大量参股就能做到。股份公司必须设立董事会、监事会和股东大会等领导机构,它们分别代表经营权、监督权和所有权。通常甲企业持有丙、丁企业一定的股份如35%以上,成为其最大的股东时,甲企业董事长便会出任丙、丁企业的监事会主席。一个人可在多个企业中任监事,但最多不能超过规定数目的公司。这就从组织上保证了控股企业对被控股企业的经营决策施加影响的权力。

**三、德国产融结合发展给予的启示**

西方国家的法律体系分为两大类,一类是英美法律体系,另一类是以德国、日本为代表的大陆法系。属于大陆法系的德国规定:银行可以从事各种金融业务,持有工商企业股权,进行人事参与等,而且对银行持有企业股权数量不加限定。而同属于大陆法系的日本则是有限制地允许银行向企业投资并持有股权。属于英美法系的美国在《银行法》中严格禁止银行直接持有工商企业的股权并且不允许银行干涉公司的治理。但是经济的发展客观上要求产融一体化,这促使美国商业银行通过银行信托和银行持股公司间接地向企业投资并持有企业的股权。

正是德国这种独特的法律制度环境,使得德国与日本虽然都是银行主导型特征,但德国比日本更具有产融结合的灵活性,可以采用"股性结合"这一高紧密性的结合方式,但同时由于大陆法系的特征,德国相对英美法系的美国又多了一些监管限制措施,最终形成了德国这种严谨而实用的产融结合方式。

（一）放松金融政策的限制推动产融结合的发展是一个基本趋势

从德国的实践来看,由工业资本和金融资本逐渐相互渗透、融合形成的产融结合企业集团,在整个国民经济中发挥着重要作用。德国的产融结合企业集团之所以取得了较好的发展,一个重要的原因是德国对金融业实行了较为宽松的管制,产业资本能够较为自由地进入金融业。事实上,政府放

松金融管制已经成为各国金融业发展的基本趋势之一,这对于推进产融结合的发展是十分有利的。

从当前的情况看,中国正处于经济体制转轨时期,金融业长期处于压抑状态的状况尚未得到根本改变,包括限制产融结合在内的多种金融管制仍然普遍存在。在这种情况下,大型企业走产融结合之路,是否具有政策空间,是必须认真考虑的一个重大问题。产融结合政策符合市场经济发展和增强中国企业国际竞争力的需要,政府在银行等金融市场准入方面需要创造一个宽松的环境,给一些优势企业集团必要的政策倾斜,以加快培育中国企业集团在国内市场的控制力和国际市场的影响力。特别是在中国加入世贸组织之后,面对经济全球化和金融一体化不断加快的趋势,国家必须通过进一步深化企业与金融管理体制的配套改革,完善相应的配套政策,发展具有国际竞争力的大型企业集团,尤其要大力扶持一些已具有一定竞争优势的产业型企业集团进行产融结合,尽快发展产融结合企业集团。

(二) 产融结合发展道路是大型企业集团的必然选择

在德国,绝大多数企业集团是走产融结合道路形成的产融结合企业集团。这些产融结合企业集团是以银行为核心的企业集团,集合了社会上相当数量的资金,拥有雄厚的资金实力,能够发挥集团的规模经济效益和专业化协作优势,迅速形成新的生产能力,促进产业结构合理化,成为整个国民经济现代化的基础和发展外向型经济的中坚。从德国产融结合的发展来看,有相当一部分产融结合企业集团是从工业企业发展而来的。当企业达到一定规模时,为了进一步巩固和加强自身地位,其经营领域会向外扩展。这种扩张最突出的表现是向金融领域的拓展。由于金融资本具有高风险和高收益性的特点,一般可以为企业集团带来高于产业资本的利润率,从而使企业集团获取规模效益和竞争优势。因此,走产融结合的道路是实现企业集团规模与实力迅速发展壮大的一个有效途径。

从中我们可以得到一个重要的启示:企业集团为了应对经济全球化和跨国公司的挑战,使产业资本与金融资本在企业集团内部同一控制主体下实现融合,更有利于企业集团利用生产经营与资本经营两种手段,扩大企业集团控制市场的范围,降低市场交易成本,获取高于市场的平均利润,从而赢得竞争优势。组建产融结合企业集团是中国大企业参与激烈国际市场竞争的一个有效手段。中国企业要想在与国外企业集团的竞争中占有一定的优势,在战略上必须走产融结合的企业化发展道路。中国作为 WTO 成员,培育具有国际竞争力的大型企业或产融结合企业集团已成为经济发展的重要选择。目前,中国已经出现了一些企业集团初步尝试进行产融结合。

（三）产融结合需要涉足更多的金融领域

从德国的经验来看,商业银行一直是产融结合企业集团涉足金融业的首选领域,在政策允许的情况下,产融结合企业集团最大限度地进入商业银行。除了商业银行以外,德国产融结合企业集团常常涉足其他金融部门,如涉足证券行业、保险行业等。显然,德国金融业的混业经营促进了产融结合企业集团的发展。

（四）市场成长与政府推动是产融结合企业集团形成与发展的两个基本力量

在产融结合企业集团形成和发展的过程中,除了市场自发力量的作用外,政府是重要参与者和支持者。在德国企业集团的萌芽阶段,德国发生了一次重要的经济大跃进,而实现这次跃进的重要原因便是政府对分隔经济的改造行为。政府通过一系列的法律法规的制定和实施,促进了生产的集中和资本的集中,进而形成垄断组织。两次世界大战的发动更是促进了德国垄断资本主义的发展,政府垄断直接推动了企业集团的发展。但是,随着企业集团的真正成熟,政府的作用逐渐淡出,而市场机制的作用逐步得到加强。此外,各国政府还通过法律手段来直接和间接地引导产融结合企业集团的经营活动,保证市场的公平竞争,推动市场体系的建立。这也为产融结

合企业集团的发展壮大创造了良好的环境。随着改革的发展,中国已经开始通过制定国家产业政策等方式,结合市场导向来积极地引导企业,协调中央和地方政府的行为,指导行业的发展。为此,我们需要将中国支柱产业和产融结合企业集团的发展有机地结合起来,大力扶持符合国家产业政策的产融结合企业集团。这样,依靠市场力量和行政力量的共同推动,促进中国产融结合企业集团的发展。

（五）必须走稳健的产融结合道路

金融业是一个风险很高并对国民经济全局有深刻影响的特殊行业。为了经济的稳定,德国政府高度重视对金融业的监管,表现之一就是对金融准入方面有严格的限制。产融结合企业集团涉足金融是一种长期的战略性调整,在这个进程中必然受到政府的严格监管,因而赢得政府的支持至关重要。而赢得政府支持的关键在于在现有的政策条件下,找准涉足金融领域的切入点,采取稳健的经营策略,避免发生金融性风险,否则会增加向金融领域拓展的政策成本。在这方面德国的经验是值得借鉴的。

四、德国产融结合的评价

德国的银行主导型产融结合模式使资本市场作用较小,资本的自由流动受到限制,因而被认为是低效率的模式。德国银行在产融结合中的主导作用对德国的工业化和"二战"后的经济重建作用功不可没,德国经济一直保持长期稳定的态势。但正是由于这种长期稳定性,使德国产融结合模式在面对外界环境变化时调整得非常缓慢。

德国银行主导型产融结合模式风险小。在这一模式下,资本市场受到限制,银行长期持有企业大量的股票,参与企业的决策经营,这有助于银行减少交易中的逆向选择和道德风险。而且由于银行和企业经营利益相关性较强,在企业经营出现危机时,会尽可能给予关系企业资金援助,使企业发展避免短期行为,而追求长期发展目标,实现银行和企业的双赢。

　　我们注意到德国产融结合的过程中,出现了垄断的一些方式,这从国内的角度来看,确实是不利于德国国内企业的发展,但同时考虑到德国所处的发展环境的开放性特征,与周边国家的竞争压力,这种大型的企业集团则具备了较强的国际竞争优势,同时也可以避免单一市场垄断所造成的不足,是一种比较切合实际的方式。这也从另一个角度验证了地理条件特征、国家规模特征、社会背景等多方面的条件也在深刻地影响着产融结合的发展。

　　尽管德国由于其特殊的经济法律制度环境形成了不同于其他国家的产融结合的路径和模式,但德国产融结合企业集团的发展却对中国有一定的借鉴意义。中国企业集团在进行产融结合时,也将涉足更多的金融领域,要求进行金融业的混业经营。从某种程度上可以说,混业经营是适应跨国公司和大型企业集团实施多元化经营和大规模资产重组的要求而出现的一种主流趋势。但是,目前中国并不具备一步到位的条件,还必须循序渐进。首先,可以在维持金融分业经营总体格局的前提下,最大限度地利用现有的法律和政策,进行金融混业经营试点,如中资境外金融机构可以按照当地法律开展多元化金融业务;其次,进一步规范经营试点的经济行为,并在此基础上修改和完善相应的法律法规,逐步放松对混业经营的管制,例如,对原先业务范围过窄的要适度放松,对相对风险较小、绩效明显的业务交叉或混业优先考虑;最后,建立金融控股公司,建立风险"防火墙"型的业务交叉模式。

## 9.3.4　韩国产融结合的历史与分析

　　韩国经济在20世纪60年代开始起飞,韩国的产融结合在经济腾飞中发挥了巨大的作用。但在亚洲金融危机时,许多大企业纷纷破产,人们又开始对韩国产融结合的发展现象进行了反思。

**一、韩国产融结合的发展**

韩国产融结合的发展大致经历了以下四个主要阶段。

第一阶段:起步期(20世纪40年代末—50年代中期)。韩国光复后,民族工商业者通过购买归属财产和接受美国的物资援助获得了快速发展,奠定了经济基础,形成一批早期的财阀,如三星、乐喜、金星、东洋等。这是韩国的首批财团。

第二阶段:成长期(20世纪60年代初—70年代末)。通过鼓励出口贸易,大力发展重化学工业,支持劳务和建设运输业等一系列宏观经济政策的调整,韩国的财团进入了快速的成长时期。新一代财团都是借韩国经济起飞,政府实行开放政策而迅速积累资本形成财团的,被称为现代财团。

第三阶段:膨胀期(20世纪80年代初—1997年前)。这一时期是韩国产融结合发展最为迅猛的时期,财团在整个国家经济中已经处于举足轻重的地位,并逐步形成对生产与资本的高度垄断。1997年韩国前30家大财团的生产总值占韩国国内工业总产值比率达70%左右。在众多财团中,前5大财团的实力明显大于其他财团。

第四阶段:改革调整期(1997年至今)。由于东南亚金融危机的爆发,韩国财团在这场危机中首先受到冲击,一些知名的财团纷纷破产倒闭或陷入重组之中。韩宝、三美、真露、起亚、大农、海泰等财团先后倒闭(约42家);各大财团在政府主导下改革重组,由此开始了韩国大财团痛苦的改革调整期。经过改革重组,形成以三星、LG、SK、现代汽车为代表的韩国"新财团"。

### 二、韩国产融结合的特点

韩国的财团大多在经济开始腾飞的20世纪60年代依靠政府的支持和银行的贷款,从小到大发展起来,成为国家经济增长的主要动力。但各财团普遍实行家族经营管理体制,拥有众多的产业,旗下子公司众多,进行高负债高风险经营,这些因素既为财团的发展提供了动因,同时也为财团的没落埋下了祸根。

（1）政府主导型的经济体制是财团发展的基础。韩国产融结合的发展是与政府的政策倡导和扶持发展紧密相关的，对于韩国的发展模式，国际和国内学者把它归纳为"政府主导型经济体制"。韩国政府支持下的金融机构的主要贷款对象是财团，贷款比例甚至高达70%，同时财团还可以得到小型企业不能享受的优惠贷款利率。财团的兴起也与韩国的经济赶超战略紧密相关。从出口导向的发展战略，到推行重化工业，直至20世纪80年代的促进产业升级换代，政府的一系列经济改革政策都是以大财团作为对象。在韩国的"官制金融"体制下，银企关系扭曲，政府充当财团的保护伞，财团利用优惠资金盲目投资，既拖垮了企业也连累了银行。亚洲金融危机后，韩国政府对财团采取强行重组，近年来韩国大财团领导人也纷纷受到打击，这主要缘于政府对大财团的态度转变，比如，代表平民力量的金大中、卢武铉总统决心改变执政党依托大财团的状况，主张经济发展多元化，反对国家依赖大财团。

（2）全国经济人联合会及各财团的社长团会议。各个财团组成了联合的代表机构——全国经济人联合会，可举行会长团会议，协调立场和策略。历届韩国政府都重视同全国经济人联合会的沟通，特别是在政府的各项重大经济改革政策出台时，全国经济人联合会都会和政府进行协商和谈判。为了协调财团内系列企业负责人的意见，各财团都成立了社长团会议，定期在每周、每月召开会议。

（3）韩国财团实行家族式管理。韩国大型财团都由创始人及其家族成员所控制。各大财团都有一个能力很强的创始人，同时也是家族领导人，家族成员担当主要系列企业的负责人。家族制领导在财团的创业初期表现出很高的凝聚力，但随着财团规模的日益扩大，这种家长式的领导方式对财团的发展产生了很多负面影响。财团还利用其家族管理和子公司众多的特点，大量进行内部交易，财团1/3的销售收入来自内部交易，前16大财团平

均内部交易比例达 34.9%。

(4)多元化扩张致使财团内部产业林立、子公司众多。多元化经营是财团的另一个显著特征,各财团的多元化经营有明显的"趋同"特征。在多元化进程中,产业关联度比较低,有时是完全不相关的多元化。三星、现代、乐喜、鲜京等企业都经历了较大跨度的多元化扩张阶段。多元化扩张形成了"章角爪式"经营特征,致使各财团子公司众多,并在 1997 年达到高峰。多元化经营加大了经营风险,而财团的经营效益却并没有因此而得到提升。

(5)高负债经营导致财团经营状况恶化。韩国的财团长期以来依靠负债经营,财团的资本负债比率(负债总额/自有资本总额×100%)一直居高不下。高负债导致了以制造业为主的韩国财团的低利润和亏损。财团与银行的密切关系以及其独特的融资担保策略,使金融机构放松了对财团的风险监管,隐藏了财团潜在的经营危机。

**三、韩国产融结合发展给予的启示**

尽管韩国的发展模式有着先天性的不足,但并不意味着这种方式不能为我国所借鉴,关键是要抓住优势,把握产融结合的本质,规避内在的风险,具体来说,韩国的经验有如下一些可以供我国参考:

(1)推进大型企业集团的发展。韩国产融结合的发展演变对我国发展企业集团有着正反两方面的借鉴意义。现阶段,我国需要积极推进大型企业集团的发展,集团的发展对提升国家的整体经济实力有巨大的推动作用。从韩国的发展经验来看,借助政府的力量,实行产业集中政策,已经成为后发达国家培育本国支柱产业和优势企业集团的有效途径。我国的资本市场发育不足,产权交易也受到客观条件制约,政府可以通过制定相关法律法规,出台一系列优惠政策和配套措施,根据宏观经济发展的需要促使企业集团的兼并、收购、合并等活动,培育各行业的龙头企业集团,并借助大型企业集团的发展带动产业链和区域经济的联动发展,提升我国经济的整体竞争实力。

（2）加强政府引导、适度金融支持、审慎多元化。韩国财团的发展变化也给我们留下了更多的反思，这其中既有政府的原因，也有财团方面的原因。由于政府对企业的过度干预和金融支持，致使企业过分依赖于政府，金融危机的爆发就使财团一损俱损。政府不能对企业集团大包大揽，行政支持只能是导向性的，不能代替市场机制的作用；政府的作用应当体现在产业政策的制定、行业的发展指引和竞争环境的维护等方面。政府对企业的金融支持只能是适度的，要审慎对待企业集团的多元化。过度的多元化经营必然会导致投资膨胀、资金短缺、产业定位不明确。韩国财团的那种涉足太多的领域、非关联多元化的做法更是不可取的，我国的企业集团应从中吸取教训。

（3）促进产融资本的有效结合。韩国的"官治金融"是造成其财团大量瓦解的重要原因，但我国可以发展符合国情的产融结合经济形式。从我国的金融分业经营与分业监管制度来看，集团的产融结合难度较大，但在实际的发展过程中，已经出现了一些产融结合的大型企业集团，如中信、光大、红塔、海尔、东方、万向、新希望、泛海等。从韩国、美国、日本的财团发展模式来看，产融结合是其必然的选择，在我国，目前的落脚点并不是应不应该进行产融结合，而是应该进行怎样的产融结合。产融结合可以充分发挥协同经营效应、范围经济效应和规模经济效应，克服信息风险、道德风险，促使企业集团的快速扩张。

实现我国的产融结合必须要控制金融风险，由于我国特殊的国情，目前还不宜推行全面的金融混业经营，但可以采取局部放开的办法，通过设立投资银行和金融控股公司，或者设立投资公司、贷款公司之类的金融组织，聚集社会民间资金，既解决了大量的社会闲散资金的出路问题，又可以解决企业的资金短缺问题。在政府层面，当前需要探讨有效的产融结合方式和金

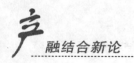

融集团层面的金融监管,不仅在政策指引方面,也要在金融市场的培育方面扶持更多的大型企业集团乃至财团的诞生,增强我国的整体竞争实力。

### 四、韩国产融结合的评价

政府主导、家族式管理、内部交易等是韩国产融结合方式中最主要的特征,而这些特征在推动了韩国产融结合发展同时,也埋下了隐患。虽然产融双方的主动性也大,但对产融结合第三方——政府的依赖过大,很容易导致原本的产融双方主动性的扭曲,由单纯的流动性追逐异化为对政府权力的追捧,同时家族式管理与内部交易也掩盖了产融双方的主动性,而是趋向于权力与利益之间的协调与妥协,不利于产融结合健康地发展。虽然韩国这种产融结合的紧密度很高,但其本质是非利益关系,所以管理的过程中也容易出现任人唯亲的现象,导致管理效率的下降,最终结果可能是在这种高紧密度之下的,实际效果反而不如弱一些的产融结合方式效果好,更有可能的是在金融危机的背景下,这种高紧密度反而引起危机的快速扩散。

## 9.3.5 我国产融结合的历史和分析

### 一、改革开放以来我国产融结合的发展

在改革开放以前,中国企业资金来源主要是财政,产融结合实际上表现为财政与产业的结合,而金融与产业的结合是比较薄弱的。例如,在1980年,中国企业的负债率仅为18%左右,80%以上的资金来源于国家拨付的资本金。但从80年代开始,随着国民收入分配格局的根本性改变,政府所得只占国民收入的微小的一部分,储蓄主体也随之发生了根本性的变化。因此,单纯依靠财政向企业注入资金难以为继。80年代中期,随着"拨改贷"的推进,银行间接融资便成为了企业融资的主渠道,并极大地促进了产业部门的发展。在中国推行股份制之前,产融结合的趋势并不明显。因为在传统的间接融资安排中,金融服务的内容是单一的,而且也是低层次的,只是

简单地从储蓄向投资的转化。很少在其他方面来促进企业改善经营管理，提高效率。另一方面，企业是作为资金的需求者和供给者出现在间接融资市场上，它没能更深入地向金融领域发展。

企业制度改革和股份制发展，为中国"产""融"在更高层次上的融合带来了契机。除了一些大型企业开办了自己的财务公司外，一些企业开始对金融机构参股控股。以央企为例，根据我们的调查，在117家央企中，共有81家进行了不同程度的产融结合，占比68.38%。其中进入2011年《财富》世界500强的38家央企全部进行了产融结合。若将产融结合的标准提高至持股5%，那么，在117家央企中，有77家央企进行了产融结合，其中也包括38家世界500强央企，产融结合央企数占比65.82%。比如宝钢集团控股的金融机构主要为财务公司及华宝信托，分别作为集团内部和外部的核心经营机构，并在华宝信托下成立了华宝兴业证券和基金，以促进信托业务的开展。除控股金融机构外，宝钢集团还参股多家金融机构，包括建行、浦发、深发行、交通银行、兴业、渤海银行、太保、联合证券、华泰财险、新华人寿等，并获取了可观的投资收益。

目前，中国在组织层面上的产融结合主要表现为几种类型：即产业资本向非银行金融机构参股控股、金融机构向企业参股控股、产业资本向银行业参股控股、银行与产业的战略合作关系等。这几种类型形成的原因及发展历程是不同的，并且它们还不是很完善，这说明有必要对我国的产融结合问题进行研究，以促进我国产融结合的发展。

**二、我国产融结合发展的特点**

由于我国幅员辽阔、地大物博、人口众多、区域差异性大等多方面现实原因，决定了我国不能单纯模仿日本、德国、韩国等国家过多地依赖大型企业集团的产融结合，而是需要全面进行多方位的产融结合定位，既需要支持大型企业通过产融结合走向国际化，更需要支持民营中小企业来满足国内

日常生活、就业安排、福利提升等目的。

由上一章可知：我国拥有着政府性、银行性、市场性的多元化产融结合的特点，但我国产融结合的主要问题是：尽管产融结合的双方都有很强的主动性，但产融结合的渠道存在阻塞或匮乏，主要体现在我国产融结合的监管还过于保守，需要适度开放，同时也体现在我国创新性产融结合合约引入较慢与自身创新能力不足，使政府在产融结合过程中扮演了过多的角色，而这正与韩国的模式类似，政府这一角色在现阶段可能有着较大的生命力，但不适合产融结合的健康长久发展。所以，弱化产融结合政府性是必然趋势，这也是产融双方主动性进一步加强的过程，实现产融结合合约与紧密度的匹配，最终实现产融结合充分市场化。

目前我国产融结合的市场性越发凸显，这是我国发展社会主义市场经济的必然要求。但在现阶段我国产融结合的市场性不足，产融结合双方的主动性发挥受限，产融结合的合约渠道有待发展，产融结合的紧密度匹配不当等，解决这些问题都是发挥市场性作用的重中之重。

总体来说，我国现阶段产融结合的发展正处于一个关键的过渡时期，产融结合有力地推动了市场经济的发展，但仍然面临产融结合流动性转换方式匮乏，风险规避方法不足、主动性激励方式单一、紧密度匹配不合理等问题，我们将在下一章进行全面阐释。

# 第十章 产融结合的困境与展望

经过对产融结合的充分分析之后,我们不难发现产融结合对经济和企业都具有独特的魅力,但是产融结合的发展也并不是一帆风顺的,也不都完全按着人们的想象发展。可以说产融结合是把双刃剑,在发展的过程中既充分展示了它的功效,但同时也带来了一定困境。美国的金融危机更说明了产融结合制度本身存在的困境,但是这种困境不是不可以打破的。本章从合约、资产、组织三个基本层面出发,以法律规范、政府决策、人才、技术为四个客观条件,来讨论产融结合的困境和展望,从而为我们这本书画上一个圆满的句号。

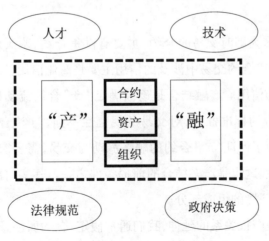

图 10.1 本章的逻辑结构

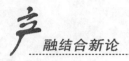

# 10.1　合约的边界

通过前文对"产"和"融"流动性本质的探讨,我们知道:"融"的流动性比"产"的流动性更强。但是,如果仅此认为"融"比"产"更加自由,那就没有领会到流动性角度下所界定的"产"和"融"的真正内涵。其实,"产"和"融"的流动性,与其边界性或规范性具有密切的关系。进一步理解"产"和"融"的边界性,有助于我们把握产融结合的困境与展望。下面我们来进行详细的阐述。

## 10.1.1　"产"的流动性与边界性的辨析

"产"的流动性较差,导致"产"的边界性弹性较大,"产"组织的边界扩张更加容易实现,因此,"产"的组织形式能够不断创新,在组织层面上大力推动了产融结合。

"产"合约多为即时交易的合约,主要有供货合约、购买合约等,标准性较差。因此,"产"合约交易中涉及的信用主要是商业信用,以延时支付或预付的形式提供的信用。产融结合是逐渐满足"产"合约流动性需求的过程,但是由于"产"合约标准性差,对交易的规范性不强,"产"合约的边界也非常容易模糊。为了保证"产"合约的顺畅流动与交易,需要宏观上营造一个良好的信用环境,这也是产融结合的前提条件之一。其实,合约本身就是一种信用,是信用环境的组成部分。

信用关系是产权关系的延伸,我们通常假定:合约所涉及的交易物都是已经界定明确、权益确定的产权,但交易物的权益不确定问题确是实际存在的,这种不确定就是交易双方对所交易物的权益界定没有取得一致认识或达成合意,或交易双方或一方认定的交易物权益价值与实际价值不一致。在产权制度不健全的情况下,信用交易除了要面对偿债能力和偿债意愿不确定的风险,还要面对交易物权益不确定的风险。权益不确定是当前我国信用交易中面临的突出问题,在国有经济体系中尤为严重,权益不明确很容易产生失信行为,这不是少数人的机会主义行为,而是由于信用的制度供给呈现短缺状态。因此,增加信用制度的供给,需要解决法律治理机制不健全、产权不明晰的问题,形成透明而不是封闭的社会信息结构。这也是产融结合过程中需要重视的问题。

## 10.1.2 "融"的流动性与边界性的关系辨析

从流动性的角度来看,"融"比"产"的流动性更强,但并不意味着"融"在组织和合约上比"产"更自由,恰恰相反,"融"的规范性很强,"融"合约的边界性也很明晰,所有金融行为都是在这个合约边界之内进行的,所有的金融交易都是按照约定的规范有序地进行。如果稍微跨出这个边界,哪怕是一步,就可能从一种"融"的形态骤变为另一种"融"的形态,这种对变动的敏感性在体现"融"合约明晰的边界性的同时,也表现了"融"合约超强的流动性。同时,"融"合约的规范性也造就了"融"组织的稳定性。

通过对"融"合约规范性、边界性的探讨,对于规范产融结合过程中"融"合约的交易及合约的选择规律具有重大指导意义,同时,对于规避脱离实体产业和实体经济的过度金融化行为和过度的"融"合约创新行为,具有重大作用。产融结合中"融"实现自由流动本无可厚非,但是脱离产融结合体系和实体经济的滥造"融"合约的行为,则会损害"融"合约的有效性及产融结合的稳定性。

首先,"融"合约的制造与产融结合体系不相协调。"融"合约的制造忽略了产融结合体系的具体进程和实情,在金融深度的绝对量和相对进展上

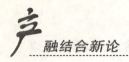

都超越了能够承载的限度,这将导致产融结合实体承担过度的风险,同时,"融"的边界性也过早地跨越了,不利于产融结合后期的可持续发展。其次,"融"合约的制造与实体经济的发展阶段不协调。"融"合约在制造时,所涉及的金融制度安排都未能很好地与实体产业相协调,这就放大了"融"合约在流动过程中的波动性对实体产业的冲击以及风险的传导。

因此,在制造和选择"融"合约的过程中,需要在流动性和边界性之间进行综合的权衡,这样才能从战略上匹配金融发展和实体经济发展的动态路径,在确保"融"合约交易在正常的边界范围内的前提下,实现"融"合约较强的流动性和较高的效率,还能最大程度地降低产融结合过程中的不确定性和潜在的风险。

## 10.2 资产的虚实

在某种程度上,产融结合是一种商业模式。如果把单纯的实体经济比作"皮革经济",那么,单纯的虚拟经济就是"羊毛经济",那么产融结合就是最有价值的"皮草经济"。产融结合作为一种商业模式,我们追求的就是这种商业模式的价值最大化。

追溯产融结合的动因,我们可知"产"、"融"是流动性不同的两种资产,而产融结合行为是流动性的差异所致。"产"对"融"的主动性,是为了让渡手中流动性差的资产,通过融资获得流动性强的货币,通俗地讲,"产"希望把自身某种资源通过商业模式转化为一种赚钱的方式;反过来,"融"对"产"的主动性,是为了让渡自身的流动性,获得收益,即"融"期待把自身流动性资源通过商业模式转化为一种投资行为,进而获得收益。举个例子,中石油旗下的昆仑银行瞄准的目标客户群体就是中石油集团企业及其相关的客户资源、关联的央企、中石油职工及其家属。这就是通过产融结合这种商业模式把财务资源和客户资源("产")转变为获利的方式("融")的典型案例。

商业模式本身是对商业逻辑的简化框架。商业模式描述了盈利方式和客户价值主张,及公司的内部结构、合作伙伴网络和关系资本等借以实现这一价值并产生可持续盈利收入的要素。商业模式能使企业运行的内、外部各种要素整合起来,形成一个完整的、高效率的具有独特核心竞争力的运行系统,并通过最优实现形式满足客户需求、实现客户价值,同时使系统达成持续盈利目标的整体解决方案。一言以蔽之,商业模式就是把盈利模式与服务平台结合起来,商业模式在价值最大化的同时,还要为实体经济服务,实现客户的价值主张。

那么,我们就可以得出评判商业模式的标准,首先,产融结合的"产",对实体经济的贡献度;第二,产融结合的"融"对虚拟经济的贡献度。如果这两条标准都达标,应当说这种产融结合商业模式就是成功的。其实,每种商业模式都有纰漏,产融结合也不例外,它有可能使得实体经济和虚拟经济分离,而且渐行渐远。前不久的次贷危机就为虚拟经济与实体经济的关系问题敲响了警钟。

当"融"逐步发展壮大的时候,会形成一个庞大的产业,当发展到一定程度的时候,逐利性会使得"融"逐步脱离实体经济而出现过度虚拟化。这正是产融结合一个巨大的风险隐藏点。当虚拟化过度的时候,仅仅出现融的繁荣,而与实体经济无关,在实体经济利润没有增加的情况下,"融"方利益越来越大,会使得越来越多的实体企业转而做金融行业,整个经济出现巨大的泡沫。不光美国的金融经济是一个典型案例,我国这种现象也非常普遍。当然,这与产融结合的这种天然就具有的风险有关,同时也与我国政策以及监管有关(这个我们会在后文介绍)。

当房地产有利可图,银行都会蜂拥而上为房地产融资;再比如为地方政府举债融资没有道义上的风险,也是所有银行都乐意干的。但是这样的"改革红利"能存续多长时间? 可能并不乐观。我们现在要做好产融结合,很重要的就是要形成一种新的文化,这种文化要让整个产融结合团队意识到:只要紧密依靠实体经济的发展,就可以演化出很多的金融创新。这些金融创新才具有价值,才可以符合两条标准。

然而,要塑造这种"产为主,融为用""虚拟经济服务于虚拟经济"的产融结合文化内核,任重而道远。首先,利益为主导,实现股东权益最大化。如果连股东权益最大化都难以实现,那么,经营目标就没有说服力。我们如果能让金融业务和实体经济很紧密地结合起来,实现较好的资本市场回报,金融业务有特色,实体企业也获得了可持续发展,那么就可以相继得到包括小股东在内的投资者的认可。其次,打造认同产融结合文化内核的职业经理人队伍。尽管股东很重要,但有时候他会选择用脚投票,所以更核心的是职业经理人队伍。这支队伍是产融结合中的金融业务规避风险、可持续发展的最重要因素。

我们可以预见,产融结合的虚虚实实有利也有弊。这种弊端只要我们能及时甄别,便可以采取一定的防范措施,使得损害降至最低,而使得优势尽可能发挥。

## 10.3　组织的合理定位

不越权、自律的产融结合组织的合理定位,无论是对提高组织自身的竞争力,还是对于产融结合的持续发展,抑或是对于产融结合体系内部的风险隔离均有良好的效果。

本节首先指出目前组织层面的产融结合困境很大程度上是源于组织定位的不合理,之后就组织定位的分体,分别从"产"组织的边界扩张、"融"组织的边界约束以及"结合"的超级形式——供应链金融来分析产融结合在组织层面的发展突破口。

## 10.3.1　组织定位不合理的风险

组织定位不合理的风险主要体现为产业资本主动进行扩张进入金融领域的风险。在产融结合发展模式下,金融是促进产业发展、企业规模迅速扩大的重要工具。企业通过成立财务公司对企业资金进行集中管理,通过参股、控股或交叉持股等方式控制银行、证券公司等金融机构,除可以获得丰厚的投资收益外,还增加了自身的融资渠道,降低了融资成本,再利用自身金融优势,促进企业对外扩张、并购。但这种扩张、并购的过程也存在诸多的风险。

首先,非正常投资风险。我国企业产融结合中的金融业多数是服务于企业内部市场。在进行贷款业务时,企业内部的金融机构对企业的要求和信誉调查远不如金融机构那么严格。贷款的对象一般是其相当了解的集团内成员,就算企业的经营状况不好,为了维持企业的生产经营,也不得不贷。把有限的资金投放给效益不好的集团成员,容易造成经营良好的企业资金短缺,造成公司效益的下滑。

其次,高财务杠杆风险。产融结合的集团企业从母公司层面看投资有三种形式:母公司通过举债筹集资金,投资控股子公司;母公司以其资产向银行抵押套取资金,投资控股子公司;母公司为下属子公司作担保向银行套取资金,投资控股另一子公司等。上述投资、借款、担保等资金链复杂交叉,产融结合的企业集团内部股权关系复杂,一旦子公司经营不慎,风险将立刻传播到母公司或其他子公司。

融结合新论

最后,不正当的内部交易或关联交易蕴藏了更大的风险。在现实生活中,控股公司下股权和资金运作的复杂性有过之而无不及。其形成的风险,不仅仅是资金链中断引起的公司间财务风险的暴露,而且往往形成巨额国有资产损失的风险。

## 10.3.2 "产"组织的边界扩张

事实上,企业边界与产业组织间的内在联系是难以隔断的。产业组织演进以企业动态演变为基础,而企业间的互动影响企业边界的改变,企业边界的改变则推动着产业组织的不断演化。企业边界取决于企业的核心知识和能力所能支持的活动范围。为了应对不确定性显著增加的外部环境,以及降低纯粹市场组织的较高交易费用和纯粹企业科层制的较高内部组织成本,企业纷纷调整其内部、外部组织边界,形成了企业网络化的趋势,同时,以企业集群、模块化组织、网络化组织等为代表的"中间性组织"正在成为当代各国产业组织演进的普遍现象和发展趋势。企业的边界扩张也使产业组织发生了演化,产业组织的演化是企业之间的自组织现象,其结果是提高了产业的竞争秩序和效率,促进了企业网络递增效益的实现。

战略联盟是一种介于市场和企业之间的制度安排。科斯定理二指出:通过组成企业组织并在组织内部以行政权力来分配资源可以减少交易费用,促进资源配置。但企业的这种制度安排有很高的交易成本。传统理论把企业和市场的关系想象为非此即彼和严格替代的关系,企业理论的研究关注企业为何代替市场,而较少研究如何代替市场,更不会讨论反向的代替。战略联盟突破了这种思维方式,在单个企业与市场之间,还存在着中间地带。企业之间可以通过并购建立内部化关系,也可以通过分拆从内部化回到市场关系,还可以形成一种既不是一体化关系,亦非市场关系,它不是简单的商业合同关系,因为它存在着长期合作、协同行动、互惠互利、控制指

350

挥的关系,它从股权代财务都是严格分开的,这就是典型的战略联盟关系。通过战略联盟企业建立一种介于市场关系和一体化关系之间的新型关系形式,形成了一个互相交叉、彼此融合的外部网络。

在国外,BP、美孚、壳牌等跨国石油巨头旗下都有为自身服务的财务公司,少有涉足面向社会服务的金融业。相反,这些财务公司各司其职,精准定位于为特定的企业、特定产业经济服务,有效地进行了风险的隔离,避免了过度金融化和"金融异化"现象的出现。

在我国,德隆大跃进的惨败给产融结合组织定位不准确敲响了警钟,德隆当时以产业为幌子,追求快速扩张和资本运作能力,而忽视各产业的业务竞争力培养,可谓是以"产业之名",行"金融之实"。而且在"产"与"融"之间只是简单的业务协作,没有产生协同效应,更是缺少风险屏障,造成了风险的传递。长此以往,导致德隆的金融版图由于长期缺少产业的支持,而失去了最稳固的根基,最终导致德隆巨人的崩塌。

因此,在产融结合过程中,需要厘清实体经济与虚拟经济之间的关系,这就需要坚持一条原则:金融板块做好"为产业服务"的角色。也就是说,产融结合中金融的发展首要目的是促进产业的发展,不能过度地发展和膨胀,金融和产业可以相互促进和支撑,互为依靠。不能为了发展实业板块牺牲金融板块,也不能因为发展金融板块而牺牲实业板块,产融双方的结合要稳健,不能仅仅是数量和规模上的扩大,更要有质的提高,要做到越大就越安全,而不是越大风险性越高,要确保产融结合实体的稳健,产融结合组织更需要准确定位,使"融"真正能够提供对实体产业的业绩支撑和服务支撑。

## 10.3.3　"融"组织的边界约束

"融"在组织上的边界性约束,首先保证了"融"的产权明晰,其次,帮助产融结合的"融"实体进行精准的业务定位,以"产为主,融为用"为其开展

业务的基本准则,防止产融结合"融"实体过度从事社会化的金融投资,最后背离了实体产业经济的根基。最后,"融"在组织上的边界性起到了金融防火墙的作用,在金融与实体产业之间竖立起一道屏障,确保市场波动不对整个实业产生重大影响,防止金融风险向企业扩散。比如,产融结合过程中设立的投资公司、财务公司、资本公司等。

企业在产融结合过程中都在逐步搭建金融控股平台,它是由投资公司、资本公司、财务公司等一个个的金融小平台整合而成。这些小平台在各自的组织边界范围内进行有效率的、专业化的金融活动,不跨界,不越权,各司其职,小平台定位好了,那么组合在一起的大型金融控股平台就可以有效规划产业资本和金融资本的布局,实现持续稳定发展。

**案例:金融控股平台的定位**

1. 投资公司的定位

中航工业设立了中航投资,负责整合金融资产。中航工业通过股权划转与托管方式,将银行、保险、证券、财务公司、租赁、信托和期货等置入中航投资旗下,中航投资成为中航集团的金融投资平台,"金控"雏形初现,基本完成了金融全牌照的布局。

中航投资在中航集团推进产融结合过程中扮演重要角色,当产业需要资金支持或价值孵化时,投资公司能够提供各种金融工具,让渡资产,获得融资和流动性;当产业做得好的时候,投资公司通过所持有的各板块公司的IPO实现收益,让渡了流动性,获得了收益。此外,投资公司还能为产业链的关联企业提供金融服务。

2. 资本公司的定位

华能通过设立资本公司,完成对金融资源的整合和金融控股平台的构建。资本公司是整个集团的金融产业的控股公司,负责统筹金融股权与资产的管理。华能集团出资并完全控股华能资本服务有限公司,同时华能资本控股和管理华能财务公司、长城证券、长城基金、景顺长城基金、宝城期货、永诚财险、华能贵诚信托、华能碳资产经营公司和华能景顺罗斯投资顾问公司;同时,参股交通银行、杭州银行、华西证券、北京金融资产交易所和华能新能源股份有限公司。

在华能集团"金融支持"的整体战略下,华能资本进行了准确定位,即对电力主业进行业绩支撑和服务支撑,对系统内金融资产进行专业化、规范化的管理和运作。同时,华能资本掌控和管理华能整个金融板块,资本公司被赋予了"金融防火墙"的职能,在金融与实业之间竖起了一道屏障,确保市场波动不对整个实业产生重大影响,防止金融风险向企业扩散。

3. 财务公司的定位

在国外、在全球 500 强的企业中,2/3 以上跨国企业都拥有自己实力不凡的财务公司。美国通用电气每年 40% 以上的利润来源于财务公司。在全世界的所有金融机构中,通用电气财务公司的利润总额仅仅次于花旗银行集团。1978 年,美国通用电气金融服务公司的资产仅为 50 亿美元,净利润只有 6,700 万美元。而 2002 年这一资产扩展到 4,890 亿美元,净利润增加到 46 亿美元,14 年,净增长 60 倍。金融业务被誉为通用电气的利润增长"机器"。

财务公司是具有中国特色的金融机构:(1)财务公司是集团下属法人机构,为集团服务;(2)财务公司持有金融牌照,用存贷款的方式集中和运用集团资金;(3)财务公司可以从银行间同业市场拆借资金,具有为集团融资的部分功能;(4)具有部分投资银行功能。

因此,在我国,财务公司的发展有众多的制约因素,比如,企业集团所处的生命周期阶段会制约财务公司。处于初创或成长阶段的企业集团,一般缺乏财务硬约束,大多患有资金"饥渴症",它们愿意先用外部融资,再用财务公司的资金,甚至不切实际地把财务公司当作融资平台和利润中心。同时,企业集团一般把财务公司定位于考核机制,这也将制约财务公司的发展。毕竟考核机制崇尚节省成本,提高资金使用效率,而忽视了财务公司对利润的追求。

虽然有众多的制约因素,但在产融结合过程中,财务公司的定位是:对企业资金进行集中管理(司库)的运作平台和专业性金融服务公司,"依托集团"且"服务集团",这将更符合财务公司的未来发展方向,而不要企图包揽集团筹融资事务。同时,外部监管和组织自身的表现是密切相关的,财务公司的定位越清晰、越健康、越自律,监管部门在业务创新方面就会越放松。

## 10.3.4  "结合"的超级形式——供应链金融

**案例:华能集团**

我们首先从华能集团产融结合的案例入手,阐述我国产业链中存在的问题和产融结合过程中存在的问题,进而引出产融结合的超级组织形式——供应链金融。

华能集团是大型产能型火电企业,处于产业链的中游。华能集团之所以迫切地进行产融结合,是由于产业链上下游产业成本传导问题所致,产业链的成本传导在中游环节遇到了阻碍。对于华能集团所处的产业链来说,它的上游产业组织占有煤炭的资源优势,加之行业集中度较高的明显优势,上游产品涨价更为容易。随着煤炭价格已经与国际接轨,价格能够随国际价格的上涨而上涨。而且,上游资源类产品价格的上涨可以顺利地转移到中游的产业组织。产业链中游产业组织滞留了上游产业组织传导下来的部分成本,然而,由于产能过剩导致竞争激烈,中游产业的议价能力弱,在自身成本上升时想通过提价向下游产业转移的难度很大,只能自我消化,自我承担,逐步侵蚀了自身的利润,结果造成利润率下降。华能集团的下游产业是国家电网,华能集团把发出的电卖给国家电网,国家电网是直接或间接面向消费者的终端行业,盈利空间小,对成本变动敏感,对成本传导的承受能力较弱,这导致中游产业组织向下游的成本转移却十分有限。此外,华能集团无论是对产业链上游的煤炭价格,还是对产业链下游的电价,都没有发言权。

综上所述,面临产业链的成本传导问题,处于产业链中游的产业处于腹背受敌、两面夹击的困境,既要被动接受上游产业传导下来的成本,又不能顺畅地将此成本传导至下游产业。对于华能集团的亏损,是由于煤炭价格、电价的定价机制不能合理引导电力生产与消费,不能解决市场经济条件下的上下游产业成本传导问题,不能有效反映一次性资源的稀缺程度、环境保护的外部成本和市场供需关系,这样才使火电企业呈现持续的行业性亏损态势。于是,解决火电企业亏损的根本在于电价改革,但这种改革不是企业能够改变的。因此,华能集团需要内部挖潜:以内部的结构调整和资源配置为重点,确定"电为核心、煤为基础、金融支持、科技引领、产业协同"的战略定位。华能集团决定另辟蹊径,试图通过产融结合追求收益,弥补亏损,进而打破产业链成本传导的瓶颈。与此同时,华能集团要通过供应链金融来实现自身与"融"主体的互利共赢,是企业创新与金融创新的有机结合。

供应链是指从原材料采购,到制成中间产品和最终产品,再由销售网络把产品送达消费者,将此过程涉及的生产商、供应商、分销商、零售商、消费者连接起来形成一个完整的供应链。供应链金融是指商业银行从中寻找核心企业,以核心企业为出发点,为整条供应链提供金融产品和服务的融资模式,包括向核心企业提供融资、结算、理财服务,向这些客户的供应商提供贷款及时收达的便利,或向其分销商提供预付款代付及存货融资服务。

## 一、供应链金融的运作模式

供应链金融是银行的一项独特的商业模式。供应链金融的"融"主体,通过提供融资、结算和保险等全面的金融产品和服务,为整条供应链所涉及的"产"主体服务。一方面,银行将资金有效注入处于相对弱势的上下游配套中小企业,解决中小企业融资难问题,使下游中小企业有更多的资金来购买核心企业的产品,使上游中小企业有更多的资金用来购买原材料并及时高效保质地交付核心企业采购的产品,增加核心企业的生产销售规模,增加核心企业的盈利点,降低核心企业的融资成本。另一方面,将银行信用融入上下游企业的购销行为,增强其商业信用,促进中小企业与核心企业建立长期战略协同关系,提升供应链的竞争能力。在供应链金融的融资模式下,处于供应链上的企业一旦获得银行的支持,将信贷资金及时注入配套企业,也就等于进入了供应链,从而激活整个链条运转,借助银行信用支持,为中小企业赢得了更多商机。

**二、供应链金融的主体结构**

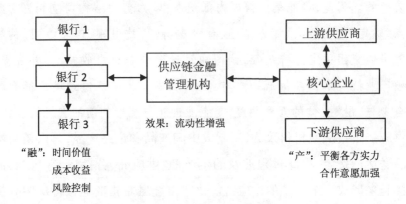

图 10.2　供应链金融主体结构图

1. "融"主体角度——银行

从银行角度来看,供应链金融模式改变了过去银行等"融"主体针对单一"产"主体的授信模式,而是从核心企业为切入点研究整个供应链。银行在开展授信业务时,不是只针对某个企业本身来进行的,而是要在其所在的供应链中寻找出一个核心企业,并以之为出发点,为整个供应链提供金融服务和金融支持。银行一方面将资金有效注入处于相对弱势地位的上下游配套小微企业,解决了小微企业的融资难和供应链资金失衡问题。另一方面,将银行信用融入上下游企业的购销行为,保证了原料供应、产品生产和销售全部环节的顺利完成,避免了风险的发生,促进小微企业与核心企业建立长期的战略协同关系,提升了供应链的竞争能力。

2.“产”主体角度——核心企业、上下游企业

根据供应链的基本规律,“产”“融”各个利益主体间的力量是非对称的,“融”的议价能力更强,议价能力强的一方会将风险转嫁给供应链上的企业。为了平衡“产”“融”双方的势力,供应链金融的管理机构承担了“产”(上下游企业、核心企业)与“融”(银行)进行博弈的中介职责,这样就会增强供应链上全体企业进行博弈的整体感。因此,供应链管理机构会为整串供应链条及链条上各节点的企业带来更多的收益,同时还会通过一系列的协调活动来保证各企业保持高度信任的状态,使得这些企业间的关系从“竞争”真正地走向“竞合”。

**三、供应链金融的紧密状态**

供应链管理机构属于“柔性契约”,它虽为整条产业链上的企业提供与银行的议价服务,但它在股权、人事上与供应链中的任何企业间的关系都是完全独立,它是中介机构。供应链管理机构既不像紧密型网链中的个别企业承担“产业组织者”的角色,在股权上参与或控制网链中的其他企业,也不像战略联盟里以人事参与等相对松散的、不紧密的组织形式,这也是供应链金融的紧密程度为中间状态的最佳体现。

**四、供应链金融打造“产融结合价值星系”**

“星系”(Constellation)一词来源于天文学,是由恒星、行星与其卫星构成的一个系统,在这个星系中,共有两种力在起作用:一种力是吸引力,另一

种是逃逸力。"价值星系"是从"星系"中衍生而来,它是指除资源配置机制和价值创造机制的"市场与企业"模式外的第三种模式——企业间的中间组织,它是由核心企业为主导并联合众多企业所形成的一个创造价值的系统,它是企业引力的集合。价值星系反映了当前企业发展的网络化趋势,打破了迈克尔-波特所提出的"价值链"理论的线性思维的局限。

供应链金融以供应链管理机构为载体而存在,供应链管理机构作为企业间的中间组织,与位于供应链金融一端的"产"主体(包括核心企业、模块生产企业、供应商、经销商、合伙人企业等)和另一端的"融"主体(银行等金融机构)共同形成产融结合的引力集合体来创造系统的价值,进而打造了庞大的"产融结合价值星系"。

其实,我们既可以把"价值星系"认为是供应链金融的结果,也可以把"价值星系"看作是供应链金融形成的动因。因为,无论是在市场上还是企业内,资源配置和价值创造的市场机制和权威机制都是共同存在的,也就是说,市场与企业相互连接、相互渗透,企业内有市场,市场上有企业,这种联结与渗透最终导致了企业间复杂的中间性组织形式——价值星系的形成。价值星系的本质是星系内所有恒星企业及其附属的行星企业共同创造系统价值,那么,系统价值创造的过程就促进了供应链金融的出现。在我们产融结合所讨论的领域内,我们可以把价值星系里的"恒星企业"对应于供应链金融里的"核心企业",把"行星企业"对应于供应链金融里的附属于核心企业的"上下游企业",这些企业均在这条环扣紧密的供应链里共同创造着价值,构建着产融结合的价值星系,形成了一个由"产融结合"的三维立体空间。

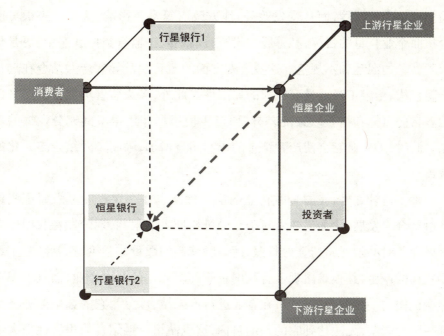

图 10.3　供应链金融的产融结合价值星系三维图

# 10.4　产融结合的困境与展望

## 10.4.1　监管与决策

### 一、监管的困境

在前面外部治理的章节中,我们从微观层面详细论述了产融结合的外部监管,从监管的目标、原则、模式等多个环节进行了探讨。但从宏观上来看,我们发现整个金融市场的监管是比较混乱的,导致了金融市场不规范,并对产融结合的进程及其监管造成了严重的影响。比如中国企业上市不仅受到证监会的监管,而且受发改委、地方政府等多重影响,这样一来很可能会扭曲企业自身的目标;私募股权投资目前还处于监管空白状态中,更是导致了私募的混乱和不规范。这些金融方面的监管混乱导致产融结合在选择金融机构、金融工具上具有很大的局限性。此外,多头监管可能会因监管部门各自的目标和指导政策的差异,而产生使市场作用得不到充分发挥的现象。同时,多头监管会使产融结合的成本明显增加,限制产融结合多元化的发展。

除了监管之外,我国金融行业的准入标准也在一定程度上阻碍了我国产融结合大发展,比如说政府对于金融机构准入的限制,现阶段在我国经营金融业务时必须要申请金融牌照,而金融牌照的数量非常少,这就限制了金融机构的产生,并很难出现适合我国企业的多元化的金融产业,而且由于对金融机构的一些业务的限制,在企业进行产融结合之后,它的金融业务还受到一定的限制,无法达到它的预期目标,这也使得产融结合的积极性极大地降低,使得成本和收益不是能很好地匹配。

最后,政府以及各个监管部门没能很好地定位自身的角色。政府的作用更大的是引导整个行业的资金流向,而不是通过一些行政手段直接干预,但是我们的监管部门很容易就会滥用自身的权力进行干预,这样不仅使得效率低下,而且也会产生寻租等现象,甚至缺乏市场公平。比如在很多政策上,国企和民企享受不同等的待遇,这极大地扰乱了市场秩序。政府和监管部门能做的是善意的第三方,让市场自身通过竞争进行完善和发展,只有当市场失灵或者遇到经济危机时,政府才能有所作为,否则政府应该放手作为经济的监管者而不是直接参与经济的运行。

二、监管的展望

监管的长期目标可以定位在法律约束下的个人自律为主、自律和政府监管相结合的模式。自律应该是最理想的监管方式,如果每个企业每个行业都能够自觉坚持遵守法律法规,政府就无须花费太多的精力和时间去监管企业的行为。但是,企业违法违规的动机就是违法违规的收益大大高于违法违规行为可能被抓到时的成本。只要收益大于成本,企业就有违法的冲动。政府要做的,就是进一步健全法律法规,加大对于违法行为的处罚力度,进一步推进企业信息公开,让企业违法行为无处遁形。企业违法无利可图,甚至会招致毁灭性的损失,那么企业自然就会严于律己,不再寻求通过违法行为获得利益,而是通过鼓励创新,提高服务和产品质量来实现更高的利润。

就短期而言,应该实现金融监管的统一,最起码我们应该在短期内实现各个金融监管机构的合署办公,让金融监管各方有着更好的信息沟通与交流,而不再是各个单位各自为政,这样才能避免我国现行金融业纵向监管模式所导致的金融监管画地为牢、监管重叠与空白、规则冲突、市场混乱以及损害金融消费者利益等情形,实现金融监管的大一统局面,更好地促进产融结合的发展与进步。现在正在紧锣密鼓准备的金融国资委是我国有效迈向金融横向一体化监管的第一步,也是非常重要的一步,我们相信,在不久的将来,对于产融结合的监管肯定会涌现出更好的监管理念和监管方式,能够更好地促进产融结合的发展和推进,为我们社会主义经济建设大潮增添新的动力!

## 10.4.2 法律规范

**一、产融结合法律层面的困境**

中国经过30多年的改革和发展,金融市场化程度已经有明显提高,金融法制不断完善,公司治理结构也逐步健全,监管效率得到改善。中国现在采取的金融经营制度是分业经营制度,不允许同一金融机构交叉开展银行、证券、保险等业务,但对金融控股公司未作任何规定。实际上,光大、中信集

团等控股公司性质的金融企业集团已经出现,也就是说,金融控股公司模式并不被法律禁止。这种监管制度上的空白和监管当局对混业经营制度的暧昧态度给中国金融机构提供了以组织创新的方式开展混业经营的空间。此外,中国的政策和法律允许中资境外金融机构采用全能银行经营模式,即中资金融机构在境外的分支机构可以按照当地的法律,开展多元金融业务,那么同样也要使境外的混业经营金融机构在中国展开该金融服务,这也为组建金融混业经营创造了制度条件。

在中国,金融机构之间可进行混业经营和相互投资的同时,还可以控股公司的形式使金融资本控制工商企业,或者工商企业控制金融机构,而且这种现象有进一步扩张的趋势。目前,中国的相关法律法规都没有确定金融控股公司的法律地位,但现实中早已出现不同模式的类金融控股公司。银监会、证监会、保监会等监管部门对金融控股公司的监管尚没有正式建立有效的沟通机制和明确各自权限和职责的边界,类金融控股公司的监管处于监管体系的死角地带,埋下了未来的金融风险。如由金融机构或工商企业持有金融机构的股份,由于各种金融业务部门的利益存在差异,必然会导致利益冲突。

其次,金融控股公司存在内部交易的可能性。产融企业集团内部复杂的股权关系和资金交易,如其企业集团下的银行、证券和保险子公司之间以及金融与工商企业之间没有建立有效的"防火墙",集团内部发生大量内部交易,这种交易往往被用于转移利润、掩盖损失、抽逃资产等非法目的,需要监管措施,主要表现有:(1)内部交易导致资本或收入不适当地受管制实体的转移;(2)以当事人一方不同意,且是以对某一受管制实体不利的条件进行的;(3)对集团内部的单个实体的清偿能力、流动性及赢利性产生不利影响;(4)具有监管套利动机等。这种企业集团成员子公司之间不良内部交易的存在,加大了企业集团的整体风险。再次,集团成员间的内部交易往往会歪曲一个集团成员的报告利润和资本水平的信息,对外不真实地反映集团的经营情况,因而金融集团需要充分披露有关集团运作以及各子公司的经营、财务状况。不然,集团内部交易和错综复杂的股权结构使监管机构和外部投资者无法了解其真实经营状况,从而无法准确判断集团面临的真实风险。

最后,中国的现行金融法律制度主要由《中国人民银行法》、《商业银行法》、《证券法》、《保险法》及《信托法》等法律和一些法规组成的。对于金融控股公司却没明文具体规定,使现实中已出现的类金融控股公司具有不确定性,隐藏了金融监管漏洞。为了中国金融的健康发展,迫切需要制定《金融控股公司法》,并完善《公司法》、《反垄断法》等配套法律来规范现实中的类金融控股公司。

### 二、产融结合法律层面的展望

在金融国际化、创新竞争的环境中,如果一个国家没有一个充满活力、敢于创新的金融市场和金融体系,那么它就只能作为现有国际金融创新发展的旁观者或免费搭车者,成为金融风险的被动承担者。为了中国金融市场的稳定成长和追求金融创新的金融体系的建立,需要新一轮金融制度改革。

目前中国采取"分业经营和分业监管",在组织形式方面,现实中的所谓类金融控股公司是自发形成而发展的,在其组建过程中出现了缺乏法律依据、超出监管领域的问题,我国针对金融控股公司立法可以借鉴其他国家和地区的配套法律。应在将来通过金融控股公司立法来加以规范;对金融控股公司的投资者、成员公司、中小股东等参与主体,金融控股公司立法应该规定具体法律条件:限制可以持有金融子公司的股东资质,明确规定产业资本能否参与金融控股公司,或金融控股公司可否持有工商子公司的规定,如可以持股的,能持股多少或能否控股;禁止或限制董事、高级管理人员在关

联企业之间兼职;禁止或限制从事不同行业的关联机构之间非常规交易,明确界定金融与产业资本的边界,易于监管。为更好地规范中国金融控股公司的发展,还需要出台一系列配套的法规,并对相关法律法规作出相应修正。

此外,要逐步实现从以合规监管为主向合规监管和风险监管相结合的转变,从一次性监管向持续性监管的转变,从具体业务监管向法人治理结构和内控有效性监管的转变,建立健全金融监管的法律法规体系,一方面对现行的立法进行修改,包括《证券法》、《保险法》、《商业银行法》等金融法律法规,使其为混业经营提供足够的法律空间。另一方面,对于新出现的金融现象,要制定法律进行规制,如需要对"金融控股公司"专门立法,明确金融控股公司的法律地位、经营范围、风险控制、监管方法等。建立完整的金融风险评价体系。依据科学的测算指标,建立金融风险预警系统。对各金融体系、各金融行业以及各金融机构的风险指标进行严密控制,及时做出风险预报,妥善处置,防止风险扩大,控制其蔓延。建立各经济区域内金融风险分类系统,对风险程度不同的金融区域、金融机构分别采取不同的监管方式。逐步建立统一的监管体制。在"分业经营、分业监管"的基础上,逐步实现由多元化监管过渡到一元化监管,由机构监管过渡到功能监管。具体可分两步走:第一步,建立"部分混业经营、分业监管"的功能型监管。将银行业监管委员会的信托监管职能分离出来,成立专门的信托监管委员会,形成完整的金融业务监管体系,分别对银行、信托、证券和保险四大行业进行监管,形成监管机构有机统一下的功能型监管。在此基础上,将监管机构联席会议改为金融监管协调委员会,直接统一协调各个监管委员会的工作,为向统一的单一监管机构转变做准备。第二步,建立"混业经营、混业监管"的单一超级功能型监管。在监管法律法规和监管体系逐步完善的基础上,建立适应混业经营要求的统一的金融监管体系,实行跨行业、跨市场的全面金融监管。可以考虑将原监管协调委员会改为国家金融监督管理局,全面负责金融监管工作,下设银行监督管理局、信托监督管理局、证券监督管理局和保险监督管理局,在国家金融监督管理局的统一领导下,负责各项金融监管工作。

## 10.4.3　产融人才的培养

在新技术的驱动下,企业人力资本配置呈现新变化,与社会成熟技术体系下产业相比较,融合技术的研发、应用及产品创新,人才配置向产品制造前端延伸的趋势明显。设计、研发和管理咨询成为高技术行业价值链高端的重要环节。从高新技术产业生产创造的价值构成看,生产型环节所创造价值比重在降低,产品设计环节和服务性环节创造的价值在提高。设计研发环节是技术融合的首要环节,凝结专业技术人才的智慧和知识创造,高端人才配置比重的提升是高技术行业人力资本构成变化的显著特征。

### 一、产融结合型人才的短缺

中国人才结构性短缺现象与产融结合密切相关,产融结合将改变原有的产业界限,产业结构向高端化领域发展。高端化产业生产要素与传统产业相比,根本性区别在于专业化人力资本的聚集与提升。产融结合催生出的新产业形态,是产业新技术与高度专业化人才相结合的产物。

高度专业化的人力资本不足是目前产融结合过程中遇到的一个明显的问题,产融结合需要既能够理解和把握产融结合原理,熟知产融结合特性,又必须对实业有相当了解的专业人才,这样在进行产融结合的过程中才能根据企业的金融特性和实业特性选择是否进行产融结合,如何进行结合、结合的程度和预期效果,并且能够随着产融结合的进程不断调整产融结合方向和速度,使产融结合能够更有效率地进行。产融结合对高端人才需求一直处于"饥渴"状态,企业对产品市场盈利前景的预期、人力资本的短缺,直接影响新产业发展的速度和规模,新产业人才结构性短缺成为制约其发展

的瓶颈性因素。

### 二、高校人才供给的不足

产融结合意味着企业与金融业集成在一个共有的平台上，实现资源共享，这不仅需要创造符合产融结合需求的实物产品和金融产品，更需要精通产融结合一般规律的专业化人才。高校作为人才供给方，不能满足产融结合对人才的需求，这是产融结合人才短缺的原因之一。我国的专业教育供给规模从量的角度讲，已经基本能满足产业、金融业的发展需求，但从结构上来看，存在不能把学"产"的人才和学"融"的人才结合起来的重大结构性缺陷。

产融结合需要专业人才将不同专业知识运用到特定领域中去。产融结合与传统产业在人力资源配置和人力资本构成方面存在重大区别。传统产业的生产要素构成中，物质资源占比很高，专业化人力资源占比低，然而产融结合与此相反，专业化人力资本占比高，物质资源占比低。单单依靠高校作为培养产融结合人才的平台显然无法在短时间内解决产融结合专业人才不足这一问题。作为一个理想的替代方式，我们认为企业在自身内部选拔一定的人才进行产融结合培训是一个快捷并且行之有效的选择。企业内部的人才首先已经十分了解企业自身的经营状况，对企业所处的行业特性以及企业在产业链中的位置也有着相当好的把握，只要企业能够对他们进行产融结合理论培训，这些人才就能很快判断出企业自身对于产融结合的需求程度以及企业未来的竞争和发展格局。

### 三、产融结合型人才的培养要求

在产融结合的推动下，人力资本的知识结构呈现综合化的趋势。在学科交叉、知识融合和综合因素的作用下，产融结合需要具有复合知识结构的专业人才。要求专业化人才既要对所从事的行业技术应用发展趋势有深刻的理解，也要有对市场需求和用户体验的感知；既要具备本行业核心技术的专业知识结构,也要有与产融结合相关的知识和技能;既要有运用专门知识的能力,也要有系统的综合创新能力。

如前面所述,解决产融人才供给与需求的矛盾不能单单依靠高校的人才供给,企业内部也可以通过在内部培养产融结合人才的方式来解决产融结合人才的不足。产融结合人才的获得还有一些其他的途径,比如,在已经进行产融结合的企业中肯定有一批熟悉产融结合运作的管理人才,这些人拥有关于产融结合的更好的理论和实践经验,企业可以聘请这些管理人才来指导自己的产融结合实践并且帮助自身培养一批能够运作企业产融结合的人才。

**四、产融结合型人才的培养模式——分成制教育金融**

俗话说,"近水楼台先得月",我们在产融结合人才的培养模式选择上,可以借鉴产融结合的基本理念,提出分成制教育金融。教育金融问题由来已久,它与诺贝尔经济学奖获得者舒尔茨所开创的"人力资本理论"关系密切,在本质上它是对人力资本理论前提假设的阐释。舒尔茨认为教育和培训等行为都是增进人力资本的行为,都能为经济增长做出贡献而增加个人收益。但舒尔茨对人力资本者的资金瓶颈总体上存而不论。教育金融理论则要着力如何解决人力资本积累者面临的资金瓶颈、如何提高资金使用效率的问题。随着知识爆炸时代的来临和教育周期的拉长,个人教育培训资金的稀缺性日益凸显,由此导致的机会成本和教育公平问题也日益为人们关注。高效解决个人在教育需求中的资金问题,日益需要有科学的理论加以指导。教育金融则将集中研究并解决教育需求方资金融通问题。创业者一般处于人力资本积累后的阶段,融资的目的是进行客观世界的投资。而受教育者融资的目的是进行人力资本积累,这将关系到教育公平和人类社会文明进程。

分成制教育金融是在家庭、社会和国家财政能力相对有限,国家教育助

学贷款不足的情况下提出的,是解决教育融资问题的新理念,分成制教育的基本原理是把风险和收益结合起来,实施风险共担、收益共享,较好地解决收益问题。该制度将"分成制"引入教育,并把研究对象放在教育的需求方,即自然人的投融资问题。分成制教育金融制度分成的对象是学生人力资本积累的回报,表现为学生作为员工时的工资或创业回报。为降低供资方的风险,构建分成制教育金融制度征信体系将是必要的。

首先,分成制教育金融实行的前提是人力资本在信用方面的天然优势。所谓信用,首先应该指自然人的信用,即个人信用,至于机构信用,是在机构、企业、组织等具有了拟人的资格后,才有了机构信用。个人信用可以看作是一种资格,一种特定的法律和社会身份和地位,它是针对具体的人格主体而言的。个人信用是人力资本投入的一种重要来源,人力资本天然的私有产权特性使得个人对其未来收入流的支配权是确定的,将大大约束其偿债意愿,偿债能力也更有保障。个人信用的信息不对称程度以及对债权的影响较小,债权人因此遭到风险的可能性要小很多。同时,个人信用提供了规范个人信用交易行为的规则。

其次,在个人信用的基础上,分成制教育金融主要是解决人力资本积累过程中的融资制度创新问题。通常,人们大都习惯于将教育理解为一种公共产品,认为国家理所当然地应为教育发展提供经费。这种由国家提供教育经费的机制叫做"教育财政"。事实上,教育也具有"私人性",教育经费应当由政府和私人共同承担。当个人经费不足时,可以通过市场途径获得融资,这种机制叫做"教育金融"机制。大家熟知的"助学贷款"就是有政府参与的教育金融模式。因此,个人教育经费的主要来源有两大类,一类是财政性资金,包括免费教育、助学金和奖学金等,另一类是市场化的资金,包括资本证券化、股权投资基金等。教育贷款作为传统的学费来源,属于债权债务式教育金融契约,它具有收益—风险的非对称性等缺陷。

由于上述缺陷,我们针对固定收益的债性金融制度提出了分成收益的金融制度。股性合约的本质是分成制,分成制教育金融制度是与债性教育金融制度相对应的新型教育金融制度。基于这种思想,我们把股权投资基金引入分成制教育金融,进行了教育金融制度的创新。分成制教育投资基金特指投资于教育需求方的基金,一方面,基金特征可以放大分成制下教育金融的优势功能,另一方面,投资对象由企业转化为人力资本积累者。如果政府介入,提供税收、资金配套等产业支持措施,基金会演变成"分成制教育产业投资基金",体现政府"人才产业"引导政策。此外,利用股权投资基金专业的运作团队,可以为自然人提供增值服务,因此,"教育产业投资基金"所能解决的就不仅仅是融资问题,还包括个人的投资和理财,从理财的角度探讨学生如何有效运用所拥有的各种资源,高效进行人力资本积累,以达到个人效用最大化效果。此外,现实中的教育金融契约可能会是综合了教育财政、债性教育金融契约、分成制契约三种形态契约的"混合性"契约。债性契约和分成制契约也将出现"债转股"、"股转债"、"债+股"等多种搭配形式以满足不同偏好的资金供求双方的选择。

最后,虽然人力资本在信用上的天然优势是构成教育金融制度的基础,但在我国现存的信用环境下,学生这一群体的违约、信用缺失现象确实存在,大学生贷款呆坏账率高达80%。政府采取的公布学生欠款名单以及采用生源地贷款的方法尽管对降低坏账率起到了一定作用,但前者是一种以损害学生信用资源为代价的不可持续性方法,后者则是将父母信用资源引入助学贷款的一种制度异化模式。随着政府、高校等主体的引入,债性契约的成本—收益—风险的对称性有了一定改善,助学贷款制度有了一定普及。但学生贷款给银行和金融系统所带来损害仍然比较大,债性合约的劣势显而易见,以美国为代表的学生贷款证券化方法则可能因为其风险转移效应刺激银行的逆向选择行为而最终给整个金融体系带来损害,次贷危机即是例证。因此,分成制教育金融制度的提出不是对学生贷款合约的完全否定,而是对其缺点的克服,也是对学生贷款制度的补充。

### 10.4.4 外部技术支持

产融结合的外部技术支持主要是指产融信息技术的发展,因为任何产融合约的创新都要依托于信息技术的发展,信息技术的发展又以合约创新为源动力,这两者相辅相成、共同发展(图10.4)。

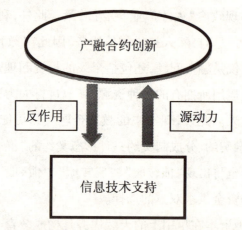

**图10.4 产融合约创新与信息技术支持**

**一、技术革新对产融结合发展的推动**

20世纪最重要的技术发明就是信息技术。信息技术是发展最快、影响力最大、渗透力最强的一门高新技术,是推动经济发展和社会进步的关键性技术。它正以空前的影响力和渗透力,不可阻挡地改变着社会的经济结构、生产方式和生活方式,也深刻地影响着产融结合的发展。

正如一些经济学家所断言,信息技术在全社会范围的扩张和渗透,无异于"第三次工业革命",它比前两次工业革命的影响更加深远。

（一）信息化进一步带动了"产"的发展

信息产业已经成为国民经济中最活跃的部分,信息技术更渗透到各个行业的技术和管理创新之中。可以说,信息技术是新经济的催生剂。对于企业和行业而言,通过信息技术的融合渗透,促进了传统产业的升级改造。此外,信息技术也渗入了企业经营管理,比如会计电算化、人力资源管理、ERP 管理等等。这些信息化手段提高了经营管理的效率,减少了产品库存,加快了资金流转。

（二）信息化进一步带动了"融"的发展

随着全球范围的信息沟通交流变得越来越顺畅,尤其是网络的发展与革新,金融行业也得到了极大的发展,尤其是股票、期货等交易变得越来越便利,这一发展也使得更多的主体参与到金融活动中来,从而促进金融的发展。

（三）信息化带动了"产融结合"的发展

随着信息化的发展,出现了越来越多的金融信息发布与服务支持平台,而这些平台的出现,减少"产""融"之间的信息不对称。金融信息发布与服务支持平台实现了实时行业资讯、行情报价、历史数据、研究工具、模型分析和交易等多项工作的简化与细化。比如,各大股票交易所等的实时与年度信息发布等,而路透社、彭博等金融信息服务系统更是给了各个公司掌握信息的极为便利的渠道。可以说信息化拉近了"产"和"融"双方的距离,扩展了双方互相了解和沟通的渠道,使得产融结合的阻力变得更小。

彭博新闻社(Bloomberg News)　成立于 1981 年的美国彭博资讯公司,是全球最大的财经资讯公司,其前身是美国创新市场系统公司。彭博资讯公司是目前全球最大的财经资讯公司。现在,该公司已经发展成为了集新闻、数据和数据分析为一体的全球性多媒体集团。彭博仅用了 22 年的时间,就将它的金融数据市场的销售收入超越了具有 150 年历史的、世界上最

大的资讯公司——路透集团。

**二、产融结合技术服务支持的困境**

虽然信息化极大地推动了产融结合的发展,但信息化也不是万能的,在推动产融结合发展的同时,依然还是存在着一些问题。

(一)小微企业的弱势地位没有改变

尽管信息化带来了更流畅的管理,更多的机遇,但这里的矛盾点就是,1.在信息化广泛发展的过程中,如果越来越多的企业都享受了信息化带来的优势,那么相对的,其实每个企业的竞争环境仍然是没有变化的,同行业的企业差异性就会重新变小,即大部分小微企业还是茫茫大海中不容易被发现的一分子。2.金融机构面对海量的信息,缺乏一个整合信息的方式或者说媒介,使得金融机构不好从中挑选出最有投资价值的小微企业。

(二)信息化的快速发展催生经济泡沫的产生

对于这一点主要体现在两个方面:

1.信息化的发展,催生了许多新的热门行业,比如互联网行业,这些行业的快速发展,吸引着大量的金融资本去分享行业的利润,使得过量的资本流入到该行业当中,引起行业的泡沫产生,在一阵大浪淘沙的竞争与重新洗牌后,泡沫破灭,产融双方大都没有得到理想的结果。

2.信息化的发展同时加快了利益发掘与资本流通的速度,甚至形成了一种盲目的跟风行为。次贷危机就是一个很好的例子,在信息广泛分享与交换的时代,大量的资本盲目地追逐资产证券化当中看似丰厚的利益,最终出现了问题。

**三、产融结合技术服务支持的展望**

对于产融结合技术服务支持层面的未来是可以这样预想的:

(一)企业信息分析的标准化、专业化、网络化

面对成百上千万的小微企业,需要对其经营状况有一个标准化和专业

化分析和考量,才方便金融机构对其进行投资分析,而这种对企业的考察也必须是一种网络化的,否则实地考察将会耗费大量的人力物力等。所以这就需要有一个统一的小微企业的经营平台,来记录小微企业的经营信息,并利用这些信息对企业网进行考察。

目前阿里巴巴已经开始开发类似的信贷产品,但目前也仅能最大限度覆盖淘宝卖家,而对于更为广泛的非淘宝企业来说,还亟待这样一个平台来带动自身的发展。

（二）金融支持覆盖的广泛化

这一点与上一点是相承接的,在对企业有了标准化的考量之后,可以预见有大量的企业是值得金融机构投资的,而这时也就需要金融机构制定相应的标准化的投资方案,来自动匹配符合条件的企业,并实现投资后的对企业运行情况的跟踪,既简化人力成本,又能拓展投资渠道,同时给予小微企业更为广泛的支持。

（三）信息分析的智能化

在面对海量信息的同时,我们需要找出最能给予我们行动决策的信息。一个信息分析的经典案例就是"婴儿尿布与啤酒"案例。

**案例:"婴儿尿布与啤酒"**

这二者看似风马牛不相及,但在特定的条件下,它们之间却有着密切的关联! 进而还引发和创建了一门全新的信息技术——数据挖掘（date mi-ming）。在美国一个超级市场内,管理人员从每天商品销售的记录中发现:来超市购买婴儿尿布的年轻父亲有30%—40%会顺便买几瓶啤酒。根据这一发现,超市即调整了商品的摆放位置:将以上商品尽可能摆放得近一些,并扩大范围,将男士的日常用品也靠近婴儿尿布处摆放! 此安排使这类商品的销售量成倍增长。

我们可以畅想在信息分析智能化之后,大到更为准确地预测行业的发

展前景或是经济周期的运行情况，小到为投资或融资过程提供更多的信息决策支持，这都最终有力地推动产融结合的不断发展。

# 参 考 文 献

[1] Akerlof, George A. (2002), "Behavioral Macroeconomics and Macroeconomic Behavior", *American Economic Review*, June, Vol. 92, No. 3.

[2] Akerlof G., "The market of 'lenons': quality and the market mechanism", *Quarterly Journal of Economics*, 1970, Vol. 84.

[3] Arrow, Kenneth J. (1974), *The Limits of Organization*. New York : W. W. Norton.

[4] Cheung, Steven (1969), "Transaction costs, risk aversion, and the choice of contractual arrangements", *Journal of Law and Economics*, 12 (April).

[5] Willanmson, O. E. (1984), "perspectives on the modern corporation", *Quarterly Review of Economic Institutions of Economics and Business*, 24 (Winter).

[6] F. Modigliani and M. H. Miller, "The Cost of Capital, Corporation Finance and the Investment", *American Economic Review*, June, 1958.

[7] Mcconnell, J., and V. Nanda, "Internal Capital markets and Corportate Refocusing", *Journal of Financial Intermediation*, 2002, Vol. 11, No. 2, 176—211.

[8] G. B. Richardson, "Information and Investment—A study in the Working of the Competitive Economy", 1997, London Clarendon Press.

[9] Gurley, John. G. and Edward S. Shaw, "Money in a Theory of Finance", Washington, D. C., Brookings Institution, 1960.

[10] Shin Hyun Han and Rene Stulz, "Are Internal Capital Markets Efficient", *The Quarterly Journal of Economics*, 1998, 113 : 531—552.

[11] Hart, Moore, "Property Rights and the Nature of the Firm", *Journal of Political Economy*, 1990, Vol. 98.

[12] Michael C. Jensen and William H. Meckling, "Theory of the Firm : Managerial Behavior, Agency Cost and Ownership Structure", *Journal of Financial Economics*, 1976, 3.

[13] Shleifer, Vishny, "Liquidation values and debt capacity : a market equilibrium ap-

proach", *Journal of Finance*, 1992, Vol. 47.

[14]Merton, R. , "Operation and Regulation in Fianncial Intermediation: A Function perspective", In England, Operation and Regulation of Financial Markets, The Economic Council, Stockholm, 1993.

[15]Inderst, Muller, "Corporate borrowing and financing constraints", working paper, University College London, 2003.

[16]Coase, R. H. , The nature of the firm. *Economic.* April,1937:386—405.

[17]Duffie, D. , 2001, *Dynamic asset pricing theory: 3rd edition.* New Jersey: Princeton University Press.

[18]Howard, R. , 2006, D*ecision analysis manuscript, department of management science and engineering.* Stanford: Stanford University.

[19]Jin, Y. , 2006, "Firm value and hedging: evidence from U. S. oil and gas producers", *Journal of Finance*, Vol. 8.

[20]Krugman,P. ,1996, *International economics manuscript*, Stanford University.

[21]Meng, Q. , 2007, "Optimal restructuring strategies under various dynamic factors", *Journal of Zhejiang University*, SCIENCE A. (6).

[22]Jeremy Edwarrds, *Banks Finance and Investment in Germany*[M]. Cambridge University Press,1993.

[23] Herman, K. S. , *Bank Control, Corporate Power* [ M ]. Cambridge University Press,1981.

[24]Mintz, Beth and Michael Schwartz. *The power structure of American business*[M]. Chicago: University of Chicago Press, 1985.

[25]Gerschenkron Alexander, *Economic Backwardness in Historical Perspective: a book of essays*[M]. Cambridge: Harvard University Press, 1962.

[26]Kotz, D. M. , *Bank Control of Large Corporations in the United States* [M]. University of California Press, 1978.

[27] Robeson, *Deutsche Bank Research*[M]. England: EU – Monitor, 2003, 12—18, 89—106.

[28]Maddison, *World Economy in the 20th Century* [M]. America: Washington Press, 2002:18—33.

[29]Peter, K. Nevitt, Frank, J. Fabozzi, *The Hand book of Equipment Leasing I & II*[M]. Institute of America, Inc. 1995:13—15.

[30]Lo Shih-Fang,Lu Wenmin, "An Integrated Performance Evaluation of Financial Hold-

ing Companies in Taiwan[J]", *European Journal of Operational Research*,2009( 1) : 341—350.

[31]Casu, B. , Girardone, C. , "Large Banks' Efficiency in the Single European Market [J]", *The Service Industries Journal*,2004(6) : 129—142.

[32]Chiu Yungho,Chen Yuchuan, "The Analysis of Taiwanese Bank Efficiency: Incorporating Both External Environment risk and internal Risk[J]", *Economic Modeling*,2009, 26( 2) : 456—463.

[33]Hikaru Sato, "Structure and Functions of the Japanese- Style Economic System[J]", *the Japanese Economy*,Vol. 25,No. 2,March–April 1997.

[34]Claessens, S. S. , Djankov, J. Fan, and L. Lang, "Disentangling the incentive and entrenchment effects of large shareholdings[J]", *Journal of Finance*,2002.

[35]Guinnane, Timothy, W. , Delegated Monitors, "Large and Small: Germany' s Banking System,1800–1914[J]", *Journal of Economic Literature*, 2002, 40(1):73—124.

[36]Collins, Michael, "English Bank Development within a European Context 1870–1939 [J]", *Economic History Review*, 1998. 51(1):1—24.

[37]Allen, N. Berger, "The Integration of Financial Service Industry: Where are Efficiencies[J]", *Journal of Money*. Credit and Banking, 2005,10, 19—23.

[38]Alan, "Estimating the risk of technology development[J]", *American Society for Engineering Management*, 2006, 18 (3):41—52.

[39]Wurgler, J. , "Financial market and the allocation of Capital[J] ", *Journal of Financial Economics*, 2000,58, 187—214.

[40]Andy Lockett, Mike Wright, "The Syndication of Venture Capital investments[J] ," *The International Journal of Management Science*, 2001,29.

[41]Sunday I. Owualah, "SMEs ,borrowing constraints and banking relationships in Japan [J]", *Japan and the World Economy*, 2002,14.

[42]Karl, M. , *A Critique of Political Economy* [M], Penguin Press, 1976.

[43]Adam Smith,An inquiry into Nature and Cause of the Wealth of Nations [M], 1776.

[44]Alfred Marshall, *Principles of Economics* [M], 1890.

[45]Joan Robinson, *Economics of Imperfect Competition* [M],1933.

[46]John M. Keynes, *Indian Currency and Finance*, Macmillan [M], 1931.

[47]J. G. Gurley, E. S. Shaw, "Financial Aspects of Economic Development [M]", *The American Economic Review*,1955.

[48]Paul A. Baran, Paul M. Sweezy, *Monopoly Capital* [M], 1966.

[49] George Stigler, *The Organization of Industry* [M], 1968.

[50] Raymond W. Goldsmith, *Financial Structure and Development*, 1969.

[51] F. M. Scherer, *Industrial Market structure and Economic Performance*, 1968.

[52] Ronald I. Mckinnon, *Money and Capital in Economic Development*, 1973.

[53] C. B. Chapman, *Risk Analysis for Large Projects*: *Modela*, *Methods and Cases*, 1987.

[54] J. Bain, *Industrial Organization*, 1959.

[55] John von Neumann, Oskar Morgenstern, *Theory of Games and Economic Behavior*, 1944.

[56] J. A. Schumpeter, *The theory of Economic Development*, 1912.

[57] Merritt B. Fox, *Finance and Industrial Performance in a Dynamic Economy*: *Theory*, *Practice*, *and Policy*, New York: Columbia University Press, 1987.

[58] Beneinenga, Valerie R. and Bruce D. Smith, "Financial Intermediation and Endogenous Growth", *Review of Economic Studies*, 58(2 April):195—209.

[59] Greenwood, Jeremy and Bruce D. Smith, "Financial Markets in Development, and the Development of Financial Markets", *Journal of Economic Dynamics and Control*, 21(1 January):145—181.

[60] King, Robert G., and Ross Levine, "Finance and Growth: Schumpeter Might be Right", *Quarterly Journel of Economics*, 108(3 August):717—737.

[61] Pagano, Marco, *Financial Matkets and Growth*: *an Overview*, *European Economic Review*, 37(2—3 April):613—622.

[62] White, *The Proper Structure of Universal Banking*: *Examinability and Supervisability* [M]. America: JAI Press, 1996: 283—330.

[63] Talley, S. H., "Activity Deregulation and Banking Stability[J]", *Issues in Bank Regulation*, 1985, (9):34—42.

[64] Maddison, *world Economy in the 20th Century* [M]. America: Washington Press, 2002:35—46.

[65] Saunder, "Banking and Commerce: An Overview of the Public Issues[J]", *Journal of Banking and Finance*, 1994, (3): 231—254.

[66] Santas, J. A. C., "Mixing Banking with Commerce: A Review[J]", *Bank for International Settlements*, 1998, (10): 88—98.

[67] Santas, J. A. C., "Securities Units of Banking Conglomerate[J]", *Forthcoming in the Cato Journal*, 1998, (2): 120—220.

[68] Maddison, *World Economy in the 20th Century* [M]. America: Washington Press,

2002:18—33.

[69]爱德华-肖. 经济发展中的金融深化[M].上海:上海人民出版社,1988.

[70]谈萧. 上市公司治理与监管专题研究[M].北京:法律出版社,2006.

[71]安德鲁. 资产证券化——构建和投资分析[M].北京:中国人民大学出版社,2006.

[72]扈企平. 资产证券化:理论与实务——借鉴美国资产证券化的经验探讨中国资产证券化[M].北京:中国人民大学出版,2007.

[73]杰克·韦尔奇. 杰克·韦尔奇自传[M].北京:中信出版社,2004.

[74]伊查克·爱迪斯. 企业生命周期[M].北京:华夏出版社,2004.

[75]J.哈米德. 发展中国家的公司金融结构[M].国际金融公司,1992.

[76]P.金德尔伯格. 西欧金融史[M].北京:中国金融出版社,1991.

[77]安志达. 金融控股公司:法律、制度与实务[M].北京:机械工业出版社,2002.

[78]巴泽尔. 产权的经济分析[M].上海:上海三联书店,1999.

[79]白钦先,谭庆华. 政策性金融功能研究——兼论中国政策性金融发展 [M].北京:中国金融出版社,2008.

[80]白钦先. 金融可持续发展理论研究导论[M].北京:中国金融出版社,2001.

[81]布坎南. 自由、市场与国家[M].北京:北京经济学院出版社,1989.

[82]曾康霖,王长庚.信用论[M].中国金融出版社,1993.

[83]曾康霖,谢太峰,王敬. 银行论[M].成都:西南财经大学出版社,1997.

[84]曾康霖主著. 金融经济学[M].成都:西南财经大学出版社,2002.

[85]陈刚. 产融结合,遥望GE[J].互联网周刊,2004(4):40—42.

[86]陈佳贵. 中国国有企业改革与发展研究[M].北京:经济管理出版社,2000.

[87]陈翔云,包林梅. 当代西方交易费用理论评述[J].教学与研究,1996(6):21—23.

[88]陈钊. 论我国金融结构的优化——基于功能的角度[J].金融经济,2009(24):43—46.

[89]程剑鸣,孙晓岭. 中小企业融资[M].北京:清华大学出版社,2008.

[90]程静,李敏. 从海尔和德隆透视中国"产融结合"[J].商场现代化,2006(1):239—240.

[91]崔健. 市场份额与美国通用电气公司成功的多角化战略[J].科技与管理,2003,6:44—46.

[92]崔咏梅. 并购市场指数:基于生态学的公司控制权市场演化[M].北京:中国经济出版社,2010.

[93]戴伯勋主编. 现代产业经济学[M].北京:经济管理出版社,2001.

[94]戴娟. 我国租赁公司租赁资产证券化的模式[J].浙江金融,2004.

[95]丹尼斯·卡尔特等著.现代产业组织[M].上海:上海三联书店,1998.

[96]道格拉斯–诺思.制度、制度变迁与经济绩效[M].上海:上海三联书店,1994.

[97]邓乐平.中国的货币需求[M].北京:中国人民大学出版社,1990.

[98]邓艳梅.产融结合模式的国际比较分析及借鉴——从金融支持主导产业发展角度的研究[D].浙江大学,2002.

[99]窦尔翔,乔奇兵.新体系国际金融学[M].北京:经济科学出版社,2011.

[100]窦尔翔.PE的价值创造理论与案例:私募股权投资基金教程[M].北京:经济科学出版社,2011.

[101]窦尔翔.教育金融制度创新[M].北京:清华大学出版社,2012.

[102]冯斌星.中国金融中介机构发展中的效率研究.西北大学硕士论文,2006.

[103]冯丽霞,万磊.美国企业集团产融结合的特点及其对我国的启示[J].特区经济,2006(5):133—134.

[104]傅艳.产融结合间隙[J].中南财经政法大学学报,2004(1):69—71.

[105]傅文阁,陆善勇.德隆败局:中国股市最后一个庄家[M].北京:朝华出版社,2004.

[106]傅艳.产融结合之路通向何方:中国产业与金融结合的有效性研究[M].北京:人民出版社,2003.

[107]高娟妮.通用电气多元化企业战略成功要素分析[D].北京邮电大学硕士学位论文,2006.

[108]高兰根,王晓中.中国金融制度演进的逻辑与困境[J].金融研究,2006(6):172—173.

[109]格利和肖.金融理论中的货币[M].上海:上海三联书店,1994.

[110]工文烈.产融结合模式的国际比较[J].浙江金融,2001(10).

[111]贡华章,于毅波.论企业金融与资本运营[J].南开管理评论,2004(7):105—109.

[112]郭丽蓉.企业集团产融结合模式与对策.哈尔滨工商大学硕士学位论文,2006.

[113]郭薇.融资租赁在企业融资中的优势分析.管理观察,2009(11):66—67.

[114]郭玉志.产融结合暗藏道德风险[N].中国企业报,2011.4.19.

[115]郭元晞.资本经营:聚变时代权力的获得与利用[M].成都:西南财大出版社,1997.

[116]韩廷春.金融发展与经济增长[M].北京:清华大学出版社,2002.

[117]胡小平.汽车消费贷款的风险防范[J].金融理论与实践,2004(2):32—34.

[118]胡泳.张瑞敏如是说:中国第一CEO的智慧[M].杭州:浙江人民出版社,2003.

[119]黄孟复.中国民营经济发展报告[M].北京:社会科学文献出版社,2007.

[120]黄明.现代产融结合新论[M].北京:中国经济出版社,2000.

[121]黄强.产融结合中国银行业资本运营的必然趋势[J].金融与保险,2001(10).

[122]黄彦岭,张继华等. 国有商业银行引进战略投资者的偏失及矫正思路[J].财经科学, 2008,(6):17.

[123]黄永达. 关于大型国有企业集团实施产融结合战略的思考[J].中国经贸导刊, 2005(9)::24—25.

[124]纪敏,刘宏. 关于产业金融的初步研究[J].金融研究,2000(9):47—51.

[125]江春. 产权制度与金融市场[M].武汉:武汉大学出版社,1999.

[126]江其务. 国有银企改革协调发展与债务重组[M].北京:中国经济出版社,1998.

[127]姜荣春. 融资租赁业的国际趋势与中国实践. 银行家,2009(2):98—99.

[128]金力炜. 市场经济条件下的我国产融结合研究[D].浙江大学,2003.

[129]金素才. 财务公司功能定位及关联关系[J].商业会计,2006,11:6—7.

[130]金晓斌. 现代商业银行与工商企业关系论[M].上海:上海三联书店,1997.

[131]康华平. 金融控股公司风险控制研究[M].北京:中国经济出版社,2006.

[132]康芒斯. 制度经济学[M].北京:商务印书馆,1997.

[133]科斯,诺思. 财产权利与制度变迁[M].上海:上海三联书店,2000.

[134]科斯,诺思. 制度契约与组织[M].北京:经济科学出版社,2003.

[135]拉法格文选[M](上、下).北京:人民出版社,1985.

[136]来明敏,占俊华. 我国企业融资租赁现状及其影响因素分析. 山西财经大学学报. 2005(5):95—99.

[137]雷蒙德·W.戈德史密斯.金融结构与金融发展[M].上海:上海三联书店,1996.

[138]李德林. 德隆内幕:挑战金融和实业的均衡极限[M]. 北京:当代中国出版社,2004.

[139]李维安. 公司治理学[M].北京:高等教育出版社,2005,249—287.

[140]李维安. 现代公司治理研究[M].北京:中国人民大学出版社,2002.

[141]李扬,王国刚,王军,房汉廷. 产融结合:发达国家的历史和对我国的启示[J].财贸经济,1997(9):3.

[142]李杨. 中国金融改革研究[M].南京:江苏人民出版社,2000.

[143]李毅学,汪寿阳,冯耕中.一个新的学科方向——物流金融的实践发展与理论综述[J].系统工程理论与实践,2009.

[144]李有吉,金红. 国外企业集团产融结合研究[J].集团经济研究,2005,188.

[145]李志强. 基于价值重构的企业变革研究[D],复旦大学博士学位论文,2004.

[146]列宁选集[M].北京:人民出版社,1972.

[147]林非园. 问道产业金融——中国财务公司功能及发展研究[M].北京:中国经济出版社,2011.

[148]凌峻. 企业集团产融结合的发展思路与风险管理[J]. 集团经济研究,2005(5):18.

[149]刘林森. 伊梅尔特重塑通用电气[J]. 中外企业家,2006(3).

[150]刘清涛. 汽车金融服务业的比较研究及借鉴[J]. 济南金融,2005(4):19—22.

[151]刘新. 中国企业集团产融结合的必要性[J]. 环渤海经济瞭望.

[152]刘毅,杨德永,万猛. 金融业风险与监管[M]. 北京:中国金融出版社,2006.

[153]娄亮华. 从德隆模式反思民营企业资本运营[D]. 广西大学硕士学位论文,2005.

[154]卢有红. 对推动我国汽车消费的几点思考[J]. 商业经济,2004(6):24—25.

[155]鲁道夫·希法亭. 金融资本——资本主义最新发展的研究[M]. 北京:商务印书馆,1994.

[156]罗军. 中国现代产融耦合研究[M](博士学位论文). 西南财经大学,2003.

[157]罗纳德·W. 麦金农. 经济发展中的货币与资本[M]. 上海:上海三联书店,1988.

[158]罗纳德·W. 麦金农. 经济市场化的次序[M]. 上海:上海三联书店,1996.

[159]吕中楼. 新制度经济学研究[M]. 北京:中国经济出版社,2005.

[160]马浩东,白万纲. 超级产融结合[M]. 云南:云南人民出版社,2012.

[161]马克思恩格斯全集[M],第1、4、20、23—25卷. 北京:人民出版社,1972.

[162]〔荷〕尼尔斯·赫米斯等. 金融发展与经济增长[M]. 北京:经济科学出版社,2001.

[163]钱小安. 金融监管体制、效率与变革[M]. 北京:中国金融出版社,2006.

[164]秦岩. 世界500强产业结构的时空变化及总部区位研究[J].

[165]青木昌彦,钱颖一. 转轨经济中的公司治理结构:内部人控制和银行的作用[M]. 北京:中国经济出版社,1995.

[166]青木昌彦、帕特里克主编. 日本主银行体制[M]. 北京:中国金融出版社,1998.

[167]屈延凯. 利用融资租赁积极拉动内需. 交通世界,2009(1):10—14.

[168]冉光和. 金融产业可持续发展理论研究[M]. 北京:商务印书馆,2004.

[169]饶华春. 产融结合研究[D]. 暨南大学,2002.

[170]阮征. 美国民营企业金融支持研究[M]. 北京:中国金融出版社,2008.

[171]深发展银行与中欧国际工商学院"供应链金融"课题组. 供应链金融:新经济下的新金融[M]. 上海:上海远东出版社,2009.

[172]盛洪. 现代制度经济学[M]. 北京:北京大学出版社,2003.

[173]盛立军. 中国金融新秩序——混业经营和民营银行[M]. 北京:清华大学出版社,2003.

[174]石语. 通用电气的伟大之处[J]. 财经文摘,2006,4.

[175]宋建明. 金融控股公司理论与研究实践[M]. 北京:人民出版社,2004.

[176]孙健,纪建悦,王福新. 海尔的策略:一个中国企业的成长[M]. 北京:企业管理出

版社,2001.

[177]孙晋.产融结合的金融监管与反垄断规制研究[M].北京:人民出版社,2010.

[178]谭庆刚.新制度经济学导论——分析框架与中国实践[M].北京:清华大学出版社,2011.

[179]陶莉.企业并购效应研究[D].湘潭大学,2003.

[180]通用电气独一无二的产品与服务[J].科技智囊"百期百年"特刊,2003,11.

[181]屠峥嵘.内生财务公司:我国企业集团产融结合实现路径和模式的研究,浙江工商大学硕士学位论文,2006.

[182]托马斯·梅耶等.货币、银行与经济[M].上海:上海三联书店,1994.

[183]万解秋等.资本市场与投资分析[M].上海:复旦大学出版社,2002.

[184]万良勇,饶静,万良涛.关于我国企业集团产融结合的若干思考[J].金融与经济,2005,10:48—49.

[185]汪寿阳,张维.金融系统工程:一个新兴的、充满挑战的研究领域[J].系统工程理论与实践,2008,28(8):1.

[186]王碧波.试论国外宏观经济与微观经济的协调发展[J].生产力研究,2005(11):25—27.

[187]王宏淼.美国金融财务公司的发展及其对我国的借鉴[J].金融论坛,2002(3):11—12.

[188]王吉鹏.产融模式[M].北京:经济管理出版社,2012.

[189]王继权.现代产融结合论[D].西南财经大学,2004.

[190]王继祖.美国金融制度[M].中国金融出版社,1994.

[191]王少立.发达国家产融结合模式变迁及其启示[J].商业时代,2008(9).

[192]王松华,胡敬新.我国产融结合的发展现状及实证分析[J].金融理论与实践,2007(5).

[193]王松奇.中国向不良资产宣战[M].中国经济出版社,2000.

[194]王曦,齐欢.我国高技术上市公司股权类型与公司治理效率的实证研究[J].科技进步与对策,2003(20):123—125.

[195]王翔.金融发展影响经济增长的多重机制——基于中国经验的实证研究.上海社会科学院博士学位论文,2009.

[196]王勇.我国产融结合模式选择分析[J].2005,9.

[197]王再祥.汽车金融及其在中国的依据[J].金融管理和研究,2006(3):12—16.

[198]魏成龙.企业金融证券市场下的企业投融资[M],北京:中国经济出版社,2000.

[199]吴大琨.金融资本论[M].北京:人民出版社,1993.

[200]吴晓求. 金融的过去、今天和未来[J]. 中国人民大学学报,2003(1).

[201]吴晓求. 中国金融大趋势:银证合作[M]. 北京:中国人民大学出版社,2002.

[202]吴亦竹,雷树华. 论企业发展与企业金融[J]. 中国农业银行武汉培训学院学报, 2004(6):54—58.

[203]吴易风. 政府干预与市场经济[M]. 北京:商务印书馆,1998.

[204]吴越. 我国产融结合的有效性研究[D]. 西北大学博士学位论文,2010.

[205]伍华林. 企业产业资本与金融资本结合的条件分析[J]. 商业时代,2007(35).

[206]夏斌. 金融控股公司研究[M]. 北京:中国金融出版社,2001.

[207]小艾尔弗雷德·D. 钱德勒. 企业规模经济与范围经济[M]. 北京:中国社会科学出版社,1999.

[208]谢杭生. 产融结合研究[M]. 北京:中国金融出版社,2000.

[209]谢平. 金融控股公司的发展与监控[M]. 北京:中信出版社,2004.

[210]熊波. 金融控股公司理论与实践[M]. 北京:经济管理出版社,2002.

[211]徐丹丹. 国有商业银行产融结合问题研究[M]. 北京:经济科学出版社,2006:67.

[212]徐滇庆. 金融改革路在何方——民营银行 200 问[M]. 北京:北京大学出版社,2002.

[213]徐飞、陈洁. 金融租赁债权证券化研究[J]. 上海管理科学,2003.

[214]许焕章,魏娟娟. 国际产融结合模式的比较分析[J]. 财会研究,2007(1).

[215]许继琴. 基于产业集群的区域创新系统研究[D]. 武汉理工大学博士学位论文,2006.

[216]许南,曾翠. 中外商业银行核心竞争力的比较[J]. 金融论坛, 2008(1):18—19.

[217]许天信. 产融关系模式的国际比较与借鉴[J]. 兰州大学学报,2003(6):136—140.

[218]杨波. 我国汽车金融盈利模式研究[D]. 四川,四川大学,2007.

[219]杨欢进,刘华光. 产业经济学[M]. 石家庄:河北人民出版社,2003.

[220]杨莲娜,张庆亮. 产融型企业集团:德国的实践及其对中国的启示[J]. 经济与管理,2005,7:68—72.

[221]杨锐,李理. 中国企业集团产融结合问题研究[J]. 合作经济与科技,2005(3):39—40.

[222]杨咸月. 金融深化理论发展及其微观基础研究[M]. 北京:中国金融出版社,2002.

[223]杨勇. 金融集团法律问题研究[M]. 北京:北京大学出版社,2003.

[224]杨治. 产业经济学导论[M]. 北京:中国人民大学出版社,1987.

[225]姚先国,程迅. 交易费用与产融结合[J]. 金融论坛.

[226]伊特韦尔等编. 新帕尔格雷夫经济学大词典[M],第 2 卷.1996.

[227]易纲. 中国金融改革思考录[M].北京:商务印书馆,2009.

[228]应寅锋. 金融结构、政府行为与金融稳定[M].北京:中国社会出版社,2009.

[229]于亚男. 我国国有商业银行产融结合的制度分析[D].湘潭大学硕士学位论文,2008.

[230]余鹏翼,李善民.上市公司股权结构、多元化经营与公司绩效问题研究[J].管理科学,2005(1):79—83.

[231]詹姆斯·C.柯林斯,杰里·I.波拉斯.基业长青[M].北京:中信出版社,2002.

[232]詹雪竹. 基于价值链理论的企业盈利模式研究.厦门大学硕士学位论文,2009.

[233]张继焦. 价值链管理[M].北京:北京物价出版社,2001.

[234]张精华. 德国市场价格体制[M].兰州:兰州大学出版社,1994.

[235]张军. 拓展汽车消费信贷的政策研究[J].西南金融,2005(4):25—27.

[236]张鸣. 价值链管理理论研究与实证分析[M].大连:东北财经大学出版社,2007.

[237]张庆亮,王珍.产融结合:大企业集团发展的必由之路[J].中国经贸导刊,2005,8:34—35.

[238]张庆亮,杨莲娜.产融型企业集团:国外的实践与中国的发展[M].北京:中国金融出版社,2005.

[239]张庆亮,杨莲娜.基于产融结合的企业集团发展[J].改革,2005,1:88—92.

[240]张曙光等. 中国制度变迁案例研究[M].北京:国际财政经济出版社,1999.

[241]张维迎. 博弈论与信息经济学[M].上海:上海人民出版社,1996.

[242]张维迎. 企业的企业家——契约理论[M].上海:上海人民出版社,1995.

[243]张维迎. 企业理论与中国企业改革[M].北京:北京大学出版社,1999.

[244]张五常. 经济解释:张五常经济论文选[M].北京:商务印书馆,2000.

[245]张旭昆. 制度变迁的成本收益分析[J].经济理论与经济管理,2002,5:11—15.

[246]张玉喜. 产业政策的金融支持:机制、体系与政策[M].北京:经济科学出版社,2007.

[247]张志柏. 金融控股公司——中国金融业的现实选择[J].金融与保险,2001,10.

[248]张卓元. 国有企业改革与发展[M].武汉:湖北人民出版社,2000.

[249]赵国良. 现代企业制度论[M].成都:西南财经大学出版社,1996.

[250]赵龙.德隆真相[M].北京:中国长安出版社,2005.

[251]赵庆森.商业银行信贷风险与行业分析[M].北京:中国金融出版社,2004.

[252]赵文广.企业集团产融结合理论与实践[M].北京:经济管理出版社,2004.

[253]赵文广.争鸣:GE产融模式的价值[J].商界论坛.

[254]郑文平,葛文均.中国产融结合机制研究[J].经济研究,2000(3):47.

融结合新论

[255]郑文平,罗仲伟. 美日德企业金融体制比较及其借鉴[Z]. 中国工业经济,1997, 4:
　　　72—78.

[256]中国人民银行研究局. 中国中小企业金融制度报告[M]. 北京:中信出版社,2007.

[257]周春生. 融资、并购与公司控制[M]. 北京:北京大学出版社,2005.

[258]周莉. 我国产融结合模式选择的研究[J]. 北京工商大学学报(社会科学版),2006,
　　　(11).

[259]周升业. 金融资金运行分析:机制、效率、信息[M]. 北京:中国金融出版社,2002.

[260]朱晖,张进铭. 略论当前我国的产融结合[J]. 现代财经,2003(3):16—19.

[261]朱宝宪. 公司并购与重组[M]. 北京:清华大学出版社,2006.

[262]朱琴芳. 新制度经济学[M]. 上海:华东师范大学出版社,2006.

[263]朱小强. 我国产融结合的经济学分析[J]. 当代经济,2003,5:51—52.

[264]朱渝械. 产融结合模式综述[J]. 广西大学学报,2008(9).

[265]兹维·博迪,罗伯特·C.默顿. 金融学[M]. 北京:中国人民大学出版社,1999.